U0453022

本书为贵州省2020年度哲学社会科学规划重大课题"'十四五'时期贵州易地扶贫搬迁农户社会融入及社会工作服务路径优化研究"（20GZZB13）最终成果；2022年度国家社会科学基金重大项目"防止规模性返贫的监测机制和帮扶路径研究"（22&ZD192）阶段性成果。

南粤乡村振兴文库

主编 | 谢治菊

社会性融入

易地扶贫搬迁移民多维度透视

谢治菊 等 ○ 著

SOCIAL INTEGRATION:
A MULTIDIMENSIONAL PERSPECTIVE ON
POVERTY-ALLEVIATION RELOCATED IMMIGRANTS

中国社会科学出版社

图书在版编目（CIP）数据

社会性融入：易地扶贫搬迁移民多维度透视/谢治菊等著．
—北京：中国社会科学出版社，2023.12
（南粤乡村振兴文库）
ISBN 978-7-5227-2920-6

Ⅰ.①社⋯　Ⅱ.①谢⋯　Ⅲ.①移民—扶贫—研究—中国
Ⅳ.①F124.7

中国国家版本馆 CIP 数据核字（2023）第 242616 号

出 版 人	赵剑英
责任编辑	黄　山
责任校对	贾宇峰
责任印制	李寡寡

出　　版	中国社会科学出版社
社　　址	北京鼓楼西大街甲 158 号
邮　　编	100720
网　　址	http://www.csspw.cn
发 行 部	010-84083685
门 市 部	010-84029450
经　　销	新华书店及其他书店
印　　刷	北京明恒达印务有限公司
装　　订	廊坊市广阳区广增装订厂
版　　次	2023 年 12 月第 1 版
印　　次	2023 年 12 月第 1 次印刷
开　　本	710×1000　1/16
印　　张	16.75
字　　数	262 千字
定　　价	89.00 元

凡购买中国社会科学出版社图书，如有质量问题请与本社营销中心联系调换
电话：010-84083683
版权所有　侵权必究

"南粤乡村振兴"文库
编委会名单

编辑委员会主任

谢治菊

编辑委员会委员（以姓氏拼音为序）

陈　潭　陈文胜　郭　明　黄丽娟　蒋红军
雷　明　李　强　林忠伟　陆汉文　王春光
吴易雄　肖　滨　谢治菊　岳经纶　张开云

总序：民族要复兴，乡村必振兴

2021年是"十四五"开局之年，是全面乡村振兴的起始之年，也是开启全面建设社会主义现代化国家新征程、向第二个百年奋斗目标进军的关键之年。在这之前的2020年12月，经过全党全国各族人民的共同努力，我国如期完成了脱贫攻坚任务，现行标准下9899万贫困人口全部脱贫，832个贫困县全部摘帽，12.8万个贫困村全部出列，消除了区域性、整体性贫困，创造了举世瞩目的伟大成就。在这场人类减贫史上彪炳史册的脱贫攻坚战中，我们国家采取了许多原创性、独特性的重大举措，积累了一系列能复制、可推广的减贫经验，为国际减贫事业贡献了中国方案和中国智慧。为有效总结这些智慧与经验，及时传播广东案例与广东声音，助力巩固拓展脱贫攻坚成果同乡村振兴有效衔接，助益全面乡村振兴，助推农业农村现代化，我们拟出版"南粤乡村振兴"系列丛书。

一 传扬广东经验，讲好中国故事

我们为什么要出版这样一套丛书呢？这与我们团队的研究经历与广东的治理经验有关。我们知道，"逐步消灭贫困，达到共同富裕"是中国共产党始终秉持和为之奋斗的崇高目标。自新中国成立以来，中国共产党就一直关注着人民群众的贫困问题，并将取得政权让"人民当家做主"作为解决此问题的根本途径，率领全国各族人民开展各种形式的反贫困斗争，先后经历"计划经济体制下的救济式扶贫、开发式与综合性扶贫、整村推进与两轮驱动扶贫、脱贫攻坚"四个阶段，解决了数以亿计贫困人口的生存问题，实现了几千年的民族梦想，创造了人类减贫史上的奇迹。自党的十八大以来，以习近平同志为核心的党中央坚持把解决好"三农"问题作为全党工作的重中之重，把脱贫攻坚作为全面建成小康社会的标志性工程，组织推进人类历史上规模空前、力度最大、惠及人口最多的脱贫攻坚战，启动实施乡村振兴战略，推动农业农村取得历史性成就、发生历史性变化。如期完成新时代脱贫攻坚目标任务后，"三农"工作就将进入全面推进乡村振兴的新阶段，这是"三农"工作重心的历史性转移。

在此过程中，我们团队牢牢抓住时代赋予的契机，围绕脱贫攻坚与乡村振兴理论、实践与案例开展研究。事实上，脱贫攻坚与乡村振兴研究是团队自创建以来所开展的乡村治理理论与实践研究的延伸，其所蕴含的时代精神、问题意识和责任情怀，一直都是团队研究的生命线。为此，在"十三五"甚至更长的时间内，团队一直以国家脱贫攻坚与乡村振兴路线、方针与政策为指引，聚焦脱贫攻坚与乡村振兴的重点、难点与痛点，立足广东、辐射西部、面向全国，围绕"理论研究、实践探索、政策咨询、人才培养"四大模块，构建"认知、体验、践行"三阶合一的乡村实践体系，探索"高校—政府—企业—社会组织"四元互动的乡村研究模式，深化"政产学研创"五位一体的乡村育人平台。近年来，团队在脱贫攻坚与乡村振兴领域的学术思想与实践活动被人民网、学习强国、今日头条、中国青年报、中国教育网、中国社会科学报、学习时报等主流媒体报道上百次。

为进一步凝练中国脱贫攻坚精神，培育青年学生的责任意识与家国情怀，为乡村振兴提供智力支持与人才支撑，2021年5月，我们与碧桂园集团（广东省国强公益基金会）一起成立了广州大学乡村振兴研究院，并正式拉开了"乡村振兴·青年担当"系列活动的序幕。2021年6月，乡村振兴研究院获批广东省社会科学研究基地。自此，团队所开展的脱贫攻坚与乡村振兴研究有了稳定的平台，也为我们开展"乡村振兴·青年担当"系列活动提供了组织保障。"乡村振兴·青年担当"系列活动旨在借青年学生群体，讲好中国脱贫攻坚与乡村振兴故事，扩大脱贫攻坚与乡村振兴伟大壮举在青年群体中的影响力、辐射力与传承力，使青年学生深刻领悟习近平总书记有关青年工作、扶贫工作、振兴工作的重要论述，在真实事迹的感召下，树立远大志向、练就过硬本领、磨炼顽强意志，以实际行动到西部、到基层、到农村去就业创业，或成为乡村人才振兴的孵化器。目前，"大学生讲乡村振兴故事"的活动已经完成，"乡村致富带头人口述故事与教学案例"正在征稿与出版中。在"十四五"期间，我们团队还将开展以"扶贫干部口述故事"为起点的"口述乡村"行动，陆续采集，"乡村致富带头人""乡村劳模""乡村医生""乡村教师"等群体的口述故事积极打造"口述乡村"丛书品牌。

如果说团队的研究经历是出版此套丛书的基础与保障，那么，广东在乡村治理领域的前瞻性探索则为我们提供了案例与勇气。广东在脱贫攻坚与乡村振兴领域的实践探索从来没有停止过，且一直走在全国的前列。2010年以来，广东的贫困治理实践与东西部扶贫协作工作多次获得党中央、国务院及相关部委的赞誉、支持与推介，闻名全国的"双到扶贫""'6·30'社会扶贫""消费扶贫""领头雁工程"等创新实践，再次证实了广东在社会主义现代化新征程中走在全国前列的决心与信心。不仅如此，广州、深圳、东莞、珠海、中山、佛山6市根据"国家要求、西部所需、东部所能"的原则，"十三五"期间对贵州、广西、云南、四川开展的协作帮扶，成为助力这4省的贫困县全部如期"摘帽"的重要力量；"十四五"期间对贵州、广西的协作帮扶，让这2省的成果巩固与乡村振兴加速进行，贡献了东西部协作的广东经验与广东方案。2021年以来，广东进一步创新探索"驻镇帮镇扶村工作机制"，开展党政机关、企事业单位、科研力量"三力合一"的组团式驻镇帮镇扶村，这与中共中央办公厅印发的《关于向重点乡村持续选派驻村第一书记和工作队的意见》中所提出的"先定村、再定人"的选派原则、"因村派人、科学组队"的选派要求不谋而合。既然广东的脱贫攻坚与乡村振兴工作已经走在了全国前列，讲好中国脱贫攻坚与乡村振兴故事的广东探索更应该顺势而为、乘胜追击。我们谋划的这套"南粤乡村振兴"文库，就是在立足广东巩固拓展脱贫攻坚成果、全面实施乡村振兴、系统开展东西部协作、深度进行对口支援的基础上，辐射西部、面向全国，更好地传播乡村振兴的南国声音与智慧。

二 脱贫摘帽不是终点，而是新生活、新奋斗的起点

脱贫攻坚是全面建成小康社会的标志性指标，是党中央向全国人民做出的郑重承诺，彰显了中国共产党领导和我国社会主义制度的政治优势，凝聚着全党全国各族人民的智慧和心血，更是一场没有硝烟的战斗和旷日持久的战役。在这场史无前例的战斗中，习近平总书记站在全面建成小康社会的战略高度，把脱贫攻坚摆在治国理政的突出位置，提出一系列新思想、新观点，做出一系列新决策、新部署；众多有情怀有担当的基层干部，他们无私奉献、艰苦奋斗，无论是从精神还是体能方面都经历了前所未有的考验，做出了不可磨灭的贡献；广大群众化身为众志成城的凝聚力、攻坚克难的战斗力、永不退缩的推动力，一起对世界减贫进程做出了重大贡献。

但是，"脱贫摘帽不是终点，而是新生活、新奋斗的起点"，这是2020年3月6日习近平总书记在决战决胜脱贫攻坚座谈会上的重要讲话精神。新生活是贫困群众的殷殷期盼，是全国上下团结一心、共克时艰的杰出成果；新奋斗意味着脱贫攻坚绽放的绚丽彩虹会激励我们，尤其是激励贫困群体勇往直前、昂首阔步。为此，我们应牢记习近平总书记的切切期盼，结合各地实际，努力构建脱贫攻坚的长效机制，把全面小康的基础打得更牢、底色擦得更亮。

脱贫攻坚带来的不仅是好日子，更是新生活的开始。这里的"新"，主要可以从以下三个方面去理解：一是生活条件新。经过脱贫攻坚，全国具备条件的建制村全部通了公路，每个村都建立了卫生室，10.8万所义务教育薄弱学校的办学条件得到改善，农网供电可靠率达到99%，深度贫困地区贫困村通宽带比例达到98%。现在，孩子们可以唱着歌走在平坦公路上，学生们可以静下心在宽敞明亮的教室里学习，留守人群可以随时与在外务工亲人视频通话，他们曾经郁结的心理与多病的身体得到了极大的改善。这是脱贫攻坚带来的生活改变，更是通往美好生活的坦荡路途。二是人际关系新。脱贫攻坚政策的实施，缩小了村庄内部的贫富差距，缓和了村庄因贫困所产生的隔阂，使得大部分贫困户获得了良好的人际关系；同时，大批基层干部深入农村开展扶

贫、走近群众，也拉近了干群关系，化解了干群矛盾，进而使农村的人际关系呈现出"各美其美，美美与共"的良好局面。三是产业发展新。通过电商扶贫、金融扶贫、旅游扶贫、健康扶贫等方式，贫困地区的特色产业不断壮大、经济活力不断激发，已从初期的"输血式"扶贫转变为现在的"造血式"扶贫，有的地区还具备了"献血式"扶贫的能力。目前，全国贫困地区已累计建成各类扶贫产业基地10万个以上，这让一个个贫困家庭的生活发生了根本性改变，是贫困户稳定就业、持续脱贫的源泉。当然，脱贫攻坚带来的新生活，远远不止这些，还包括新理念、新方式、新手段、新社区，这些共同构成了新奋斗的起点。

脱贫攻坚是一项伟大工程，需要长期的坚持与持久的战斗，让脱贫人口稳定脱贫、持续脱贫、长久脱贫，巩固拓展脱贫攻坚成果，是我党当前的重要工作，这就要求要进一步瞄准突出问题和薄弱环节，建立健全稳定脱贫长效机制。具体来说：一是建立精准化的返贫监测机制。为消除贫困存量、遏制贫困增量，防止脱贫不稳定人口返贫，防止边缘易致贫人口致贫，要采取针对性、精准性、个性化举措，及时将这部分人口纳入帮扶对象，不让一个群众在小康路上掉队。二是健全超稳定的利益联结机制。脱贫攻坚成果中的各参与主体是一个命运共同体，利益联结是协调各参与主体行动的关键机制。为此，应强化多元主体参与，倡导多元主体平等对话，均衡产业发展，加快延伸产业链条，确保贫困群众持续稳定增收。三是完善有活力的产业扶贫机制。产业振兴是稳定脱贫的根本之策，也是巩固脱贫成果、防止返贫的关键措施，在脱贫攻坚中具有普惠性、根本性作用，这就要求在做好疫情防控的同时，突出主体培育、产销对接、科技服务、人才培养等关键环节，切实做好产业振兴工作，促进一、二、三产业融合发展，为巩固脱贫攻坚成果提供有力支撑。四是构建可持续的稳定就业机制。就业帮扶是脱贫人口稳定脱贫的基础，是搬迁群众"稳得住、能致富"的关键，意味着他们成为亲身创造美好生活的主体力量。这就要求完善就业扶持政策，努力建设就业帮扶车间，增加脱贫人口家门口就业的机会；激发贫困群众自主就业内生动力，扎实开展技能培训，提升脱贫劳动力就业创业能力，推进就业帮扶工作上新台阶。五是培育科学化的教育帮扶机制。教育帮扶可以提升脱贫地区的办学条件、促进教师的专业发展、改变脱贫地区的教育理念，有效阻断贫困的代际传递。在实施过程中，需要进一步转变帮扶理念，增强教育扶贫价值；完善识别机制，明确教育帮扶对象；创新监管方式，提高教育帮扶效果；规范评价过程，赋予薄弱学校力量。

三 乡村振兴是应变局、开新局的"压舱石"

实施乡村振兴战略，是以习近平同志为核心的党中央从党和国家事业全局出发、着眼于实现"两个一百年"奋斗目标、顺应亿万农民对美好生活的向往做出的重大决策，是党的十九大做出的重大战略部署。习近平总书记多次强调，从中华民族伟大复兴战略全局看，民族要复兴，乡村必振兴；从世界百年未有之大变局看，稳住农业基本盘、守好"三农"基础是应变局、开新局的"压舱石"；全面建设社会主义现代化国家，实现中华民族伟大复兴，最艰巨最繁重的任务依然在农村，最广泛最深厚的基础依然在农村；任何时候都不能忽视农业、忘记农民、淡漠农村。习近平总书记关于乡村振兴的重要论述进一步丰富了共同富裕理论的内涵。他指出"脱贫攻坚战的全面胜利，标志着我们党在团结带领人民创造美好生活、实现共同富裕的道路上迈出了坚实的一大步，意味着'三农'工作重心历史性转移到全面推进乡村振兴上来"。

但是，受历史因素、经济水平、地理条件、思想观念、教育程度等因素的影响，我国西部地区贫困程度深、攻坚任务重的情况前所未有，过去全国832个国家级贫困县，西部地区就占了568个，占比68.3%；2021年8月27日公布的160个国家乡村振兴重点帮扶县，全部在西部地区。这说明，中国巩固拓展脱贫攻坚成果与乡村振兴的主战场还是在西部地区。西部地区虽然消除了绝对贫困，但是发展基础仍然不牢，扶贫产业组织化、规模化、市场化程度比较低，农村居民人均可支配收入与全国平均水平还有一定差距，脱贫户外出务工占比大、稳定性弱，已脱贫纳入监测的人口、易致贫的边缘人口基数大，因病、因灾、因残等返贫因素多，巩固拓展脱贫攻坚成果仍面临较大压力，所以要将其与乡村振兴战略衔接，困难和障碍可想而知。

为此，2021年3月22日，《中共中央 国务院关于实现巩固拓展脱贫攻坚成果同乡村振兴有效衔接的意见》（以下简称《意见》）公开发布。《意见》明确了二者有效衔接的重大意义、总体要求、长效机制、重点工作与具体举措，指出要从政策文件、领导体制、工作体系、考核机制、规划实施与项目建设等方面做好衔接工作，并提出要"扶上马送一程"，继续落实"摘帽不摘责任、摘帽不摘政策、摘帽不摘帮扶、摘帽不摘监管"的"四个不摘"要求。由于衔接是巩固拓展的递进，衔接之中和衔接之后还有巩固拓展脱贫攻坚成果的任务，因此巩固脱贫攻坚成果的任务不应仅仅贯穿在二者的过渡期，还应该贯穿于全面实施乡村振兴全过程，是乡村振兴的应有之意。2021年4月29日，我国出台了《中华人民共和国乡村振兴促进法》，明确提出要"促进小农户和现代农业发展有机衔接、促进公共服务与自我服务有效衔接、实现巩固拓展脱贫攻坚成果同乡村振兴有效衔接"，通过衔接来促进乡村振兴的法制化阶段到来。

基于此，站在实现"两个一百年"奋斗目标的历史交汇点上，作为脱贫攻坚与乡村振兴的研究团队，我们应紧紧围绕新发展阶段"三农"工作的战略定位，按照在全面建设社会主义现代化国家新征程中走在全国前列、创造新辉煌的总定位总目标，认真总结党的十八大以来以广东为代表的发达地区的先进做法，加强理论研究和经验总结，提炼乡村振兴智慧与方案，为西部甚至全国实现巩固拓展脱贫攻坚成果、全面推进乡村振兴、高水平推动农业农村现代化提供智力支持。

农为邦本，本固邦宁。在向第二个百年奋斗目标迈进的历史关口，全面推进乡村振兴，稳农村、兴农业、富农民是关系民族复兴的重大问题。新时代催生新思想，新思想呼唤新作为。作为身处华南、心系家国的一支重要研究力量，我们依托乡村振兴研究院，始终秉持新时代理论工作者的责任、使命与担当，竭力贡献乡村振兴的智慧、力量与情怀，力图在伟大时代构建独具风格的中国特色社会主义乡村治理体系。

谢治菊
2021年9月13日
于羊城

序：易地扶贫搬迁是中国特色的脱贫减贫制度

易地扶贫搬迁是为了解决"一方水土不能养一方人"的深度贫困地区的脱贫问题，目的是通过"挪穷窝""换穷业"，实现"拔穷根"，是精准扶贫"五个一批"脱贫措施之一，是实现全民小康的重要举措。截止2020年12月，已完成1200万人的搬迁，其中有960万是建档立卡贫困户。上千万人的动迁，是一场史无前例的复杂浩大工程，关乎生产关系和社会关系的深度变革。正所谓"搬迁户外迁并不是一个简单的人口迁移过程，而是原有生产体系、社会秩序、社会网络被破坏之后的艰难适应过程。"因此，曾经的贫困户"搬得出"，只是做好了搬迁的前半篇文章，这种搬迁是从闭塞的贫困地区到便利化的易地扶贫搬迁社区的变化，是教育医疗条件严重落后之地到基础设施完善之地的变化，是熟人社会到陌生社会网络的变化，也是部分群体从自给自足的小农经济到城市商品经济生计方式的转变；只有搬迁后他们能"稳得住、可致富"，易地扶贫搬迁工作才算真有实效。故此，2020年12月3日，习近平总书记在中央政治局常务委员会议上明确指出，要强化易地搬迁后续扶持，完善集中安置区公共服务和配套基础设施，因地制宜在搬迁地发展产业，确保搬迁群众"稳得住、有就业、逐步能致富"。2023年1月28日，国家发展改革委、住房和城乡建设部等19个部门印发了《关于推动大型易地扶贫搬迁安置区融入新型城镇化实现高质量发展的指导意见》，文件明确指出要分类引导大型安置区融入新型城镇化，加快搬迁人口市民化进程。2024年的中央一号文件再次明确要"支持易地扶贫搬迁安置区可持续发展"，并且强调，易地搬迁至城镇后因人口增长出现住房困难的家庭，符合条件的统筹纳入城镇住房保障范围。

易地扶贫搬迁的成效是显著的。截至2022年底，全国易地扶贫搬迁群众中有劳动力503.91万人，其中475.98万人实现就业，就业率达94.46%，较2021年底上升2.54个百分点，有劳动力的搬迁家庭基本实现了1人以上就业目标。易地搬迁脱贫人口2022年人均纯收入达13615元，增速远超全国农村居民收入平均增速。搬迁脱贫人口工资性收入占比接近80%，高于全国脱贫人口工资性收入占比。各地围绕安置点累计建成各类配套产业项目2.54万个，农牧业产业基地或园区占建成配套产业项目的46.26%。各地在安置点周边均配套了幼儿园、小学、初中等义务教育基础设施。99.56%的有搬迁后扶任务的县为安置点新配建了卫生室（站），其他县也将安置点纳入了当地医疗卫生服务体系覆盖范围。此外，大中型安置区已实现"一站式"社区综合服务设施、基层党组织和村（居）民自治组织、驻村（社区）工作队全覆盖。22个省份向17342个安置点派驻了"第一书记"和驻村（社区）工作队，实现了"应派尽派"。

易地扶贫搬迁有力彰显了中国特色社会主义制度集中力量办大事难事的巨大优势，为全球减贫事业贡献了中国智慧和中国方案。在如此短的时间内，一栋栋新房、一个个新社区拔地而起，使世世代代生活在大山深沟里的贫困群众，搬迁到了生产生活条件较好的地区，在短期内实现了住有所居、幼有所育、学有所教、病有所医、老有所养、弱有所扶，一揽子解决了脱贫致富和长远发展问题，完成了需要几代人才能完成的历史性跨越。易地扶贫搬迁不仅是千万贫困群众在地理位置上的迁移，而且是生产生活方式的重建、城乡格局的重构和社会关系的重塑，更是中国共产党和中国政府集中力量帮助搬迁群众的格局。

搬迁社区治理是巩固易地扶贫搬迁脱贫成果的重要后续工作，做好安置社区治理工作是贯彻落实习近平总书记重要指示精神的具体行动，是巩固易地扶贫搬迁脱贫成果的重要内容，是促进搬迁群众实现跨越式发展的重要支撑，直接关系到脱贫攻坚成果巩固，关系到千万搬迁群众的幸福感、获得感、安全感，政府通过建组织、定制度、强服务、促融入、兜底线等举措，对安置社区进行了有效治理。但目前来看，也还存在一些问题，如搬迁农户[①]的可持续生计问题、社会适应问题、内生动力问题，搬迁社区的配套机制与支持体系等，其中最为根本的还是社会融入问题。社会融入是提升幸福感、保障心理健康、维护社会稳定、促进社会和谐发展的重要前提与必要途径。恰如周敏老师在《唐人街》中所指出的一样，移民在社会融入过程中社会空间的构建不能简单地用同化模式、民族文化模式、民族聚居区经济模式来解释，而是一种多向分层同化模式，这说明社会融入的复杂性与重要性。

谢治菊教授的这本著作《社会性融入：易地扶贫搬迁移民多维度透视》，抓住了搬迁移民的核心问题——社会融入，认为提高社会融入程度能够提高流动人口在迁入地长期定居的意愿，而经济因素、心理因素和文化因素是影响移民社会融入的关键。为此，书稿从解决搬迁农户融入意愿、融入能力、融入行动与融入机制出发，运用文本分析、案例分析、对比分析、实证调查等研究方法，从心理融入、经济融入和文化融入三个维度，对易地扶贫搬迁农户社会融入成效、经验、困境、需求与路径进行了系统探讨，全书有理论深度、思想高度、有历史厚度、地域广度，有社区温度、成绩效度，为深化新时期易地扶贫搬迁工作，尤其是助力落实《关于推动大型易地扶贫搬迁安置区融入新型城镇化实现高质量发展的指导意见》有重要的借鉴价值，在此向大家推荐这本书。

胡荣
教育部"长江学者"特聘教授、中国社会学会副会长、
厦门大学社会与人类学院院长
2023 年 11 月

[①] 在全书中，"搬迁农户"和"搬迁移民"两个概念交替使用，是同一研究对象的不同称呼方式。

目　录

第一章　反思性诠释：搬迁移民社会融入理论建构 …………… 1

　一　研究背景与价值 ……………………………………………… 1
　二　核心概念解析 ………………………………………………… 10
　三　研究综述与评价 ……………………………………………… 10
　四　理论基础与框架 ……………………………………………… 22
　五　研究内容与特色 ……………………………………………… 29
　六　研究方法与调研情况 ………………………………………… 33

第二章　运动式治理：搬迁移民社会融入背景梳理 …………… 44

　一　目标：易地扶贫搬迁任务是如何确定的 …………………… 47
　二　动员：易地扶贫搬迁人员是如何发动的 …………………… 49
　三　行动：易地扶贫搬迁政策是如何落实的 …………………… 51
　四　评估：易地扶贫搬迁成效是如何评价的 …………………… 53

第三章　迭代式空间：搬迁移民社会融入环境变革 …………… 56

　一　生计方式转变：美好生活的递进 …………………………… 57
　二　交往方式延伸："他者"的更迭 ……………………………… 61
　三　管理方式变化：生活价值的提升 …………………………… 65

第四章　模糊化认同：搬迁移民社会融入困境调查 …………… 72

　一　经济发展困难：可持续生计保障难 ………………………… 72
　二　心理归属感不强：社会关系网络重塑难 …………………… 77

三　管理匹配失衡：常规化治理的困境 …………………… 81

第五章　大数据嵌入：搬迁移民社会融入案例分析 ………… 91
　　一　空间理论：大数据驱动搬迁移民社会融入缘起 ……… 92
　　二　空间萎缩：大数据驱动搬迁移民社会融入契机 ……… 97
　　三　空间再造：大数据驱动搬迁移民社会融入案例 ……… 102
　　四　空间协同：大数据助推搬迁移民社会融入改进 ……… 108

第六章　社会适应：搬迁移民社会融入过程观察 …………… 113
　　一　搬迁移民社会适应缘起：一项研究综述 ……………… 113
　　二　搬迁移民社会适应内容：基于认知五层级的建构 …… 116
　　三　搬迁移民社会适应现状：来自实证调查的数据 ……… 122
　　四　搬迁移民社会适应案例：分析与反思 ………………… 129
　　五　搬迁移民社会适应改进：探讨及展望 ………………… 136

第七章　社工介入：搬迁移民社会融入服务改进 …………… 140
　　一　文献回顾：社工助力搬迁移民社会融入缘起 ………… 140
　　二　多维嵌入：社工助力搬迁移民社会融入角色 ………… 145
　　三　优势特点：社工助力搬迁移民社会融入案例 ………… 149
　　四　叠加赋能：社工助力搬迁移民社会融入逻辑 ………… 158
　　五　情境脱嵌：社工介入搬迁移民社会融入困境 ………… 162
　　六　赋权增能：社工助力搬迁移民社会融入展望 ………… 165

第八章　志智双扶：搬迁移民社会融入内力探讨 …………… 168
　　一　叠加赋能："志智双扶"个体培育路径 ……………… 172
　　二　能力建设："志智双扶"家庭导引方式 ……………… 175
　　三　家园守护："志智双扶"社区协同手段 ……………… 179
　　四　构建安全网："志智双扶"社会支持叙事 …………… 184

第九章　空间再生产：搬迁移民社会融入路径优化 ………… 188
　　一　生计空间再生产：夯实经济基础 ……………………… 189

二　心理空间再生产：强化社区认同 …………………… 193
　　三　服务空间再生产：重塑社区文化 …………………… 199
　　四　资源空间再生产：加速社区融合 …………………… 204

附件1　调查问卷 ……………………………………………… 209

附件2　访谈提纲 ……………………………………………… 217

参考文献 ……………………………………………………… 223

后　记 ………………………………………………………… 242

图表目录

表1—1	易地扶贫搬迁代表性政策文件汇总	2
表1—2	国家领导人有关易地扶贫搬迁的重要讲话	4
表1—3	"十三五"时期易地扶贫搬迁资金筹措情况	6
图1—1	本书研究内容	28
图1—2	本书研究思路	29
表1—4	调查社区基本情况（N=22）	35
表1—5	调查对象背景变量（N=275）	37
表1—6	访谈对象基本情况（N=97）	38
图3—1	搬迁农户社会融入环境变革示意图	56
图3—2	多元主体参与治理示意图	65
图4—1	搬迁农户生计困难示意图	74
图4—2	常规化管理困境	82
图5—1	大数据驱动搬迁农户社会融入契机	102
图5—2	大数据驱动搬迁农户社会融入逻辑	103
表6—1	认知五层级与搬迁农户社会适应对应表	118
表6—2	搬迁农户身体适应状况	123
表6—3	搬迁农户心理适应状况	124
表6—4	搬迁农户语言适应状况	126
表6—5	搬迁农户思维适应状况	127
表6—6	搬迁农户文化适应状况	129

图 7—1　本章研究思路与分析框架 …………………………… 144
图 8—1　"志智双扶"促进搬迁农户社会融入的过程………… 170
图 8—2　促进搬迁农户社会融入的家庭风气优化路径 ………… 177

第一章　反思性诠释：搬迁移民社会融入理论建构

易地扶贫搬迁是为了解决"一方水土不能养一方人"的深度贫困地区的脱贫问题，是实现全民小康的重要举措。2015年12月国家发改委等五部门联合下发的《"十三五"时期易地扶贫搬迁工作方案》，是新时代易地扶贫搬迁的战略规划与行动纲领，计划到2020年搬迁1000万左右的建档立卡贫困户。在2020年1月2日中央一号文件中，两次提到易地扶贫搬迁工作，并再次强调要加大易地扶贫搬迁的后续扶持力度。截至2020年12月，全国完成了1200万人的搬迁。

上千万人的动迁，是一场史无前例的复杂浩大工程，关乎生产关系和社会关系的深度变革。正所谓"移民外迁并不是一个简单的人口迁移过程，而是原有生产体系、社会秩序、社会网络被破坏之后的艰难适应过程"[①]。因此，贫困户"搬得出"，只是做好了搬迁的前半篇文章；只有贫困户搬迁后能"稳得住、可致富"，易地扶贫搬迁工作才算有成效。尤其是，如果移民没有从心理、经济、文化上融入搬迁后的生活，这就不算经历了现代化的转变，失败的结局似乎不可避免。[②]

一　研究背景与价值

作为精准扶贫"五个一批"工程之一，易地扶贫搬迁是针对地理

[①] [美]迈克尔·塞尼：《移民与发展——世界银行移民政策与经验研究》，水库移民经济研究中心译，河海大学出版社1995年版，第69页。

[②] [美]英格尔斯：《人的现代化》，殷陆君译，四川人民出版社1985年版，第135页。

禀赋处于劣势地区的治理手段,是对居住在"一方水土养不起一方人"地方的贫困人口进行有效脱贫的重要方式。该搬迁是将政治、经济、社会、文化等结构内嵌在制度性框架中的一项复杂社会工程,旨在解决生态脆弱地区的深度贫困问题;[①] 同时也是一种人口流动状态,在脱贫攻坚的背景下,被赋予了贫困治理的新意义。[②] 易地扶贫搬迁可以从根本上改变贫困家庭的生存环境与生活环境,通过断穷根的方式,解决贫困人口的脱贫问题,实现区域性整体性脱贫的目标。[③] 作为一项重要的精准脱贫方式,易地扶贫搬迁的相关政策可以追溯到 1982 年,当时国家出台了有关工程移民与生态移民的政策文件,这是易地扶贫搬迁的前期形式;及至 2001 年,国家出台了有关农村移民的扶贫政策,并开展易地扶贫搬迁的试点工作;到 2012 年,国家发改委在"十二五"国家发展规划中明确提出要开展易地扶贫搬迁工作,并于 2014 年出台有关指导意见,在 2016 年制定了具体的搬迁方案,并在 2020 年 12 月 16 日出台的巩固拓展脱贫攻坚成果同乡村振兴有效衔接的意见中再次专门提及。至此,易地扶贫搬迁工作已形成了一套经过历史检验的比较成熟的政策体系。其代表性政策文件汇总如表 1—1 所示。

表 1—1　　　　　　　易地扶贫搬迁代表性政策文件汇总[④]

发布时间	政策文件	主要举措
1982 年	关于成立三西（河西、定西、西海固）地区农业建设领导小组的通知	在干旱缺水、土地贫瘠、水土流失严重、生态环境恶劣的甘肃河西地区、定西地区和宁夏西海固地区实行吊庄移民扶贫工程。
2001 年	中国农村扶贫开发纲要（2001—2010）	对目前极少数居住在生存条件恶劣、自然资源匮乏地区的特困人口,要结合退耕还林还草稳步推进自愿移民搬迁。
	关于易地扶贫搬迁试点工程的实施意见	中央利用国债在宁夏、云南、贵州和内蒙古四省（区）开展易地扶贫搬迁试点工程。

---

① 金梅,申云:《易地扶贫搬迁模式与农户生计资本变动——基于准实验的政策评估》,《广东财经大学学报》2017 年第 5 期。

② 吴丰华,于重阳:《易地移民搬迁的历史演进与理论逻辑》,《西北大学学报》（哲学社会科学版）2018 年第 5 期。

③ 李聪,高博发,李树苗:《易地扶贫搬迁对农户贫困脆弱性影响的性别差异分析——来自陕南地区的证据》,《统计与信息论坛》2019 年第 12 期。

④ 段忠贤,黄月又,黄其松:《中国易地扶贫搬迁政策议程设置过程——基于多源流理论分析》,《西南民族大学学报》（人文社科版）2019 年第 10 期。

续表

发布时间	政策文件	主要举措
2012年	易地扶贫搬迁"十二五"规划	按照"中央统筹、省直负责、县抓落实"的原则对中西部17省（区）进行易地扶贫搬迁；培育后续产业、提高搬迁群众收入，加强基础设施建设，确保群众搬得出、稳得住、能发展、可致富。
2014年	关于新时期易地扶贫搬迁的指导意见	易地扶贫搬迁的对象是居住在环境恶劣、生态脆弱、不具备基本生产和发展条件、"一方水土养不活一方人"的深山区、石山区、荒漠区、高寒区、地方病多发区等的农村贫困人口，优先安排位于地震活跃地带及泥石流、滑坡等地质灾害威胁的贫困人口。
2016年	"十三五"时期易地扶贫搬迁工作方案	按照精准扶贫、精准脱贫要求，加快实施易地扶贫搬迁工程，从根本上解决居住在"一方水土养不起一方人"地区贫困人口的脱贫发展问题。
2018年	关于易地扶贫搬迁税收优惠政策的通知	对易地扶贫搬迁贫困人口按规定取得的住房建设补助资金、拆旧复垦奖励资金等与易地扶贫搬迁相关的货币化补偿和易地扶贫搬迁安置住房（以下简称"安置住房"），免征个人所得税；对易地扶贫搬迁贫困人口按规定取得的安置住房，免征契税。
2019年	关于进一步加大易地扶贫搬迁后续扶持工作力度的指导意见	针对不同安置方式，立足不同类型安置区资源禀赋，切实加大对易地扶贫搬迁建档立卡贫困人口后续扶持力度，推动易地扶贫搬迁后续扶持工作与推进新型城镇化、乡村振兴战略有机衔接。
2020年	关于印发2020年易地扶贫搬迁后续扶持若干政策措施的通知	从六个方面明确了25项具体政策措施，在完善安置区配套基础设施和公共服务设施方面明确了三条政策措施，在加强安置区产业培育和就业帮扶方面明确了六条政策措施，在加强安置社区管理方面明确了三条政策措施，在保障搬迁群众合法权益方面明确了三条政策措施，在加大工作投入力度方面明确了三条政策措施。
2021年	中共中央 国务院关于实现巩固拓展脱贫攻坚成果同乡村振兴有效衔接的意见	聚焦原深度贫困地区、大型特大型安置区，从就业需要、产业发展和后续配套设施建设提升完善等方面加大扶持力度，完善后续扶持政策体系，持续巩固易地扶贫搬迁脱贫成果，确保搬迁群众稳得住、有就业、逐步能致富。提升安置区社区管理服务水平，建立关爱机制，促进社会融入。

同时，近年来，国家领导人对于易地扶贫搬迁工作的进展也十分关心，几乎每年都有关于易地扶贫搬迁工作的重要讲话。例如，2017年6月，习近平总书记在深度贫困地区脱贫攻坚座谈会中提到要"集中力量，找对路子，对居住在自然条件特别恶劣地区的群众加大易地扶贫搬迁力度"①；2019年4月，李克强总理强调"易地扶贫搬迁是精准扶贫工程的重要组成部分，是打赢脱贫攻坚战的关键举措"②；2020年12月召开的中央政治局会议，习近平总书记再次强调"要强化易地扶贫搬迁后续扶持"③；2021年2月，习近平总书记在全国脱贫攻坚表彰大会上再次明确指出"对易地扶贫搬迁农户要搞好后续扶持，多渠道促进就业，强化社会管理，促进社会融入"④。可见，在脱贫攻坚及其成果巩固的过程中，国家领导人一直在高度重视搬迁农户的后续扶持工作，尤其是社会适应与社会融入问题。有关"易地扶贫搬迁"的重要讲话具体内容如表1—2所示。

表1—2　　　国家领导人有关易地扶贫搬迁的重要讲话⑤

时间	领导人	主要内容	来源
2015年6月	习近平	实施"四个一批"的扶贫攻坚行动计划，通过扶持生产和就业发展一批，通过移民搬迁安置一批，通过低保政策兜底一批，通过医疗救助扶持一批，实现贫困人口精准脱贫。	贵州集中连片特困地区扶贫攻坚座谈
2016年8月	习近平	一定要把易地移民搬迁工程建设好，保质保量让村民们搬入新居。	青海考察
2017年2月	习近平	要组织好易地扶贫搬迁，坚持群众自愿原则，合理控制建设规模和成本，发展后续产业，确保搬得出、稳得住、逐步能致富。	中共中央政治局第三十九次集中学习会

---

① 习近平：《在深度贫困地区脱贫攻坚座谈会上的讲话》，《人民日报》，2017年9月1日第002版。
② 《李克强对易地扶贫搬迁后续扶持工作作出重要批示》，《老区建设》2019年第7期。
③ 《中共中央政治局常务委员会召开会议听取脱贫攻坚总结评估汇报　中共中央总书记习近平主持会议》，《中国纪检监察》2020年第24期。
④ 习近平：《习近平谈治国理政》第四卷，外文出版社2022年版，第138页。
⑤ 段忠贤，黄月又，黄其松：《中国易地扶贫搬迁政策议程设置过程——基于多源流理论分析》，《西南民族大学学报》（人文社科版）2019年第10期。

续表

时间	领导人	主要内容	来源
2017年6月	习近平	集中力量，找对路子，对居住在自然条件特别恶劣地区的群众加大易地扶贫搬迁力度。	深度贫困地区脱贫攻坚座谈会
2015年12月	李克强	易地扶贫搬迁是实施精准扶贫、精准脱贫的有力抓手，是全面建成小康社会、跨越中等收入陷阱的关键举措。	全国易地扶贫搬迁工作电视电话会议
2016年8月	李克强	易地扶贫搬迁是打赢脱贫攻坚战、提升特困地区民生福祉的重点关键。	全国易地扶贫搬迁现场会
2017年3月	李克强	要深入实施精准扶贫精准脱贫，今年再减少农村贫困人口1000万以上，完成易地扶贫搬迁340万人。	政府工作报告
2016年3月	汪 洋	易地扶贫搬迁是生存条件恶劣地区贫困群众脱贫的根本措施，是新一轮脱贫攻坚的标志性工程。	国务院扶贫开发领导小组专题会议
2018年10月	胡春华	坚持精准方略，强化政策举措落实，确保"搬得出、稳得住、能脱贫"，坚决打赢易地扶贫搬迁攻坚战。	全国易地扶贫搬迁工作现场会
2019年3月	李克强	易地扶贫搬迁是精准扶贫工程的重要组成部分，是打赢脱贫攻坚战的关键举措。	全国易地扶贫搬迁后续扶持工作现场会
2020年3月	习近平	易地扶贫搬迁配套、饮水安全工程、农村道路等项目开工不足，不能按计划推进，要想办法克服。	决战决胜脱贫攻坚座谈会
2020年12月	习近平	要强化易地扶贫搬迁后续扶持，完善集中安置区公共服务和配套基础设施，因地制宜在搬迁地发展产业，确保搬迁群众稳得住、有就业、逐步能致富。	中央政治局工作会议
2021年2月	习近平	对易地扶贫搬迁农户要搞好后续扶持，多渠道促进就业，强化社会管理，促进社会融入。	全国脱贫攻坚总结表彰大会

而由于时间紧，任务重，易地扶贫搬迁工作给各地带来了很大的资金筹措压力，根据《全国"十三五"易地扶贫搬迁规划》，易地扶贫搬迁资金筹措方案如表1—3所示。

表 1—3　　　　"十三五"时期易地扶贫搬迁资金筹措情况①

内容	投资（亿元）	比例（%）	来源	主要用途
中央预算内投资	800	8.4	国家发改委分年下达。	建档立卡搬迁人口住房建设。
地方政府债务资金	994	10.5	经国务院批准的省政府发行地方政府债券筹集资金。	建档立卡搬迁人口住房建设，包括同步搬迁人口在内的安置区配套基础设施、公共服务设施建设。
专项建设资金	500	5.3	国家开发银行、中国农业银行发行专项建设债券募集资金。	建档立卡搬迁人口住房建设，包括同步搬迁人口在内的安置区配套基础设施、公共服务设施建设。
低成本长期贷款	3413	36.1	国家开发银行和中国农业银行提供，中央财政给予适当贴息。	建档立卡搬迁人口住房建设，包括同步搬迁人口在内的安置区配套基础设施、公共服务设施建设。
农户自筹资金	898	9.5	农户自筹。	—
地方自筹及整合其他资金	2858	30.2	各级政府统筹本级财力，并整合相关渠道资金、社会资金等。	同步搬迁人口住房、土地整治、生态修复等工程建设；安置区建设用地征地费用。

《全国"十三五"易地扶贫搬迁规划》明确指出，搬迁的集中安置人口占总搬迁人口的 76.4%，这些集中安置的农户，必将离开其原有的以农业为主的生产生活场所，这意味着易地扶贫搬迁不仅仅是搬迁人员生活居住地的简单变换，随之而来，需要解决的是生计空间的重新构建、生活方式的重新适应与社会环境的重新融入等系列问题。② 如果脱贫没能夯实基础，不能保证搬迁后的生计问题，可能造成返贫。③ 由此，刑成举和葛志军（2013）认为，易地扶贫搬迁的理论基础主要是空间贫困理论，空间贫困理论关注贫困和地理环境的关系，重视地理因

---

① 柳立清：《政策多变与应对失矩——基层易地扶贫搬迁政策执行困境的个案解读》，《中国农村观察》2019 年第 6 期。
② 张世勇：《规划性社会变迁、执行压力与扶贫风险——易地扶贫搬迁政策评析》，《云南行政学院学报》2017 年第 3 期。
③ 汪三贵，郭子豪：《论中国的精准扶贫》，《贵州社会科学》2015 年第 5 期。

素的影响;① 章文光（2019）认为，易地扶贫搬迁既要解决"一方水土养不了一方人"的生存性制约，也要解决住房、教育和医疗条件较差的发展性约束，因此搬迁不仅是"搬出去"的短期性工作，更是关系搬迁农户"留得住、能致富"的长期性工作。②

搬迁农户"留得住、能致富"的前提是能够融入迁入地的生活，而适应又是融入的前提，因此搬迁农户的社会适应问题是解决其可持续发展的前置性、根本性、基础性问题。社会适应意指个体在与社会生存环境中交互作用的适应状况，即个体对社会文化、价值观念和生活方式的应对情况。③ 移民为何要社会适应？英格尔斯指出，如果一个人自身还没有从心理、思想、态度和行为上都经历一个向现代化的转变，失败和畸形发展的悲剧结局不可避免。④ 看来，社会适应是个人摆脱贫困、走向成功的关键。在学术界，目前易被广泛接受的移民理论方法是贝克的文化适应倾向模型，该模型侧重于两个群体的文化交流。⑤ 然而，国外对移民的研究表明，与心理适应和低压力水平有关的融入往往是首选的文化适应方式，而边缘化则是最不受欢迎的适应模式。

当然，易地扶贫搬迁意在帮助改善生态恶劣地区的贫困状态，帮助群众断贫穷根、铺致富路。但在实施过程中，多种问题不断浮现，比较突出的是群众搬迁后原有关系网络断裂、熟人社会瓦解、生产生活方式变革、角色身份转换困难。若不及时解决，将引发搬迁农户与所处环境之间的区隔，使搬迁农户的行为在新环境中受到约束，进而对其环境适应性与社会接纳性产生负面影响，加深隔阂程度。故而，重视易地扶贫搬迁农户关系网络重建、生产生活转型、身份认同重塑，是保证搬迁农户在易地扶贫搬迁社区"稳得住"的前提。根据 Cameron Crawford 的观点，能够在社区中得到一定的文化关怀，在社会中获得可持续经济回

---

① 邢成举，葛志军：《集中连片扶贫开发：宏观状况、理论基础与现实选择——基于中国农村贫困监测及相关成果的分析与思考》，《贵州社会科学》2013 年第 5 期。
② 章文光：《"五个一批"助力脱贫攻坚》，《人民论坛》2019 年第 20 期。
③ ［英］赫伯特·斯宾塞：《社会学研究》，张宏晖，胡江波译，华夏出版社 2001 年版，第 310—314 页。
④ ［美］英格尔斯：《人的现代化》，殷陆君译，四川人民出版社 1985 年版，第 135 页。
⑤ John W. D. L. SAM, Berry, "Acculturation and Adaptation" *Handbook of cross-cultural psychology*, Vol. 46, No. 1, 1997.

馈、在社区治理中得到政治尊重，在所居住的环境中构建彼此信任、相互尊重的交际网络，是社会融入的重要前提。[①] 以此为据，搬迁农户在易地扶贫搬迁社区稳定生活、安居乐业的基础，是要消除搬迁农户与新环境之间的隔阂，通过二者之间的磨合，实现搬迁农户的社会融入。

  社会融入可以被理解为更为积极的生活状态，代表着个体与环境之间的契合程度加深。社会融入也为个体参与新环境生活提供了更多机会，解决了个体在新环境中被动、陌生、排斥、困惑的状态，驱动其拥有积极、主动、关怀、团结的生活方式。对于易地扶贫搬迁农户而言，社会融入意义更为显著，具体表现在：一是易地扶贫搬迁农户身份具有双重性，兼具"农民"与"市民"的特征，他们原生活状态是自给自足的小农经济，院内半亩良田养一屋人口、衣食住行相对简单，教育医疗水平相对低下，人均收入水平不高，大部分人主要靠低保。就此而论，他们是需要被持续帮扶的脱贫人口。他们易地而居的原因，是脱离"山水难育人"的贫困之地，搬迁到宜居便利地区，走上致富之路。就此而言，他们是一群刚刚"挪了穷窝"的搬迁农户。二是搬迁过程具有多元性。易地扶贫搬迁是一场整体性、群体性、系统性搬迁，搬迁农户面临的是由内而外截然不同的新环境。搬迁农户若在新环境下社会融入困难，会导致其"稳不住"，引发部分搬迁农户回迁，进而导致这一群体返贫。再加上易地扶贫搬迁农户不同于一般社区居民，其需求较为复杂，诉求较为广泛，但是搬迁农户性质相似，少数回迁行为会产生辐射示范效应，波及大多数搬迁农户。身份的双重性与搬迁方式的多元性使得易地扶贫搬迁农户的社会融入问题更突出、过程更复杂、内容更为广泛，因此，推进易地扶贫搬迁农户社会融入研究更迫切。搬迁农户在生活生产方式、管理服务供给方式、风俗文化环境、社交网络群体等多方面都面临着由内而外的革新，推进易地扶贫搬迁农户的社会融入，是对当地经济政治文化社会等多方面良善治理的推进。

  就此而言，本书的理论价值在于：一是根据人类认知五层次理论，将社会融入分为心理融入、经济融入、文化融入三种类型，探讨易地扶

---

  ① C. Crawford, "Towards a Common Approach to Thinking about and Measuring Social Inclusion" *Roeher Institute*, 2003, p. 138.

贫搬迁农户的社会融入，有利于丰富社会融入的理论体系，构建有中国特色的易地扶贫搬迁农户社会融入理论分析框架。二是根据社会融入的内外部影响因素，将易地扶贫搬迁农户的社会融入问题抽象为生活政治的范畴。与关注宏大叙事的解放政治不同，生活政治将生态、身体、自我及其认同、生活方式等微观问题与国家权力、政府政策联系起来，希望通过权力配置与制度设计，让形形色色的人从社会压力中解放出来，能够融入当地的生活。之所以如此抽象，是因为搬迁农户能否融入社会以及在多大程度上融入社会，与搬迁农户的日常生活如日常生计、日常人际关系、日常行动空间等有密切的关系。这一结论，对扩大易地扶贫搬迁农户社会融入的研究视角、挖掘研究潜力有重要的帮助。三是利用大数据工具，加速易地扶贫搬迁农户社会融入的进程。一般而言，长效减贫的路径有技术路径和制度路径，前者强调资源优化，后者着重顶层设计。由于技术能为顶层设计提供精准化的信息与精细化的服务，所以在资源短缺、时间有限的情况下，技术路径更为有效。大数据是新时代简单实用、常规有效的技术路径，用其来驱动易地扶贫搬迁农户的社会融入，不仅能提高融入的精准性与针对性，还能增强融入的科学性与有效性。因此，将大数据应用于社会融入范畴，有利于拓展易地扶贫搬迁的研究方法与分析路径。

本书的实践价值在于：一是通过梳理易地扶贫搬迁农户社会融入的政策体系，了解顶层设计与制度优势，为优化"十四五"时期易地扶贫搬迁后续政策与融入策略提供智力支持。二是通过调查易地扶贫搬迁农户心理融入、经济融入、文化融入的现状与存在的问题，寻找科学的社会工作服务路径，为提高搬迁农户的融入水平提供思路。三是通过构建以服务"融入意愿、融入能力、融入行动、融入机制"为主旨的社会工作行动目标，以"共商共识、共培共扶、共建共担、共享共治"为思路的社会工作行动策略，以"共识机制、教育培训、合作发展、服务体系"为核心的社会工作行动路径，解决易地扶贫搬迁社区能力脆弱、共识不足、服务不够、行动迟缓等问题，强化搬迁农户的行动意愿、行动预期、行动能力与行动机制，进而为做好易地扶贫搬迁农户"稳得住、能致富"的后半篇文章提供帮助。四是从"技术嵌入、志智双扶、社会适应、社工介入、路径优化"五个层面探讨易地扶贫搬迁农户社会融入路径。搬迁农户的社会融入是提升农户生计水平与心理适应程度、强化社区配套产业、促进区域协调发展、巩固拓展脱贫攻坚成果的重要环节，也是全面乡村振兴、实现共同富裕的必要基础。探讨易地扶贫搬迁社区搬迁农户社会融入，不仅仅是对脱贫攻坚的成果检验，更是为巩固拓展脱贫攻坚成果、实现共同富裕夯实基础。

二　核心概念解析

第一，易地扶贫搬迁。易地扶贫搬迁是指将生活在缺乏生存条件地区的贫困人口搬迁安置到其他地区，并通过改善安置区的生产生活条件、调整经济结构和拓展增收渠道，帮助搬迁人口逐步脱贫致富。

第二，社会融入。社会融入是个体为减少社会排斥和社会歧视，不断融入当地环境，进而产生社区认同的过程。本书所指的社会融入，是指心理融入、经济融入与文化融入。

第三，反贫困社会工作模式。从优势角度出发，以提升贫困户生命力、发展力、行动力为核心要义的自下而上的社会工作方法、技术、工具、网络、机制的统称，是促进搬迁农户社会融入的重要途径。

反贫困社区工作模式，是成本较低、预期明确、收益明显、行动有效的服务体系，可以为社区精英提供为搬迁农户服务的机会，把自身发展和解决搬迁农户脱贫的长效机制结合起来；可以让搬迁农户共同承担就业活动的技术、信息和市场成本，共同生产社区福利，降低社区生活的脆弱性，凸显社区生活价值；可以约束社区成员实现小品牌建设，推进社区团结与社区合作，是构建搬迁农户社会融入长效机制的重要基础。因此，从社会工作服务优化的角度来探讨易地扶贫搬迁农户的社会融入问题，其价值意义巨大。

三　研究综述与评价

1. 易地扶贫搬迁综述

这种开展新生活与追求更好生活的举家搬迁、易地而居，是一个伴随着个体自我选择与个人实现的新起点新生活的典例案例。作为精准脱贫的一项重要举措，易地扶贫搬迁是具有中国特色的一项扶贫工程。2001年6月13日，国务院颁布《中国农村扶贫开发纲要（2001—2010年）》，明确指出，为缓解和消除贫困，实现共同富裕的途径之一是稳步推进自愿易地扶贫农户搬迁，对目前极少数居住在生存条件恶劣、自然资源贫乏地区的特困人口，要结合退耕还林还草实行搬迁扶贫。

在西方学者的研究中，与易地扶贫搬迁相对应的概念是"生态搬迁"。国外最初与"易地扶贫搬迁"相似的概念是 Lester Brown 于20世纪70年代提出的"环境难民"，后来在 EI－Hinnawi（1985）、Diane（2002）等研究基础上，演变为"生态移民"①，世界卫生组织将其定义为移民，原因是由于环境或急或缓的变化，移民意愿是自动或者是被动、永久或暂时的，是在国内迁移或国际迁移的一种活动。② 我国类似移民搬迁较早可追溯到1983年，宁夏回族自治区政府出台"以川济山，山川互济"扶贫开发政策，③ 这被认为是我国易地扶贫搬迁的雏形。1986年，姚炳华提出因生态问题而整体搬迁的水库移民的注意问题与解决措施。④ 这被视为国内生态移民提出的起点，后续的以解决生态问题与贫困问题为目标的宁夏地区的移民搬迁、扶贫搬迁也是一种生态移民。⑤ 2012年，国家发改委颁布的《易地扶贫搬迁"十二五"规划》对搬迁方案、过程与保障进行了规定，2016年出台的《全国"十三五"易地扶贫搬迁规划》指出，"十二五"时期，累计搬迁贫困人口394万人，并同时强调其搬迁原则是"精准识别、精准搬迁，群众自愿、应搬尽搬，保障基本、完善配套，整合资源、稳定脱贫"。2020年3月6日，"十三五"规划的易地扶贫搬迁建设任务已基本完成，960万贫困人口乔迁新居，走出大山和自然条件恶劣的地方。截至2020年底，全

---

① 董运来，王艳华：《西部民族地区易地扶贫搬迁的主要问题及对策研究——基于甘肃省临夏州、甘南州的调查》，《中国西部》2018年第6期。

② Heath Brown, Nick, "International Organization for Migration (IOM)" *Palgrave Macmillan*, 2015, p. 89.

③ 王宏新，付甜，张文杰：《中国易地扶贫搬迁政策的演进特征——基于政策文本量化分析》，《国家行政学院学报》2017年第3期。

④ 姚炳华：《开发建设库区，就近安置移民——浅谈三峡水库的移民问题》，《人民长江》1986年第3期。

⑤ 潘华，马伟华：《移民的文化适应：宁夏吊庄移民的生育观念调适》，《南方人口》2008年第2期。

国22个省（区、市）已搬迁1200万人，建成集中安置区3.5万个，建成安置住房266万余套，新建或扩建中小学与幼儿园6100多所、医院和社区卫生服务中心1.2万多所、养老服务设施3400多个、文化活动场所4万多个，让73.7%的易地扶贫搬迁劳动力就业，使搬迁贫困家庭中有劳动力家庭就业比例达到94.1%。① 其中，贵州是全国搬迁人数最多的省份，搬迁192万人，含建档立卡贫困人口157.8万人，累计建成949个集中安置点，建成安置住房46.5万套。②

当前，易地扶贫搬迁工作已经取得了较大成效，"搬得出"的任务已基本完成，如何做好易地扶贫搬迁的"后半篇文章"，确保贫困群众"稳得住"，是让易地扶贫搬迁农户开启安居乐业新生活的关键问题。易地扶贫搬迁是一项过程复杂、关联甚广的系列政策实践，学界对于易地扶贫搬迁的研究也正在逐步深化，研究第一阶段为易地扶贫政策实施与政策分析；第二阶段为易地搬迁社区的相关管理与移民稳定性研究；第三阶段则更多为经验分析，亦即从贫困发生着手研究，对易地扶贫搬迁居民的当前生活状态、生活改变进行研究，并对易地搬迁贫困人口的后续发展进行讨论。探讨移民生活以及易地扶贫搬迁经验，则需要对易地扶贫搬迁管理以及居民稳定性进行较为全面的分析。保证移民稳定性，需确保移民"稳得住"，其前提是移民能够从心理、经济与文化上融入搬迁社区。

纵观我国20多年来的搬迁脱贫实践，移民要想融入搬迁社区、稳定脱贫，并不容易，因为就连20世纪80年代"三西"地区最早搬迁的移民村，仍然在攻克脱贫与融入的难题。③ 事实上，从现有的实践和已有的研究来看，我国现在的易地扶贫搬迁工作，确实存在一些问题和偏差，具体体现在：一是搬迁前政策多变，动员成本较高，部分贫困户

---

① 国务院新闻办公室：《人类减贫的中国实践》白皮书，http://www.xinhuanet.com/politics/2021—04/06/c_1127295868.htm，2021年4月6日。
② 樊成琼：《"十三五"时期贵州实施易地扶贫搬迁192万人》，https://baijiahao.baidu.com/s?id=1688132417039287198&wfr=spider&for=pc，2021年1月6日。
③ 王晓毅：《生态移民与精准扶贫：宁夏的实践与经验》，社会科学文献出版社2017年版，第34页。

有抵触情绪，尤其是政策动员中的"挖房"宣讲，让不少移民寒了心。① 二是搬迁中，受政绩工程、认知水平及环境状况等因素的影响，部分地区将原本多样化的安置方式演化为单一的城镇化安置方式；② 部分地区拆除旧房操之过急，产生了比较大的矛盾；③ 部分地区变更政策执行标准，让基层政府面临失信、考核和资金筹措的压力，以致应对"失矩"④；部分地方对政策执行进行了改写，但改写存在合法性挑战、执行亏损与层级性困境等问题。⑤ 在生计可持续上，建设易地扶贫搬迁社区不仅要确保贫困户搬得出，还要打好组合牌，确保搬迁农户"稳得住""能致富""能发展"。⑥ 三是搬迁后，他们的可持续生计问题、社会融入问题、社区治理问题，仍然是短板。⑦ 不仅如此，在社会需求上，这些易地扶贫搬迁的农户，有一半以上是集体搬迁集中安置的，这种同一安置地区的集体搬迁可能会造成这些移民在社会交往上的"内卷化"，即社区移民的交际圈仅为原来熟悉的群体，与陌生群体建立交际壁垒，这容易产生社会交往的"趋同性"。⑧ 易地扶贫搬迁农户的新环境适应，同社区的移民应当建立一个新的生活共同体，换言之，交往的"趋同性"小圈子应该打破，并且通过广泛的社区参与，移民之间相互交流，了解，融为一体。⑨ 由于可持续生计问题与社区治理问题是社会融入的重要条件，因此，搬迁农户面临的根本问题，便是

---

① 王春光：《政策执行与农村精准扶贫的实践逻辑》，《江苏行政学院学报》2018年第1期。

② 李博，左停：《遭遇搬迁：精准扶贫视角下扶贫移民搬迁政策执行逻辑的探讨——以陕南王村为例》，《中国农业大学学报》（社会科学版）2016年第2期。

③ 国家发展改革委重大项目稽察办调研组：《易地扶贫搬迁工程实施情况调研与思考》，《宏观经济管理》2017年第3期。

④ 柳立清：《政策多变与应对失矩——基层易地扶贫搬迁政策执行困境的个案解读》，《中国农村观察》2019年第6期。

⑤ 张文博：《易地扶贫搬迁政策地方改写及其实践逻辑限度——以Z省A地州某石漠化地区整体搬迁为例》，《兰州大学学报》（社会科学版）2018年第5期。

⑥ 孙晗霖，刘新智，刘娜：《易地扶贫搬迁脱贫户生计满意度及其影响因素研究——以重庆市酉阳土家族苗族自治县为例》，《西南大学学报》（社会科学版）2018年第6期。

⑦ 王曙光：《易地扶贫搬迁与反贫困：广西模式研究》，《西部论坛》2019年第4期。

⑧ 史梦薇：《易地扶贫搬迁移民感知融合研究——基于云南移民点的调查》，《中南民族大学学报》（人文社会科学版）2018年第3期。

⑨ 史梦薇：《易地扶贫搬迁移民感知融合研究——基于云南移民点的调查》，《中南民族大学学报》（人文社会科学版）2018年第3期。

社会融入问题。①

2. 易地扶贫搬迁社会融入综述

社会融入是移民研究中的一个重要概念，开始是由法国社会学家涂尔干在其著作《社会分工论》中所提出的。涂尔干认为，社会的团结应当是建立在社会分工和异质性之上的社会联系，社会分工使人们衍生相互依赖性，产生社会凝聚力，进而产生社会融入。社会融入可以确保他们更多地参与关于他们的生活和基本权利获得方面的决策。而不论从纵向的时间轴还是横向的区域分布来看，社会融入都是搬迁农户的重要经历，是搬迁农户在新环境下开展生活的必经过程，也是研究者们所关注的重要问题。②

集中搬迁解决了贫困户因生态环境恶劣而致贫的问题，但离开生养之地，移民的生活生计将面临颠覆性的变化，社会融入难的问题将接踵而至。涂尔干认为，社会的稳定构建主要取决于三个要素：持续的合作、共同的价值观、集体意识。③ 新环境下搬迁居民相对陌生，与原居住人口存在较大的价值观差别，这些因素不利于社区社会氛围的构建，移民是否能融入新社会环境将对移民群体是否"稳得住"具有重要的影响，其原因包括两个方面，一方面，搬迁农户社会适应水平不高，尤其是在心理适应、行为适应、文化适应方面会面临较大的困难，进而影响他们的社会融入，阻碍他们对搬入社区的认同与归属感培养；④ 另一方面，有研究表明，提高社会融入程度能够提高流动人口在迁入地定居的意愿。⑤ 因此，移民不能融入当地社会，就会影响他们在搬入地的居住意愿，难以让移民"稳得住"。近些年较多研究关注流动人口的社会融入状况，关注易地扶贫搬迁的较少，仅可从社会融入的影响因素中推

---

① 王春光：《政策执行与农村精准扶贫的实践逻辑》，《江苏行政学院学报》2018年第1期。

② 王蒙：《后搬迁时代易地扶贫搬迁如何实现长效减贫？——基于社区营造视角》，《西北农林科技大学学报》（社会科学版）2019年第6期。

③ Durkheim E., "The Division of Labor in Society" *Free Press*, 2014, p. 78.

④ 谢治菊：《人类认知五层级与生态移民社会适应探讨——基于HP村的实证调查》，《吉首大学学报》（社会科学版）2018年第3期。

⑤ 吕建兴，曾小溪，汪三贵：《扶持政策、社会融入与易地扶贫搬迁户的返迁意愿——基于5省10县530户易地扶贫搬迁的证据》，《南京农业大学学报》（社会科学版）2019年第3期。

导出邻里互助不够、身份认同不足是移民融入当地生活的阻碍。①

关于搬迁农户社会融入的维度,根据国内外学者的研究,影响移民社会融入的主要因素,大致分为心理融入、经济融入和文化融入。

一是关于搬迁农户心理融入的研究。心理融入是搬迁农户面临的主要问题。Small 等人指出,移民即意味着与原有的生活环境相分离,失去了原有的生活关系,同时也失去了原生活环境下建立的社会网络以及原社会环境的支持。在新环境下,由于有新威胁和各种潜在的可能性,移民可能遭受各种各样的精神、心理以及其他因素的压力,这些压力有可能会使得新环境下的移民患上心理疾病以及精神疾病。这种由于社会环境的转变而产生的无所适从的心理问题对移民的社会融入有较大影响。② Hurtado 等认为,心理因素,是对群体适应中产生最大影响的因素之一。在新环境与新社交群体的基础上建立新的社会心理是较为困难的,移民原有社会环境的特征塑造了符合原环境的个人心理特征,将心理特征构建与社会适应联系起来,对研究移民社会融入有重要意义。③ Beiser 等人亦提出相似的观点,他们认为,移民由于较多可能受到一些负面情感障碍的影响,只有消除其心理隔阂的社会参与,才能更好地适应新环境。④ 对于如何以心理为路径使移民更好地进行社会融入,王春光等人指出,心理融入过程应当以新社会关系网络的建设为基础,积极去面对接下来的生活才能更好地适应新环境。⑤ 这说明,解决移民社会融入的心理问题是一个复杂且持久的过程,应当被持续关注。

二是关于搬迁农户经济融入的研究。搬迁农户在新环境下得以持续

---

① 吕建兴,曾小溪,汪三贵:《扶持政策、社会融入与易地扶贫搬迁户的返迁意愿——基于5省10县530户易地扶贫搬迁的证据》,《南京农业大学学报》(社会科学版) 2019 年第 3 期。

② Small R., J. Lumley, and J. Yelland, "Cross-Cultural Experiences of Maternal Depression: Associations and Contributing Factors for Vietnamese, Turkish and Filipino Immigrant Women in Victoria, Australia" *Ethnicity & health*, Vol. 8, No. 3, 2003, pp. 189–206.

③ Hurtado A., P. Gurin, and T. Peng, "Social identities—A framework for Studying the Adaptations of Immigrants and Ethnics: The Adaptations of Mexicans in the United States" *Social Problems*, Vol. 41, 1994, pp. 129–151.

④ Beiser M., et al, "Poverty, Family Process, and the Mental Health of Immigrant Children in Canada" *American Journal of Public Health*, Vol. 92, No. 2, 2002, pp. 220–227.

⑤ 王春光:《政策执行与农村精准扶贫的实践逻辑》,《江苏行政学院学报》2018 年第 1 期。

生活的基础是生产劳动力与新环境的适应，所以经济因素对于移民搬迁社会融入起决定性作用。尽管有实证研究显示搬迁后农户的贫困脆弱性得以降低[①]，但受搬迁后后续发展的政策体系缺乏、就业推荐与其意愿有偏差、就业培训针对性不强、社会服务供给不足的影响[②]，以及移民原有的经济空间流失、社会空间断裂、制度空间改变的制约[③]，移民的生计水平整体需要提升，其典型表现是"生计资源减少、生计能力下降、生计融入困难"[④]。根据已有研究，如果易地扶贫搬迁农户的生产劳动力不能与新环境相适应，或生产生活方式与迁入地不相符，将会出现移民反迁和移民陷入贫困的情况，容易产生资源陌生化、经济不稳定，收入农村化、消费城市化等多种经济问题。[⑤] 可见，移民经济生产的发展或重构，是移民安置的重要保障，也是移民生活水平提高的重要基础。也就是说，根据现有研究，如果易地扶贫搬迁居民的生产劳动力不能与新环境相适应，或生产生活方式与迁入地不相符，将会出现移民反迁和移民陷入贫困的情况。[⑥] 张娟对三江源藏族生态移民的适应问题进行研究时发现，搬迁前移民多为牧民，劳动技能单一，在新环境下经济生产受限，对新环境社会适应困难。[⑦] 易地扶贫搬迁居民在新环境下容易产生资源陌生化、经济不稳定，收入农村化、消费城市化等多种经济问题。[⑧] 因而，移民经济生产的发展或重构，是移民安置的重要保

[①] 宁静等：《易地扶贫搬迁减少了贫困脆弱性吗？——基于8省16县易地扶贫搬迁准实验研究的PSM—DID分析》，《中国人口·资源与环境》2018年第11期。

[②] 高聪颖，吴文琦，贺东航：《扶贫搬迁安置区农民可持续生计问题研究》，《中共福建省委党校学报》2016年第9期。

[③] 付少平，赵晓峰：《精准扶贫视角下的移民生计空间再塑造研究》，《南京农业大学学报》（社会科学版）2015年第6期。

[④] 王春光：《政策执行与农村精准扶贫的实践逻辑》，《江苏行政学院学报》2018年第1期。

[⑤] 张娟：《对三江源区藏族生态移民适应困境的思考——以果洛州扎陵湖乡生态移民为例》，《西北民族大学学报》（哲学社会科学版）2007年第3期。

[⑥] Tilt Bryan, Yvonne Braun and Daming He., "Social Impacts of Large Dam Projects: A Comparison of International Case Studies and Implications for Best Practice" *Journal of Environmental Management*, Vol. 90, No. 3, 2009.

[⑦] 张娟：《对三江源区藏族生态移民适应困境的思考——以果洛州扎陵湖乡生态移民为例》，《西北民族大学学报》（哲学社会科学版）2007年第3期。

[⑧] 叶嘉国，雷洪：《三峡移民对经济发展的适应性——对三峡库区移民的调查》，《中国人口科学》2000年第6期。

障，也是移民生活水平提高的重要基础。移民只有在新环境下经济适应，才能逐渐恢复生产能力，提高生活水平，融入新的社会生活与社会结构。①

三是关于搬迁农户文化融入的研究。文化因素是移民社会适应中影响最大的因素，也是探索移民社会融入路径的最好着力点。陆芳萍指出，国际移民理论认为，由于移民的迁移，生活环境与文化环境差别较大，会出现群体分割的现象。② 方静文认为，移民的"移"，不仅仅是空间上的移动，更重要的是承载着文化意义的环境迁移。所发生的文化碰撞不及时解决会影响移民生活。③ 他提出，易地扶贫搬迁不是简单的地理移动，而是文化遭遇的过程。关于移民社会融入的文化融入路径，1984 年，学者 Hurh 提出了文化融入的黏着性，并以文化黏着为视角对美国的韩国移民文化融入进行研究。Schmitz 认为，移民中有更多人将适应社会与文化整合作为文化融入策略，移民进入新环境后，以将故乡文化与新文化相融合作为开启新生活的开篇之题，在多元社会中进行两种文化的融合更有利于移民的社会融入。这意味着，只有搬迁农户在文化上认同了自己身份的变化，才是真正地在新环境中实现了社会融入。④

3. 社会融入中的社工介入

回顾文献发现，从贫困文化和贫困地理的角度出发，需要聚焦于搬迁社区（以及由此而聚集成的更大范围的贫困区域）的穷人生存环境、穷人文化以及限制穷人发展机会的诸多因素。当我们带着这些视角将贫困治理的微观路径选择置于乡村振兴的宏观战略之中时，就会引发与叶敬忠等人相似的判断：乡村振兴不只是乡村经济振兴，而是在乡村进行的一场推动乡村政治、社会和人的现代化的"新进步运动"，单独谈振

---

① 罗凌云，风笑天：《三峡农村移民经济生产的适应性》，《调研世界》2001 年第 4 期。
② 陆芳萍：《征地农民"补偿安置"政策过程中的社会排斥》，华东师范大学出版社 2006 年版，第 34 页。
③ 方静文：《时空穿行——易地扶贫搬迁中的文化适应》，《贵州民族研究》2019 年第 10 期。
④ 吕建兴，曾小溪，汪三贵：《扶持政策、社会融入与易地扶贫搬迁户的返迁意愿——基于 5 省 10 县 530 户易地扶贫搬迁的证据》，《南京农业大学学报》（社会科学版）2019 年第 3 期。

兴乡村经济没有意义。① 保罗·米尔本在研究英国和美国的贫困时也指出：从宏观的国际视野来看，英美的乡村贫困包含了贫困区的生存环境、规模、地理特征、穷人经历以及各式各样的反贫困政策干预等内容；当把这些内容置于社会空间和福利视野之中时就会发现，特定乡村地区的社会文化、经济和政治结构在贫困的产生原因、性质经验上起着重要作用。在后来的英国威尔士"乡村未来"规划中，他主张从特定贫困地区的搬迁社区入手，不仅协助解决就业、交通、宽带和数据匮乏、住房贫困以及基本公共服务需要，而且重点支持和使能搬迁社区的地方潜能或内生动力来应对各种风险。基于此，可以看出，无论是中国的乡村振兴战略还是英美的乡村未来规划，也无论是参与式发展视角下的社区赋权还是贫困地理视角下的社区使能，它们都强调：一是从社区建设的角度来讨论易地扶贫搬迁问题，尤其是通过社区社会文化、经济和政治结构的调整去改善搬迁社区环境、提供综合服务和治理水平，对搬迁社区治理更为重要；二是提升搬迁农户基于本地资源的发展潜能或内生动力，利用社工的独特优势来介入其中，以应对各种挑战，这是目前解决搬迁农户社会融入的根本所在。

为确保贫困人口在2020年能全部脱贫，党的十九大提出了"要动员全党全国全社会力量，坚持精准扶贫、精准脱贫"的要求。② 在此背景下，社会工作参与扶贫就成了应有之义，是政府扶贫的有效补充和社会扶贫的中坚力量。其实，自2015年以来，先后有《中共中央 国务院关于打赢脱贫攻坚战的决定》（中发〔2015〕34号）、《中华人民共和国国民经济和社会发展第十三个五年规划纲要》、《国务院关于印发"十三五"脱贫攻坚规划的通知》（国发〔2016〕64号）、《民政部 财政部 国务院扶贫办关于支持社会工作专业力量参与脱贫攻坚的指导意见》（民发〔2017〕119号）和《中共中央 国务院关于打赢脱贫攻坚战三年行动的指导意见》等多份中央文件，都提到要将社会工作的理念、方法和技术引入到扶贫工作中，促进扶贫力量多元化，增强群众脱

---

① 叶敬忠，张明皓，豆书龙：《乡村振兴：谁在谈，谈什么？》，《中国农业大学学报》（社会科学版）2018年第3期。

② 习近平：《决胜全面建成小康社会 夺取新时代中国特色社会主义伟大胜利——在中国共产党第十九次全国代表大会上的报告》，《人民日报》，2017年10月28日第001版。

贫能力。从这些文件来看，社会工作介入精准扶贫的范围较广、内容较全、对象较泛，从有劳动力的贫困户、易地扶贫搬迁农户、留守儿童到特殊群体，无一不彰显出社工扶贫力量的重要性。故本书中的"社会工作服务路径优化"就是社工介入，是指社会工作力量参与搬迁社区帮扶，以提升帮扶人文关怀、增强帮扶成效的过程。

事实上，社工机构参与帮扶，尤其是对搬迁农户进行心理服务，已有较好的实践，如"保定善和"在河北建立的"爱心慈善超市"。作为常常直接免费为搬迁农户提供直接服务的第三方机构，社工组织在城市贫困人口的"帮扶救助、能力建设、融入适应、心理关爱"等方面，已发挥重要的作用，是帮扶的有效补充。

在社工逐渐介入帮扶实践的过程中，学界的探讨也热烈起来，如果以"社会工作"与"心理依赖"、"帮扶"或"贫困治理"为篇名在知网上进行搜索，可以找到300多条结果。这说明，此领域的研究已取得一定的成就，这些研究主要分为两大类型：第一类是阐释社会工作在精准帮扶中的作用、价值和路径。这类研究又包括四个层面：一是对社会工作介入精准帮扶的必要性与耦合性进行分析，这些分析解决了社会工作介入精准帮扶领域的逻辑机理问题。例如，王守颂指出，作为一门以帮扶济困为价值目标的专业学科，社会工作以人为本的思想、利他主义的价值观、平等互助的理念、以福利为核心的社会服务观，与精准帮扶的核心思想是一致的，其所秉持的系统理论、增权理论与社会支持理论，为精准帮扶提供了重要的方法论支撑。[1] 二是对社会工作介入精准帮扶的功能定位与实践进行了探讨，此探讨对了解社会工作作为精准帮扶的"补位意蕴"有重要帮助，对梳理全国各地的帮扶社会工作实践有助益。例如，李迎生、徐向文指出，作为精准帮扶的有效补充，以引导者、增能者和资源链接者身份介入精准帮扶的社会工作，不仅可以在促进贫困者就业、家庭资产建设、社会救助体系等方面大有裨益，还对实现帮扶资源的整合性、帮扶监督的公正性和帮扶主体的多元化有帮助。[2] 从实践来看，社会工作在因灾致贫、灾后重建、心理疏导、就业

---

[1] 王守颂：《社会工作与精准扶贫的耦合性研究》，《前沿》2016年第12期。
[2] 李迎生，徐向文：《社会工作助力精准扶贫：功能定位与实践探索》，《学海》2016年第4期。

培训、特殊群体关爱等方面，发挥的作用更明显。①三是对微观个体的特殊需求与心理依赖进行社会工作回应，此种回应为本书提供了重要的思路。例如，李磊对基层政府和帮扶干部因绩效考核压力忽视搬迁农户个体需求的现象进行了批判，并从"感觉—表达—规范—比较"的需求建立分析框架，指出社工在个人需求变为社会察觉的过程中，具有重要的意义；②唐淑平、范燕宁将低保户对福利的依赖分为主动依赖、被动依赖与福利侵占，并论证了社会工作介入反福利依赖的可能性；③四是对社工介入精准帮扶的路径进行了阐释，这些路径主要包括制度建设、能力培养、加强合作。例如，李文祥、郑树柏指出，社工介入可让精准帮扶从"增能型"向"合作型"转变，进而提高搬迁农户的发展能力。④上述四类研究，对象关涉宏观的帮扶制度、中观的资源整合和微观的个体需求，内容聚焦社工介入精准帮扶的逻辑机理、功能优势、实践模式与可行路径，领域涵盖教育帮扶、产业帮扶、医疗帮扶、易地移民搬迁帮扶、兜底帮扶和心理帮扶，一定程度上构建了社工介入精准帮扶的理论体系与实践路径，但是，仔细分析发现，这些研究在以下三个问题上还有待提升：对搬迁农户社工服务需求的实证调查缺失，对社工介入与搬迁农户心理依赖克服的关系阐释不够，社工介入克服搬迁农户心理依赖的路径建设不足。

以上这三点不仅是本书欲待突破和可能创新之处，也引发了我们对学界第二类研究的关注，那就是为何社会工作介入是破除搬迁农户心理依赖的重要途径。

研究发现，社会工作之所以能够克服搬迁农户的心理依赖，是因为社会工作对个体疾苦的关注和社会公正的追求有利于其工作者在帮扶搬迁农户的过程中，重点关注他们的观念、思想和精神，提高他们的可行

---

① 林顺利，孟亚男：《嵌入与脱嵌：社会工作参与精准扶贫的理论与实践》，《甘肃社会科学》2018年第3期。
② 李磊：《精准扶贫中农村贫困户的"个人困扰"与社会觉察——基于社会工作需求分析视角的探讨》，《安徽农业大学学报》（社会科学版）2017年第4期。
③ 唐淑平，范燕宁：《低保对象福利依赖心理及反福利依赖的社会工作介入路径研究——基于对北京市海淀区的实地调查》，《社会政策研究》2018年第3期。
④ 李文祥，郑树柏：《社会工作介入与农村扶贫模式创新——基于中国村寨扶贫实践的研究》，《社会科学战线》2013年第4期。

能力，这有利于激发搬迁农户的内生动力。① 而搬迁农户内生动力的激发，有助于培育他们主动参与脱贫的信心与决心，阻断贫困的代际传递，久而久之，心理依赖问题自然得到解决。② 也就是说，社会工作的专业介入是搬迁农户从心理上走出困境的重要途径，是拔掉搬迁农户"穷根"的重要手段。③ 因此，采用社会工作的专业方法和技能，把握好社会工作的专业理念和策略，克服搬迁农户的心理依赖，就显得尤为重要。④

3. 研究评价

从现有研究可知，社会融入的适用对象主要是移民群体，包括跨文化移民、工程移民、生态移民、三峡移民等，由此构成的理论体系在国内外都已比较成熟，也有较多的经验可以借鉴。同时，关于易地扶贫搬迁的大规模探讨，受搬迁本身的影响研究的时间不长，但已经比较成熟的工程移民、生态移民社会融入研究，能够为其提供宝贵的经验与科学的参考，因此，现有研究对本书有重要的价值和启发，也呈现出以下的特点与不足：一是研究对象主要聚焦工程移民、生态移民的社会融入，有关易地扶贫搬迁农户社会融入的研究较少；二是研究内容主要侧重于易地扶贫搬迁农户的可持续生计和社会适应，深入探讨搬迁农户社会融入的成果不足；三是研究视角主要是社会参与、社会公平、市民化理论等，从社会工作角度研究的成果短缺；四是研究理论主要是社会融入理论，结合人的现代化理论、生活政治理论进行研究的成果缺乏；五是研究方法主要以文本分析、案例分析与实证调查为主，QCA 质性分析法、行动研究法使用较少。本书试图借鉴上述研究经验，弥补上述研究不足，取长补短，从心理融入、经济融入、文化融入三个维度探讨易地扶贫搬迁农户社会融入的现状、需求、问题、案例、影响因素及社会工作服务路径优化策略。

---

① 高飞，向德平：《专业社会工作参与精准扶贫的可能性与可及性》，《社会工作》2016年第3期。

② 王思斌：《精准扶贫的社会工作参与——兼论实践型精准扶贫》，《社会工作》2016年第3期。

③ 陈成文，姚晓，廖欢：《社会工作：实施精准扶贫的推进器》，《社会工作》2016年第3期。

④ 程玲，向德平：《能力视角下贫困人口内生动力的激发——基于农村反贫困社会工作的实践》，《中国社会工作研究》2018年第2期。

四　理论基础与框架

搬迁农户易地而居之目的，是寻求新的生活机遇，并以此改变原有的生活方式。吉登斯所提出的生活政治的思想根源，便是要通过改变日常生活的固有模式与生活方式，通过这些对微观层面的努力来达到个体解放。① 对于曾经交通不便的贫困山区而言，更是如此。贫困人口在恶劣的生态环境中维持温饱，勉强生存，却不能很好的生活。得益于国家脱贫攻坚政策，近千万的贫困人口可以离开不适合生存的艰苦之地，易地搬迁至宜居之地，促进空间再生产，开始新生活，实现新奋斗。新生活是搬迁农户的殷殷期盼，是全国上下团结一心、共克时艰的杰出成果；新奋斗意味着脱贫攻坚绽放的绚丽彩虹会激励搬迁农户勇往直前、昂首阔步。事实上，易地扶贫搬迁农户在新环境中实现生活可发展与生计可持续的重要影响因素，就是社会融入问题。毕竟，社会融入是易地生活的新起点，是对易地扶贫搬迁农户生活方式的革新，也是对美好生活的追求，由此关涉的理论主要有以下四种。

1. 生活政治理论

时光流逝，时空变换，新中国成立 70 多年，人民从封建禁锢中解放，从束缚中突破，从剥削中自立，终于在社会主义中沐浴平等与自由。几十年的披荆斩棘、乘风破浪，我国人民告别贫困，跨越温饱，已经全面建成小康社会。无论是沿海富庶之地，抑或乌蒙山贫困区，人们都在齐心协力，为自己的美好生活而奋斗，在衣丰食足中丰富精神生活，不断地追求个人价值的实现与个人内在素质的提升。这种从宏观大环境中人们生活的变革，到微观个人生活的优化，与生活有关的各个方面的价值提升，正是安东尼·吉登斯所提出的生活政治，一种相对于解放政治而言的政治范式，不仅像解放政治那样关注宏观层面的政治，并且重视微观层面的问题，特别是突出日常生活问题的重要性。②

---

① 许丽萍：《吉登斯生活政治范式研究》，人民出版社 2008 年版，第 37 页。
② ［英］安东尼·吉登斯：《现代性与自我认同：现代晚期的自我与社会》，赵旭东、方文、王铭铭译，生活·读书·新知三联书店 1998 年版，第 252 页。

生活政治不是或者不仅仅是个人生活的政治，它是关涉要素遍及社会生活方方面面的政治学①，是一场生活方式的政治学。② 生活政治以人为中心，着眼于人与自身、其他个体、社会以及自然的关系③，其涵盖经济、政治、亲密关系等众多领域④，为个体自我发展提供了更好的生活环境，带来了更多的生活机会，创造了更为适宜的生活环境。国内已有学者将生活政治应用于特殊群体研究。例如，汪建华与孟泉从居住环境、消费方式与关系网络等几个方面的生活形态入手，以生活政治为视角树立了新生代农民工的集体抗争；⑤ 张建设以妇女解放运动为视角，探讨了从解放政治时期到生活政治时期妇女运动的变化，并指出，妇女运动生活政治的兴起是对解放政治的扬弃，是对妇女解放的升华，是对人类社会发展理念的拓展。生活政治是一场伴随着个体自我选择与个人实现的新解放。⑥ 这种微观化的强调生活方式的生活政治，与易地扶贫搬迁农户在新环境中探索崭新的生活方式、追求美好的生活现状相吻合。生活政治是关于生活方式的政治，这种政治在制度反射的语境中运作，关注人的道德与生存问题，强调超越匮乏型经济、对话民主、生命伦理以及非暴力化社会等方面。按此逻辑，无论是移民搬迁至易地扶贫搬迁社区，还是推动移民在新环境下的社会融入，都与搬迁农户的身体、伦理、自我、认同等生活方式有关，因此是典型的生活政治空间，以此为理论基础进行搬迁农户的社会融入研究，符合生活政治的内涵与要义。故而，以生活政治为基础，对易地扶贫搬迁居民的社会生活进行研究，是合乎生活政治理论本身的，也符合易地搬迁农户的现实需求。

---

① ［英］安东尼·吉登斯：《超越左与右：激进政治的未来》，李惠斌、杨雪冬译，社会科学文献出版社 2009 年版，第 95 页。
② ［英］安东尼·吉登斯：《亲密关系的变革：现代社会中的性、爱和爱欲》，陈永国、汪民安等译，社会科学文献出版社 2001 年版，第 251 页。
③ ［英］安东尼·吉登斯：《现代性与自我认同：现代晚期的自我与社会》，赵旭东、方文、王铭铭译，生活·读书·新知三联书店 1998 年版，第 266 页。
④ 郭忠华：《现代性·解放政治·生活政治——吉登斯的思想地形图》，《中山大学学报》（社会科学版）2005 年第 6 期。
⑤ 汪建华，孟泉：《新生代农民工的集体抗争模式——从生产政治到生活政治》，《开放时代》2013 年第 1 期。
⑥ 胡颖峰：《论吉登斯的生活政治观》，《社会科学辑刊》2009 年第 4 期。

2. 技术治理理论

21世纪之交，无论是发达国家还是发展中国家，技术治理已经成为公共治理领域一种全球范围内的普遍现象，可以称之为"当代政治的技术治理趋势"。无论是发达国家，还是发展中国家，其在当代社会运行的科学技术化趋势日益彰显。在社会治理诸领域，如公共治理、政府活动、企业管理以及NGO事务中，运用理性化、专业化、数字化、程序化以及智能化的技术原则和方法作为治理手段日益成为主流。① 当前，物联网、大数据以及人工智能等新技术的蓬勃发展，正在加快技术治理在全球范围内的推进。② 换言之，技术治理已成为当代社会治理持续推进和加深的基本趋势，因而将技术治理应用于贫困治理领域意义重大。

新技术的发展为世界塑造了新的发展格局，为社会网络增添了新的交往途径，不仅提升了社会成员的社会认识范围，更有助于新社会关系的建立。③ 快速膨胀的新技术驱动了知识生产者的信息输入与知识产出④，革新了知识传播途径，大幅度扩大了信息接收群体，拓宽了知识受众面，打破了纸媒有限的传播隔阂。网络技术便捷了人们的交往方式，提升了交往质量，并为人们创造了更为广阔的个人社交网络。⑤ 由于新技术的出现，使得与传统面向物理社区相似的实体性是可能的。而技术治理的逻辑是用扁平化、网格化和数据化的手段，对基层社会治理结构进行重塑，将大量隐藏在模糊公共行政任务背后的逻辑以透明化、可视化、数字化的方式呈现，从而实现管理的精准性和科学性。⑥

大数据治理是技术治理最重要的内容。大数据技术开辟了社会治理

---

① 刘永谋：《技术治理的哲学反思》，《江海学刊》2018年第4期。
② 刘永谋，兰立山：《泛在社会信息化技术治理的若干问题》，《哲学分析》2017年第5期。
③ 王晓春：《论网络技术对个人社会化的影响》，《自然辩证法研究》1999年第8期。
④ 陆晔：《喧嚣背后：新媒介技术的社会影响与理论路径——"数码传播与社会转型：中华社会及其他地区之经验"国际研讨会综述》，《中国传媒大学学报》2007年第1期。
⑤ Gilbert E., Karahalios K. & Sandvig C., "The Network in the Garden: Designing Social Media for Rural Life" *American Behavioral Scientist*, Vol. 53, No. 9, 2010, pp. 1367-1388.
⑥ 李利文：《模糊性公共行政责任的清晰化运作——基于河长制、湖长制、街长制和院长制的分析》，《华中科技大学学报》（社会科学版）2019年第1期。

的新方向，给予了传统治理方式无法比拟的高速率与高精准，于国家层面而言，运用大数据技术进行国家治理是顺势而为，亦是大势所趋。大数据在管理决策、基层治理、智慧城市建设等多方面起到重要作用。① 以大数据为代表的技术治理是推动社会治理新格局的重要战略，基于大数据驱动，政府管理可以从封闭式走向开放式、从静态化走向流动化、由精细化走向精准化；② 人们的生活方式、网络信息活动、运动轨迹等都在数据时代留下数据信息。③ 不仅如此，大数据技术的发展也为社区治理提供了新的方式，给予了复杂状态下社区治理多种可能，将其应用于易地扶贫搬迁社区的治理就成为题中应有之义。④

3. 人类认知五层级理论

人类认知五层级理论是清华大学认知科学研究团队蔡曙山教授在推动认知科学学科发展的过程中凝练出来的，是他长期学术积淀的结果。他指出，人类的认知从低到高可以分为五个层级，分别是神经认知、心理认知、语言认知、思维认识和文化认知，前两个层级的认知为低阶认知，后三个层级的认知为高阶认知。其中，神经认知是人类与动物共有的心智和认知形式，该层级认知是人类低层级的认知形式，主要依赖于神经科学的发展，通过探讨人类大脑和神经对人的行为的支配和影响，进而得出"脑与神经系统产生心智的过程叫认知"的结论；心理认知也是人类与动物共有的心智和认知形式，该认知起源于乔姆斯基，由乔姆斯基和米勒共同开辟完成，他们的研究使心理学从行为主义进入到认知科学时代。心理认知研究知觉、注意、表象和记忆等人的基本心理活动对人的行为的影响，是人类认知的第二个层级；语言认知有特殊的地位，不仅是低高阶认知的连接点，也是高阶认知的基础。语言学是认知科学的来源学科之一，其所形成的句法学、语义学和语用学三大领域对认知科学都有重要的作用；思维认知是人类最高级别的精神活动，人类的思维认知，不外乎是借助听、说、读、写、嗅、触、思等手段来表

---

① 张海波：《大数据驱动社会治理》，《经济社会体制比较》2017年第3期。
② 陈潭：《大数据驱动社会治理的创新转向》，《行政论坛》2016年第6期。
③ 谢治菊，许文朔：《数据驱动、交通变革与智慧治理》，《云南大学学报》（社会科学版）2019年第5期。
④ 孟天广，张小劲：《大数据驱动与政府治理能力提升——理论框架与模式创新》，《北京航空航天大学学报》（社会科学版）2018年第1期。

达。可以说，人类社会的进步大都是思维认知的结果，而思维形式又是逻辑学研究的范畴，故此，思维认知与逻辑学有莫大的关联；文化认知是人类认知的高级形态。文化是人类独有的进化形态，这种进化形态与认知有关。可以说，人类认知都是在一定的文化环境中发生的，当今社会人类的所有认知活动都可以纳入文化框架中去分析，文化是认知的工具，认知又反过来改造文化。故此，文化认知是人类心智最高层级的反映。①

用人类认知五层级理论来分析搬迁农户社会融入的内容，应将搬迁农户的社会融入分为行为融入、心理融入、语言融入、思维融入和文化融入五个层面。其中，行为融入指搬迁农户的行为融入新环境的要求；心理融入指搬迁农户从心理上接受和融入新环境；语言融入指通过学习，移民尤其是少数民族移民掌握和使用迁入地语言的过程；思维融入是指搬迁农户的思维要与发达地区或迁入地民众的思维接轨，以获取可持续发展的能力；文化融入是指搬迁农户要破除陋习，从心理和行为上融入迁入地的文化。从人类认知五层级来解读搬迁农户的社会融入，可定义如下：搬迁政策实施过程中，搬迁农户在心理、行为、语言、思维和文化等方面有较大改变，借此引发其与社会环境的良性互动与有序合作。

4. 人的现代化理论

英格尔斯是经典现代化理论的杰出代表，他的现代化理论揭示了人的现代化在国家经济社会中的地位与作用、目标与价值、方法与载体、特征与原因。他指出，现代性是一种"精神状态"，外在表现于人的态度、价值观念和行为方式之中，具有"个人效能感、乐于接受新观念和社会变革、思想解放、有计划性和时间观念和服从组织和纪律"等十二个方面的品质和特征，并将之看作人的现代化基本属性，视现代人为国家经济社会现代化的先决条件等。英格尔斯关于"人的现代化理论"对讨论搬迁农户社会融入具有重要的借鉴作用，毕竟，只有搬迁农户具备更多的现代性特质，才能更好地融入当地社会。换言之，英格尔斯所分析的"促成人现代化的因素与环境"及其促进人现代化的相

---

① 蔡曙山：《论人类认知的五个层级》，《学术界》2015年第12期。

应行动策略,给研究搬迁农户的社会融入较大的启示与借鉴。

5. 中国特色社会主义共同富裕理论

中国特色社会主义共同富裕理论是邓小平建设有中国特色社会主义理论的重要内容之一。共同富裕是中国特色社会主义的制度优势所在。社会主义的一个根本原则就是共同富裕。2015年11月27日至28日中央扶贫开发工作会议在北京召开。中共中央总书记习近平出席会议并发表重要讲话。他强调,消除贫困、改善民生、逐步实现共同富裕,是社会主义的本质要求,是我们党的重要使命。①

共同富裕不是"同时富裕、同步富裕、同等富裕",不是"平均主义",而是"要允许一部分地区、一部分企业、一部分工人农民,由于辛勤努力成绩大而收入先多一些,生活先好起来",通过"一部分人生活先好起来,就必然产生极大的示范力量,影响左邻右舍,带动其他地区、其他单位的人们向他们学习。这样,就会使整个国民经济不断地波浪式地向前发展,使全国各族人民都能比较快地富裕起来"。共同富裕可以避免两极分化,有利于社会稳定。

站在新的历史阶段,脱贫攻坚现已结束,乡村振兴也已开启。中国特色社会主义共同富裕理论依旧对我们有着重要启示。首先,脱贫攻坚虽然已经结束,但是贫困人口可能因健康问题、意外等原因再次返贫。因此,这部分返贫人口,或有返贫风险的脱贫人口应该成为巩固脱贫攻坚成果的一部分。其次,脱贫攻坚只是消除了农村绝对贫困问题,城乡之间、东西部之间的相对贫困问题仍将继续存在,且有扩大的趋势。因此,用中国特色社会主义共同富裕理论来诠释搬迁农户的社会融入问题有重要的价值。

由于提高社会融入程度能够提高流动人口在迁入地定居的意愿,而经济因素、心理因素和文化因素是影响移民社会融入的关键。因此,本书拟在梳理现有研究文献与政策体系的基础上,运用文本分析、案例分析、对比分析、实证调查、行动研究、定量研究方法,结合生活政治、技术治理、人类认知五层级、文化贫困、人的现代化理论,从解决搬迁农户"融入意愿、融入能力、融入行动与融入机制"出发,重点聚焦

---

① 《习近平论扶贫工作——十八大以来重要论述摘编》,《党建》2015年第12期。

搬迁农户心理融入、经济融入和文化融入三个维度，对易地扶贫搬迁农户社会融入的背景、成效、困境，以及促进融入的技术治理案例、社会适应过程、社工介入支持、志智双扶举措、空间再生产路径进行深入分析，就社会工作服务优化社会融入的目标、思路与路径进行系统探讨。研究内容如图1—1所示。

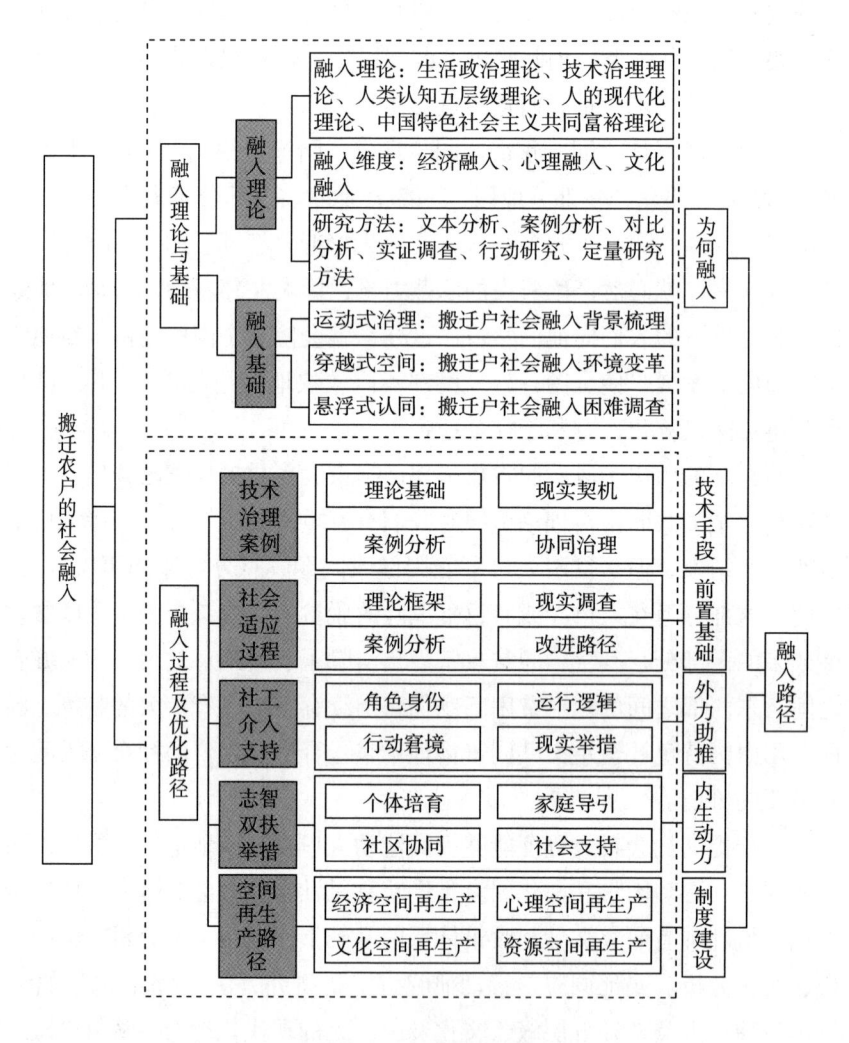

图1—1　本书研究内容

五 研究内容与特色

本书以"十四五"时期易地扶贫搬迁农户的社会融入为研究对象,围绕"一个理论基础、三个现实问题、三大影响因素和四维服务路径"的思路,构建有中国特色的易地扶贫搬迁农户社会融入分析框架,解决搬迁农户因"心理依赖、生计脆弱、文化差异"引发的心理融入、经济融入与文化融入问题,从"融入意愿、融入能力、融入行动、融入机制"的角度构建工作目标,从"共商共识、共培共扶、共建共担、共治共享"的角度探讨工作思路,从"共识机制、教育培训、合作发展、服务体系"的角度诠释工作路径,研究思路如图1—2所示。本书重点围绕易地扶贫搬迁农户的心理融入、经济融入、文化融入问题,探究工作目标、思路与路径,解决搬迁农户的融入意愿、融入能力、融入行动与融入机制问题。

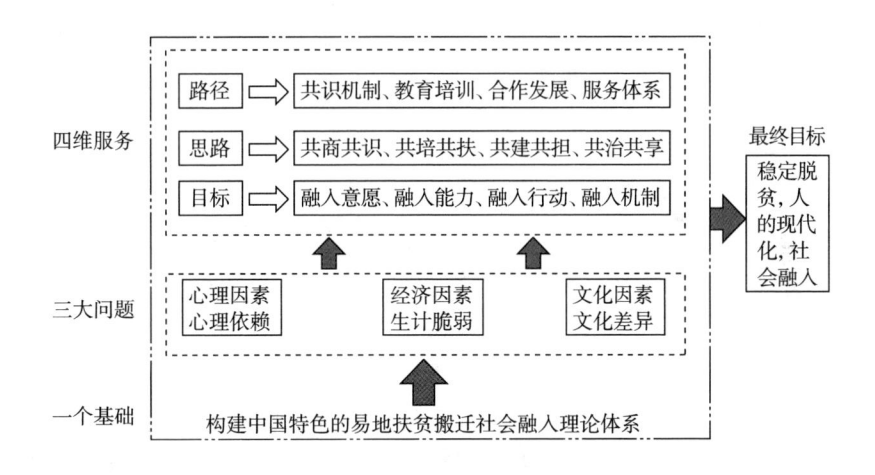

图1—2 本书研究思路

第一章,反思性诠释:搬迁移民社会融入理论建构。此部分拟在进行易地扶贫搬迁农户社会融入政策梳理、"十三五"时期经验借鉴的基础上,结合生活政治理论、技术治理理论、人的现代化理论、人类认知五层级理论、中国特色社会主义共同富裕理论,将搬迁农户的社会融入分为心理融入、经济融入与文化融入，进而构建有中国特色的易地扶贫搬迁理论分析框架。

第二章，运动式治理：搬迁移民社会融入背景梳理。此部分拟通过历史回溯、文本分析、深度访谈的方法，将"十四五"期间易地扶贫搬迁农户社会融入的背景结合"运动式治理"的一般环节，从目标设定、宣传动员、政策实施和效果评估四个环节来解读"运动式搬迁"的过程，为分析搬迁农户的社会融入过程奠定基础。

第三章，迭代式空间：搬迁移民社会融入环境变革。此部分拟在实证调研的基础上，以解剖麻雀的方式，将典型案例进行分类，对"十四五"期间易地扶贫搬迁农户社会融入经济环境、心理环境、服务环境变革进行分析。

第四章，模糊化认同：搬迁移民社会融入困境调查。易地扶贫搬迁的人数多、规模大、时间短、任务紧、涉及面广，是典型的"运动式搬迁"，但搬迁后采取的却是管理模式常规化、管理机构常规化、管理经费常规化、管理内容常规化的"常规化治理"，这让社区的归口管理与属地管理有冲突、职能设置与人员配备不相符、生存资金与运转资金显瓶颈、心理需求与融入需要被忽视，进而引发移民生计空间不足、服务资源缺失、心理空间断裂等治理困境。

第五章，大数据嵌入：搬迁移民社会融入案例分析。目前的易地扶贫搬迁社区面临生计空间不足、服务空间压缩、心理空间断裂等困境，而T县易地扶贫搬迁后续管理大数据平台的建立，为有效缓解这些问题提供了保障。具体来说，该平台利用其数据庞大、信息对称、追踪及时等优势，实现了社区就业帮扶的精准化、服务供给的精细化、心理服务的科学化，使社区的生计空间、服务空间和心理空间得以再生产。但是，由于大数据在易地扶贫搬迁领域的应用在国内尚属首次，因此，当从空间再生产的角度来探讨大数据在易地扶贫搬迁社区中的作用及机理时，应更多从本土化的视角来思考如下三个问题：这样的再生产面临哪些困难？再生产的空间具有哪些属性？如何实现各再生空间的协同？

第六章，社会适应：搬迁移民社会融入过程观察。按照人类心智进化方向，人类认知从低到高可以分为神经层级、心理层级、语言层级、思维层级和文化层级的认知，这五个层级的认知与易地扶贫搬迁农户的社会适应有莫大关系，可据此将搬迁农户的社会适应分为身体适应、心理适应、语言适应、思维适应与文化适应五个方面。调查发现，无论是身体适应、心理适应、语言适应、思维适应还是文化适应，搬迁农户均存在一定的困难，影响其在"他乡"的生活质量。究其原因，主要是原有生活共同体破裂后熟人社会难以重构，新共同体难以融入。为此，在构建搬迁农户社会适应的路径时，应在强化经济因素、心理因素、文化因素对搬迁农户社会适应的影响与价值时，通过转变思维认知营造社会适应氛围、关注心理需要激发社会适应动力、增强发展能力提高社会适应水平、健全保障机制净化社会适应环境。

第七章，社工介入：搬迁移民社会融入服务改进。作为社会组织的一部分，社工机构参与易地扶贫搬迁社区治理不仅助力于搬迁群众"稳得住、能致富"的"后半篇文章"，更能在一定程度上弥补市场失灵和政府失效，加强和改进基层社会治理。在此背景下，本章以实证调查的素材为案例，分别从独特优势、多维嵌入、叠加赋能、情境脱嵌、赋权增能五个角度，对社工介入易地扶贫搬迁的典型案例、角色身份、运行机制、行动窘境与行为面向进行分析，然后就介入的优化路径及其对巩固脱贫攻坚成果与乡村振兴有效衔接的启示进行探讨。

第八章，志智双扶：搬迁移民社会融入内力探讨。考虑到扶志主要是扶思想、扶信心，扶智主要是扶思路、扶技能，前者关涉个体心理即可持续发展意愿，后者关涉个体能力即可持续发展行动，二者共同解决的是搬迁农户的"融入意愿、融入预期和融入能力"问题，且这些问题除与个体因素有关之外，还与家庭状况、社区资源、社会支持有关。因此，本章拟从影响搬迁农户心理与行为的微观、中观与宏观因素出发，将实现搬迁农户社会融入的志智双扶举措界定为"个体培育、家庭导引、社区协同和社会支持"。

第九章，空间再生产：搬迁移民社会融入路径优化。按此逻辑，无论是大数据重构的生计空间、服务空间、心理空间还是资源空间，都与搬迁农户的身体、伦理、自我、认同等生活方式有关，因此是典型的生活政治空间。以生活政治理论为基础，以大数据技术为路径，对易地扶贫搬迁社区的移民进行生计空间、心理空间、服务空间、资源空间的改进路径的优化。

2. 研究特色

一是选题时代感较强。易地扶贫搬迁前半段"搬得出"的问题，已经全部解决，但后半段"稳得住、能致富"的问题，还面临诸多挑战和困难，这一问题也是后扶贫时代"十四五"时期要重点解决的问题。所以，如果能解决易地扶贫搬迁农户的社会融入问题，让他们稳定脱贫、稳固居住，对于构建易地扶贫搬迁社区治理的长效机制、促进搬迁农户市民化、培育搬迁农户的现代性有重要的帮助。

二是问题解构思路清晰。课题围绕"一个理论基础、三个现实问题、三大影响因素、四个服务目标和四维服务路径"的研究思路，构建有中国特色的易地扶贫搬迁农户社会融入分析框架，解决搬迁农户因"心理依赖、生计脆弱、文化差异"引发的心理融入、经济融入与文化融入问题，从"融入意愿、融入能力、融入行动、融入机制"的角度构建工作目标，从"共商共识、共培共扶、共建共担、共治共享"的角度探讨工作思路，从"共识机制、教育培训、合作发展、服务体系"的角度诠释工作路径，问题解构层层深入、环环相扣，逻辑性强。

三是研究观点有新意。根据人类认知五层级理论，将易地扶贫搬迁农户的社会适应分为心理融入、经济融入与文化融入，研究维度上有突破；从社会工作理论出发，将贫困的本质解读为政府政策、资源配置、机会供给以及行动意愿、行动能力、行动机制问题，研究思想有创新；从生活政治的角度，解读易地扶贫搬迁农户社会融入的重要性、必要性与可行性，研究理论有拓展。

四是研究工具较前沿。运用大数据精准服务的特性，对搬迁农户的社会融入特点和趋势进行科学分析和预测；对搬迁农户社会融入能力进行精准化、个性化、差异化培训，有助于大幅度提升培训效果；探讨五层级社会融入中哪一层级的融入对精准脱贫最有成效，这对拓宽社会融入的研究工具有帮助。

五是研究方法有对比。比较分析"十三五"与"十四五"时期搬迁农户、搬迁农户与非搬迁农户、不同类型搬迁农户之间社会融入的差异，寻找存在差异的原因，挖掘搬迁农户社会融入的深层制约因素。

六 研究方法与调研情况

1. 研究方法

一是文献研究法。通过文献资料分析主要达到四个目的：其一是厘清"易地扶贫搬迁社会融入"的学术谱系；其二是分析易地扶贫搬迁农户社会融入的相关政策文本与研究文献；其三是分析易地扶贫搬迁农户社会融入的现状、需求、问题及原因；其四是分析易地扶贫搬迁农户社会融入的内容。

二是实证调查法。通过访谈和实地观察来收集第一手资料，主要在贵州各地市州选择一定数量的易地扶贫搬迁农户与非搬迁农户开展问卷调查。对于一些关键问题或有争议的问题，以及在通过问卷调查等方式无法得到充分信息的情况下，将采用深度访谈和参与式观察的方式来收集资料。

三是案例分析法。案例分析法将贯穿课题研究的全过程。对于典型案例和事件，进行跟踪调查，并将案例进行类型化分析，对每类案例的特点进行归纳。

四是比较研究法。比较分析"十三五"与"十四五"时期易地扶贫搬迁农户、搬迁农户与非搬迁农户、不同类型搬迁农户之间社会融入的差异，寻找存在差异的原因，挖掘搬迁农户社会适应的深层制约因素。

五是行动研究方法。课题组成员将依托多年来形成的协同工作网络及年度会议机制，将行动研究方法定位为多方协同下新工作机制的生成过程，联合专业社会工作机构及高校社会工作研究者，共同讨论、制定以社区为基础的反贫困社会工作行动研究框架，在各自工作区域内开展以社区为基础的反贫困社会工作实务模式探索。同时，以课题研究成员为骨干组成督导工作协同队伍，对各地协同机构及团队给予行动研究辅导及督导支持，并与各参与者共同建立协同成长机制，在此过程中不断创新和完善方法与工具系统，形成适应于不同搬迁社区的反贫困社会工作实务工作模式。

2. 调研情况

马流辉和莫艳清在研究中认为，"扶贫移民在迁出地通过长期与地方社会的互动，已形成了较为稳定的生计模式。当然，按照现代的标准，这种生计可能是低水平的。而迁居城镇所带来的地域变换，要求扶贫移民开辟出新的生计空间，寻求新的生计来源。所以，能否在安置地构建出一套稳定的生计模式，对维持扶贫移民的生存和发展具有根本性的意义。"[①] 另外，任远和施闻也在研究中指出，迁入地的就业机会、教育、医疗、社会融入与迁出地的耕地、住房、生活习惯、社会网络等方面共同决定了流动人口的返迁意愿与行为决策。[②] 这表明了在现实当中，易地扶贫搬迁农户对搬迁社区的融入程度受到各种因素的影响。

为深入了解搬迁农户的社会融入情况，2018年1月—2021年12月，课题组采用问卷调查、深度访谈、集体座谈和参与式观察等方法，以课题调研者、脱贫评估者、事件观察者、规划制定者等身份，以贵州省为主线，对贵州、云南、青海、内蒙古4省22个搬迁社区进行了实证调查，其中，调研的易地扶贫搬迁社区占78.3%，这些社区的搬迁人群以建档立卡贫困户为主，大多数人为少数民族，人口大多在3000—5000人，但也有人口3万人左右的两个大型搬迁社区，一个在贵州BJ市，一个在云南ZT市，说明我们调研的社区从人口规模、人口结构等情况来看，有一定的代表性，调研的各省搬迁社区基本情况如表1—4所示。

调查共获取有效问卷275份，问卷调查对象主要是贵州搬迁户，其基本情况如表1—5所示。如表1—5所示，户均人口为4.8人，其中劳动力人口仅为2.03人；家庭人均年收入为6625.49元，以打工收入为主，占90.9%；少数民族比例占49.1%；女性比例较低，占34.5%；年龄以31—45岁、46—60岁为主，合计占61.4%；文化程度偏低，文盲占17.8%，高中及以上文化的仅为8.7%；54.4%是户主。从这些数据可知，样本抽样基本符合贫困人口的特征与结构，具有较好的科学性和代表性。

---

① 马流辉，莫艳清：《扶贫移民的城镇化安置及其后续发展路径选择——基于城乡联动的分析视角》，《福建论坛》（人文社会科学版）2019年第3期。
② 任远，施闻：《农村外出劳动力回流迁移的影响因素和回流效应》，《人口研究》2017年第2期。

表1—4 调查社区基本情况（N=22）

序号	省份	市州	县区	社区名称	社区人口数 户数（户）	社区人口数 人数（人）	建档立卡贫困户 户数（户）	建档立卡贫困户 人数（人）	低保情况 户数（户）	低保情况 人数（人）	少数民族人口比例（%）	人均收入（元）	残疾人口（人）	光棍人数（人）	外出务工人数（人）
1	贵州	ZY市	T县	PL社区	—	4640	1129	4251	665	2197	1.50	—	157	146	892
2				BGS社区	—	2371	594	2390	382	1365	2.30	—	365	21	677
3		QDN州	DZ县	JH社区	—	7900	140	821	0	0	85	8000	28	40	508
4				JQ社区	—	4460	2018	9785	85	351	96	4486	66	62	985
5				JY社区	—	4318	—	—	76	382	97	4521	36	58	919
6				JZ社区	—	2154	—	—	33	143	96	4368	23	23	869
7			ZY县	DC社区	—	6051	—	6047	—	—	27.79	—	—	60	1408
8		LPS市	ZS区	XFL社区	—	602	—	—	—	—	—	—	—	—	—
9			SC县	BL社区	—	1156	—	—	60	150	—	—	—	—	125
10		QN州		FJ社区	—	3410	869	3338	—	—	40.71	—	—	—	—
11			LL县	XM社区	—	919	233	875	—	—	16.10	—	—	—	—
12				XS社区	—	50	12	42	—	—	0.04	—	—	—	—
				BZ社区	—	467	49	286	—	—	99.79	—	—	—	—

续表

序号	省份	市州	县区	社区名称	社区人口数 户数(户)	社区人口数 人数(人)	建档立卡贫困户 户数(户)	建档立卡贫困户 人数(人)	低保情况 户数(户)	低保情况 人数(人)	少数民族人口比例(%)	人均收入(元)	残疾人口(人)	光棍人数(人)	外出务工人数(人)
13	贵州	QN 州	HS 县	HX 社区	821	3103	669	2515	—	—	—	14800	—	—	1496
14				XM 社区	1410	5935	1087	4487	—	—	—	14800	—	—	2590
15			W 县	YSH 社区	1290	5336	982	4060	280	737	—	4000	175	—	—
16				JKB 社区	1720	7210	790	3568	167	449	—	—	113	—	1199
17		BJ 市	QXG 区	BYL 社区	6372	29001	5728	25424	—	—	—	—	—	—	11198
18		AS 市	PB 区	TF 社区	174	685	—	—	—	—	—	—	37	18	—
19		TZ 市	LD 县	MJW 社区	9100	39106	8346	35858	—	—	—	—	—	—	—
20	云南	NJ 州	LS 市	WLB 社区	741	2348	600	1837	—	—	—	—	—	—	—
21	青海	HD 市	MH 县	WD 社区	—	4926	343	1280	193	638	0.02	6975	208	—	1873
22	内蒙古	CF 市	WNT 旗	LY 社区	2907	7291	—	—	—	—	—	—	—	—	—

表1—5　　　　　　　　调查对象背景变量（N=275）

背景变量		百分比(%)	背景变量		百分比(%)	背景变量		百分比(%)
性别	男	65.5	民族	少数民族	49.1	婚姻状况	未婚	7.7
	女	34.5		汉族	50.9		已婚	92.3
年龄	18—30岁	17.1	文化程度	文盲	17.8	户主	否	45.6
	31—45岁	34.5		小学	44.4		是	54.4
	46—60岁	26.9		初中	29.1	类型	搬迁移民	100
	61岁及以上	21.5		高中及以上	8.7		原住民	0
家庭人均年收入（元）		6625.49	打工收入（元）		5829.97	种养殖、政府补贴及分红（元）		215.19
户均人口数（人）		4.8	户均劳动力（人）		2.03	户均学生/老人数（人）		1.56/0.86
致贫原因		1. 因病［32.4］　　2. 因学［15.6］　　3. 因残疾［12.6］ 4. 因缺劳动力［24.8］　5. 因懒［0.4］　　6. 其他［14.1］						

访谈的90多名人员涵盖了县级相关职能部门工作人员、乡镇基层干部、搬迁社区干部、扶贫社区工厂管理人员和基层工人、搬迁农户、社工人员，涉及面比较广泛和全面，具有一定的代表性。在所访谈的人员中，少数民族比例占45.36%；女性比例较低，占35.05%，男性占64.95%；年龄分布中，中年人占比较大，老年人与青少年人员较少，总体呈正态分布，18—30岁的仅占16.49%，31—45岁的占59.79%；人员结构中，工作人员占其中的51.55%，因而文化程度相对较高，高中及以上的占64.94%，党员占比48.45%。我们在访谈当中主要了解各职能部门在易地扶贫搬迁中发挥的作用和相关政策实施，以及易地扶贫搬迁农户在搬迁后生产生活的具体感受，样本抽样也具有较好的科学性和代表性，访谈对象基本情况如表1—7所示。

表1—6 访谈对象基本情况（N=97）

序号	访谈日期	受访者姓名	性别	民族	年龄	文化程度	政治面貌	身份职务	单位部门	访谈时长（分钟）
1	2021.02.05	CY	女	布依	27	初中	党员	搬迁农户	W县D社区	53分04秒
2	2021.02.04	HXF	女	汉	37	初中	群众	搬迁农户	W县D社区	47分13秒
3	2021.02.04	LFM	女	布依	27	高中	党员	搬迁农户	W县D社区	65分08秒
4	2021.02.04	YGZ	女	布依	37	大专	群众	搬迁农户	W县D社区	34分02秒
5	2021.02.04	WTX	男	布依	27	高中	党员	搬迁农户	W县D社区	49分09秒
6	2021.02.04	LYF	女	布依	26	本科	团员	社会工作者	W县Y社工机构	120分07秒
7	2021.02.03	ZXY	男	布依	28	本科	群众	社会工作者	W县Y社工机构	56分19秒
8	2021.02.03	TRL	女	汉	22	本科	团员	社会工作者	W县Y社工机构	89分13秒
9	2021.02.03	CLK	男	汉	43	初中	群众	搬迁农户，兼任社区居委会副主任	H县Z社区	45分26秒
10	2021.02.03	XYH	男	布依	36	本科	党员	搬迁农户，某社区网格员	H县Z社区	56分34秒
11	2021.02.03	WXL	女	汉	35	本科	党员	某社区副支书	H县Z社区	38分12秒
12	2021.02.03	ZYF	男	布依	24	本科	群众	搬迁农户	H县Z社区	56分13秒
13	2021.02.03	LSL	女	布依	41	初中	党员	搬迁农户	H县L社区	72分34秒
14	2021.02.03	Y	男	汉	27	高中	党员	搬迁农户	H县L社区	35分12秒
15	2021.02.03	ZZL	男	汉	40	/	党员	搬迁农户	H县L社区	66分34秒
16	2021.02.03	LDJ	女	汉	/	/	党员	搬迁农户	H县L社区	46分39秒
17	2021.02.03	LK	男	汉	37	/	群众	搬迁农户	H县L社区	58分28秒

续表

序号	访谈日期	受访者姓名	性别	民族	年龄	文化程度	政治面貌	身份职务	单位部门	访谈时长（分钟）
18	2021.02.03	LSP	男	汉	45	小学	群众	搬迁农户	H县W社区	78分19秒
19	2021.02.03	LSM	女	苗	24	本科	党员	搬迁农户，某社区服务中心工作人员	H县W社区	56分46秒
20	2021.02.03	YYH	男	汉	40	高中	党员	搬迁农户	H县W社区	43分12秒
21	2021.02.03	PYY	男	汉	26	本科	党员	搬迁农户	H县W社区	47分23秒
22	2021.02.03	WYM	女	苗	61	初中	党员	搬迁农户	H县W社区	49分12秒
23	2021.02.03	YCB	男	汉	35	初中	群众	搬迁农户	H县W社区	57分28秒
24	2021.02.03	HSX	女	布依	25	本科	群众	搬迁农户	H县W社区	78分34秒
25	2021.02.03	LRH	男	苗	25	本科	群众	搬迁农户	H县W社区	85分25秒
26	2021.02.03	NWL	男	汉	51	高中	群众	搬迁农户	H县W社区	89分12秒
27	2021.02.03	YHJ	女	布依	24	本科	群众	搬迁农户	Y县M社区	57分45秒
28	2021.02.02	FHF	女	汉	40	小学	群众	搬迁农户	Y县M社区	61分23秒
29	2021.02.02	LXJ	男	汉	46	本科	群众	社工机构负责人	W县Y社工机构	147分23秒
30	2021.02.02	YSM	男	苗	36	本科	群众	社会工作者	W县Y社工机构	
31	2021.02.02	WZY	男	汉	42	本科	群众	社会工作者	W县Y社工机构	
32	2021.02.02	NXY	女	布依	24	大专	群众	社会工作者	W县Y社工机构	
33	2021.02.02	TZT	女	汉	24	本科	群众	社会工作者	W县Y社工机构	
34	2021.02.01	LSL	男	布依	41	本科	党员	社区党支部书记兼居委会主任	Y县M社区	77分34秒

续表

序号	访谈日期	受访者姓名	性别	民族	年龄	文化程度	政治面貌	身份职务	单位部门	访谈时长（分钟）
35	2020.12.17	RDS	男	苗	56	小学	群众	搬迁农户	L县Q社区	56分34秒
36	2020.12.17	XDT	女	白	45	初中	党员	搬迁农户	X县F社区	67分12秒
37	2020.12.16	WH	男	布依	37	初中	党员	搬迁农户	X县F社区	39分46秒
38	2020.12.15	LHM	男	蒙古	58	小学	群众	搬迁农户	Z县J社区	38分41秒
39	2020.12.14	GXJ	女	汉	42	大专	党员	社区主任	L县Q社区	120分23秒
40	2020.12.13	WYH	女	彝	79	文盲	群众	搬迁农户	D县H社区	45分34秒
41	2020.12.13	WLT	女	独龙	44	大专	党员	社工人员	D县H社区	78分59秒
42	2020.12.12	WL	男	回	42	初中	群众	社区人员	X县F社区	67分45秒
43	2020.12.12	LKS	男	汉	39	高中	党员	社区主任	Z县J社区	98分34秒
44	2020.12.10	FZ	男	汉	38	大专	群众	社工人员	X县F社区	89分38秒
45	2019.05.27	H某某	女	汉	45	本科	党员	纪委副书记	T县纪委	74分45秒
46	2019.05.28	L某	男	汉	39	本科	党员	社会救助局局长	T县民政局	55分44秒
47	2019.05.28	D某某	男	汉	38	本科	党员	副局长	T县医疗保障局	36分20秒
48	2019.05.29	C某某	男	汉	45	本科	党员	乡建科科长	T县住建局	65分03秒
49	2019.05.29	L某	女	汉	42	本科	党员	副科主任	T县扶贫办	154分11秒
50	2019.05.29	Z某	女	汉	37	本科	党员	生态移民科长	T县扶贫移民局	50分02秒
51	2019.05.30	L某某	男	汉	39	本科	党员	副局长	T县扶贫局	41分06秒
52	2019.05.30	L某某	男	布依	36	本科	党员	副主任	T县扶贫办	

续表

序号	访谈日期	受访者姓名	性别	民族	年龄	文化程度	政治面貌	身份职务	单位部门	访谈时长（分钟）
53	2019.05.31	M某某	男	苗	47	本科	党员	扶贫办主任	T县扶贫办	76分32秒
54		Y某某	男	苗	32	本科	党员	办公室主任		46分53秒
55		L某某	男	苗	37	本科	党员	扶贫办副主任		79分19秒
56		Y某某	男	苗	50	本科	群众	中心主任	D县新农村建设中心	29分36秒
57		Z某某	男	汉	/	本科	党员	副主任	D县扶贫办	40分05秒
58	2019.06.04	L某某	女	苗	/	大专	群众	会计	D县扶贫开发有限责任公司	40分35秒
59		J某某	女	侗	35	大专	党员	工作人员	D县移民局	29分33秒
60	2019.06.04	N某	男	侗	46	初中	群众	副经理	J厂	48分02秒
61		T某某	女	汉	50	/	群众	工厂工人	C厂	78分27秒
62	2019.05.28	L某某	男	汉	45	初中	群众	工厂经理	X厂	52分03秒
63		D某某	男	彝	33	本科	党员	工厂经理		
64	2019.02.18	W某某	女	汉	29	本科	党员	扶贫站站长	M镇	
65	2019.02.22	L某	男	汉	40	本科	党员	镇副书记	L镇	
66		Y某某	男	汉	46	中专	党员	扶贫站副站长	镇	95分31秒
67	2019.04.06	Z某某	男	汉	31	中专	党员	扶贫站人员		
68		W某某	女	汉	31		党员	扶贫站人员		

续表

序号	访谈日期	受访者姓名	性别	民族	年龄	文化程度	政治面貌	身份职务	单位部门	访谈时长（分钟）
69	2019.05.27	F某	男	汉	31	本科	党员	街道副主任	H街道	85分02秒
70	2019.05.30	L某	男	苗	35	大专	群众	扶贫站站长	Y镇	50分08秒
71	2018.01.18	L某某	男	彝	35	本科	群众	三变办主任	Y管委会	56分34秒
72	2018.01.20	H某	男	彝	38	本科	党员	副乡长	P乡	95分12秒
73	2019.05.27	L某	男	汉	40	本科	党员	乡干部	M乡	37分15秒
74	2019.02.21	C某某	男	汉	43	大专	党员	社区主任	L镇Q社区	76分58秒
75	2019.05.26	L某	女	汉	36	本科	党员	社区主任	L镇P社区	134分00秒
76	2019.05.26	L某	男	汉	36	本科	党员	社区主任	L镇P社区	54分13秒
77	2019.05.27	X某某	男	汉	/	高中	党员	社区支书	H街道B社区	135分19秒
78	2019.05.30	L某某	男	苗	46	本科	党员	社区支书	L镇J社区	53分34秒
79	2019.05.30	M某某	男	苗	38	小学	党员	社区支书	L镇P社区	66分32秒
80	2019.05.28	H某某	女	汉	33	初中	党员	社区心理咨询师	H街道B社区	15分37秒
81	2019.02.17	X某某	男	汉	33	小学	群众	搬迁农户	Z县H镇H村	67分25秒
82	2019.02.17	G某某	女	穿青	35	文盲	群众	搬迁农户	S县M镇L村	49分53秒
83		L某	男	彝	38	文盲	群众	搬迁农户	S县M镇L村	
84	2019.02.18	Z某某	女	彝	38	文盲	群众	搬迁农户		
85	2019.02.18	Y某某	男	苗	41	文盲	群众	搬迁农户	S县M镇B社区	31分34秒

续表

序号	访谈日期	受访者姓名	性别	民族	年龄	文化程度	政治面貌	身份职务	单位部门	访谈时长（分钟）
86	2019.02.21	C某某	男	汉	60	小学	党员	搬迁农户	P区L镇Q社区	29分31秒
87	2019.02.21	L某某	男	汉	46	中专	群众	搬迁农户	P区L镇Q社区	28分23秒
88	2019.02.21	H某某	男	汉	56	初中	群众	搬迁农户	P区L镇Q社区	64分47秒
89	2019.02.21	Z某	男	汉	53	小学	群众	搬迁农户	P区L镇Q社区	29分31秒
90	2019.02.21	L某某	男	汉	52	小学	群众	搬迁农户	P区L镇Q社区	46分01秒
91	2019.05.27	Z某某	男	汉	53	小学	群众	搬迁农户	H街道B社区	51分07秒
92	2019.05.26	Z某某	男	汉	34	文盲	群众	搬迁农户	L镇P社区	21分09秒
93	2019.05.26	Z某某	女	汉	68	文盲	群众	搬迁农户	L镇P社区	63分05秒
94	2019.05.26	L某某	女	汉	43	小学	群众	搬迁农户	L镇P社区	47分18秒
95	2019.05.28	Y某某	男	汉	41	文盲	群众	搬迁农户	Y管委会H村	57分12秒
96	2018.01.19	Z某某	女	彝	40	文盲	群众	搬迁农户	Y管委会H村	
97	2018.01.19	W某某	男	彝	45	小学	群众	搬迁农户	Y管委会H村	

第二章　运动式治理：搬迁移民社会融入背景梳理

在新中国成立的 70 多年里，政府组织的大规模移民先后经历了 1949—2000 年的工程水库移民和 1978—2020 年的扶贫移民两大阶段，后者又细分为开发式移民、生态移民与易地扶贫搬迁移民三个小阶段。移民有非自愿移民、准自愿移民与自愿移民之分。工程水库移民是典型的非自愿移民，早期的扶贫移民尤其是 1978—2000 年的开发式移民一般称为自愿移民，① 但随着规模的扩大和程度的加深，以专门解决贫困问题而著称的易地扶贫搬迁，却是一种需要通过政府动员和政府补偿来被动实现的移民方式，可以视为一种准自愿移民。② 目前，这群准移民"搬得出"的问题已经解决，已经进入"稳得住""能发展"和"可致富"的后搬迁时代，因此当务之急是构建针对搬迁农户的长效减贫机制。③ 然而，纵观我国几十年的搬迁脱贫实践，移民要想长效、稳定脱贫，并不容易，因为就连 20 世纪 80 年代"三西"地区最早搬迁的移民村，仍然在攻克脱贫的难题。④ 这说明，易地扶贫搬迁对搬迁农户的影响是深远的，不仅会给第一代人留下印记，更会对其子孙后代产生深远的影响。因此，那种认为研究搬迁农户的短期影响就足够了的想法是

---

① 黄承伟：《中国农村扶贫自愿移民搬迁的理论与实践》，中国财政经济出版社 2004 年版，第 78 页。
② 檀学文：《中国移民扶贫 70 年变迁研究》，《中国农村经济》2019 年第 8 期。
③ 王蒙：《后搬迁时代易地扶贫搬迁如何实现长效减贫？——基于社区营造视角》，《西北农林科技大学学报》（社会科学版）2019 年第 6 期。
④ 王晓毅：《生态移民与精准扶贫？——宁夏的实践与经验》，社会科学文献出版社 2017 年版，第 311 页。

错误的。① 相反，现实中的搬迁农户不仅面临生计保障、稳定就业、社会适应等问题，还面临与当地居民的社会融入、经济分层等问题，这会直接制约搬迁农户的代际流动。②

易地扶贫搬迁本是一件利国利民的好事，缘何会出现上述问题？纵观古今中外的移民研究历史，比较典型的有社会资本论、社会文化论、多中心治理论、空间贫困理论。社会资本论认为，社会网络尤其是社会关系网络被破坏③、社会互助网络被拆散④是搬迁农户难以融入当地生活的重要原因；社会文化论则强调，作为社会转型核心内容的社会文化转型，导致组织和个体的观念与行动、权力的支配方式发生改变，搬迁农户的意愿和适应能力是嵌入特定的文化中的，所以会相应发生改变。⑤ 多中心治理论将政府、市场、民众、搬迁农户、社会组织、社区等所形成的多元关系作为整体的社区治理生态系统，进而指出搬迁社区存在的困境在于多元主体存在的互动关系和环境。⑥ 空间贫困理论则认为，搬迁是为了脱离贫困的生存空间，但搬迁不仅是自然空间的转移，还包括社会空间和生计空间的重构，如果没有重构起来，问题自然会显现。⑦ 可见，学者们侧重从关系重构、文化重塑、利益分配和空间再造的角度来寻找搬迁社区治理困境的成因。然而，仔细思考发现，这些问题的产生都有其现实根源，那就是"运动式搬迁后的常规化治理"。

基层政府治理有常规化治理和运动式治理两种模式，前者指基层政府对例行工作的治理，后者指基层政府对重大工作或突发事件的治理。

---

① Wilmsen B. and A. V. Hulten, "Following Resettled People Over Time: The Value of Longitudinal Data Collection for Uderstanding the Livelihood Impacts of the Tthree Gorges Dam, China" *Impact Assessment and Project Appraisal*, Vol. 35, No. 1, 2017, pp. 94-105.

② 滕祥河，卿赟，文传浩：《非自愿搬迁对移民职业代际流动性的影响研究——基于三峡库区调查数据的实证分析》，《中国农村经济》2020年第3期。

③ 孙秀林：《城市移民的政治参与：一个社会网络的分析视角》，《社会》2010年第1期。

④ [美]迈克尔·塞尼：《移民与发展——世界银行移民政策与经验研究》，水库移民经济研究中心译，河海大学出版社1995年版，第56页。

⑤ 周恩宇，卯丹：《易地扶贫搬迁的实践及其后果——一项社会文化转型视角的分析》，《中国农业大学学报》（社会科学版）2017年第2期。

⑥ 荀丽丽，包智明：《生态移民过程中的政府、市场与家户》，《中国社会科学》2008年第1期。

⑦ 渠鲲飞，左停：《协同治理下的空间再造》，《中国农村观察》2019年第2期。

易地扶贫搬迁的人数多、规模大、时间短、任务紧、涉面广，是典型的运动式治理，准确的界定是"运动式搬迁"。"运动式治理"是以非常规化的手段开展常规化的治理行动，已经成为一种广泛的国家治理模式。① 从治理的效益来看，运动式治理能够以自上而下的方式调动人员，以政治动员的模式集中力量，以超科层制的运作破解难题，以跨部门整合协同的形式重组资源，为重大治理难题、突发性公共事件、临时性紧急任务和回应性政治问题提供立竿见影的短期成效。② 在精准扶贫领域，运动式治理虽然存在一些问题，但总体来说，它不仅清理了常规式扶贫中的积弊，还明确了扶贫资源的分配规则，巩固了群众基础，也取得了较好的成效。③ 将这一结论映射到易地扶贫搬迁工作中，短短4年多的时间搬迁出了1200万人，说明"运动式搬迁"快速解决了"搬得出"的问题，这是我国易地扶贫搬迁取得成效的首期表现。但是，这些人搬出后，如何提高他们的发展能力和致富能力，使其长久地留下来，还没有统一的模式，仍处于探索中。因此，目前暴露出的易地扶贫搬迁社区治理困境，与其说是前述学者们探讨的原因，还不如说是搬迁后社区"常规化"治理的后遗症，也即本章认为，"运动式搬迁后的常规化治理"是当下易地扶贫搬迁社区治理困境的现实根源。

本来，"运动式搬迁"会产生一些危害，如为抢速度会缩短搬迁住房的建设工期，为抢效益会产生搬迁动员的胡言乱语，为抢时间会降低搬迁工作的精细管理的程度，为抢人数会减少搬迁对象的精准识别等，由此会加大安置点社区治理的风险和难度。鉴于此，搬迁后的移民社区治理，就应该在人员配备、资金拨付、组织架构、管理手段和服务供给等方面有所创新，而非"常规化治理"。如何使"运动式搬迁"与"常规化治理"有效衔接，技术路径与制度路径的超常规整合是关键。因此，本章以T县易地扶贫搬迁社区治理为例，深入探讨运动式搬迁的过程以及常规化治理的表现与危害，提出二者有效衔接的超常规整合

---

① 杨志军：《运动式治理悖论：常态治理的非常规化——基于网络"扫黄打非"运动分析》，《公共行政评论》2015年第2期。
② 周雪光：《中国国家治理的制度逻辑》，生活·读书·新知三联书店2017年版，第17页。
③ 魏程琳、赵晓峰：《常规治理、运动式治理与中国扶贫实践》，《中国农业大学学报》（社会科学版）2018年第5期。

路径。

"运动式搬迁"是指拥有公共权力的搬迁主体,通过自上而下的深度动员方式,采取超常规的资源整合和搬迁手段,有组织、有目的地在短时间内对大规模人群进行搬迁的过程。"运动式搬迁"的概念来自"运动式治理"。有学者认为,在精准扶贫领域,以首长负责制、驻村工作队、临时突击队等为代表的运动式治理,是以科层运作、经验行动、策略主义与保守逻辑为代表的常规化治理的有效补充,[①] 是当前农村反贫困策略的本质特征与产生治理困境的根本原因。[②] 由于易地扶贫搬迁政策的实践过程,是压力型体制下基层政府的被动选择,是解决精准扶贫目标与基层治理资源、治理能力不匹配的无奈之举,因此也是一项"运动式治理",由此带来的必将是"运动式搬迁"。[③] 下面,拟结合运动式治理的一般环节,从目标设定、宣传动员、政策实施和效果评估四个环节来解读"运动式搬迁"的过程。

一 目标:易地扶贫搬迁任务是如何确定的

目标设定涉及问题界定与目标确定两个阶段,是对进入政策议程的公共问题提出解决设想,一般由决策部门来完成。在压力型体制下,基层任务的目标设定往往由上级政府通过"五年规划"或"年度工作总结"来完成,基层政府则按照上级的目标要求分解细化、层层落实。[④] 这一点,在易地扶贫搬迁工作中特别明显。易地扶贫搬迁是化解"一方水土不能养活一方人"发展难题的有效举措。早在1982年,国务院就在"三西"地区[⑤]实行了吊庄移民扶贫工程,这可以说是中国易地扶

[①] 魏程琳,赵晓峰:《常规治理、运动式治理与中国扶贫实践》,《中国农业大学学报》(社会科学版)2018年第5期。

[②] 何绍辉:《从"运动式治理"到"制度性治理"——中国农村反贫困战略的范式转换》,《湖南科技学院学报》2012年第7期。

[③] 张建:《运动型治理视野下易地扶贫搬迁问题研究——基于西部地区X市的调研》,《中国农业大学学报》(社会科学版)2018年第5期。

[④] 李文文:《软性公共行政任务的硬性操作——基层治理中痕迹主义兴起的一个解释框架》,《中国行政管理》2019年第11期。

[⑤] 指甘肃河西地区、定西地区和宁夏西海固地区。

贫农户搬迁的雏形。2001年，国务院和国家计划委员会先后印发了《中国农村扶贫开发纲要（2001—2010年）》和《关于易地扶贫搬迁试点工程的实施意见》，明确指出，生存条件恶劣、自然资源匮乏的特困地区，可以推进自愿移民搬迁试点工程。然后，2012年和2014年，国家发改委等部门连续印发了《易地扶贫搬迁"十二五"规划》和《关于做好新时期易地扶贫搬迁工作的指导意见》，强调"易地搬迁扶贫一批"是精准脱贫的五大举措之一，倡导在中央统筹的情况下，有计划、有步骤、分批次地对中西部地区（不含新疆和西藏）的连片特困地区开展搬迁工作。2015年11月，国家发改委等五部门联合印发了《"十三五"时期易地扶贫搬迁工作方案》，明确提出搬迁对象是居住在"一方水土养不起一方人"地方的建档立卡贫困人口，并提出"力争用5年的时间实现全国1000万左右人口的搬迁工作，让全国人民一起步入全面小康"。2020年12月3日，习近平总书记在中央政治局常务委员会议上再次明确指出，要强化易地搬迁后续扶持，完善集中安置区公共服务和配套基础设施，因地制宜在搬迁地发展产业，确保搬迁群众"稳得住、有就业、逐步能致富"①。自此，"十三五"期间易地扶贫搬迁工作及后续管理目标确定了下来。由于不同层级的政府在行政任务目标的设定中职责不同，上层政府做好顶层设计，中层政府面临催转下达，基层政府完成指标考核，故中央政府做好易地扶贫搬迁的顶层设计后，各省级政府结合自身实际，制定了本地的易地扶贫搬迁"十三五"规划，如贵州省在规划中就明确指出，计划用3年的时间，即2019年12月30日之前完成全省154.33万建档立卡贫困户、33.67万同步搬迁人口、10090个整体搬迁自然村寨共计188万人的搬迁工作。②后来，因万达整体搬迁的需要，至2020年12月新增4万整域搬迁人口，因此"十三五"期间整个贵州省的搬迁人口是192万人。然后，基层政府领取并执行任务，逐级分解、层层落实。在这个过程中，自上而下的责任分配、一票否决的考核机制、你追我赶的政治锦标赛，让搬迁任务分到

---

① 《中共中央政治局常务委员会召开会议 听取脱贫攻坚总结评估汇报 中共中央总书记习近平主持会议》，《中国纪检监察》2020年第24期。

② 程焕：《贵州全面完成"十三五"易地扶贫搬迁任务》，《人民日报》2019年12月24日第7版。

基层的时候,往往面临层层加码的风险。因此,笔者在调研中发现,贵州省各乡镇接到的任务完成时间不一致,有的是9月30日,有的是6月30日,有的是3月30日。

当然,由于易地扶贫搬迁是一项相对清晰化和规范化的工作,如搬迁时间、搬迁标准、搬迁方式、住房标准等都是明确规定的,因而目标的灵活性、复杂性和个性化特征不明显。但是,这一工作目标仍然存在动态调整的痕迹,如搬迁政策从顺势而为变为因时而为,搬迁时间在与其他地区的追赶中时而提前,搬迁对象的附加条件和搬迁标准的解读时而变化,这让基层政府和移民不断地承受变化所带来的后果,那就是基层干部与移民的关系从原来的"互惠"变成了"缺位"和"依赖"。[①]对此,访谈时有人[②]是这样描述的:

刚开始登记搬迁意愿的时候,人少,只要条件稍微接近,想报名参加,就可以;后来政策明确要建档立卡贫困户才行;随后又要组织评定,提出了一些附加条件,比如有固定收入的不行、拥有机动车的不行、有高档消费的不行,等等。

二 动员:易地扶贫搬迁人员是如何发动的

运动式治理的核心是将上级要完成的任务以政治化任务布置下去,要求所有的参与主体都能全力以赴。[③] 因此,动员是运动式治理的关键环节。动员一般包括动员主体、动员对象和动员方法等要素。在"运动式搬迁"中,动员主体往往是临时成立的易地扶贫搬迁指挥部、领导小组或工作小组,小组或指挥部往往由县长、书记担任或共同任组长或指挥长,县移民局或扶贫办主要负责人任副组长或副指挥长,相关职能部门及乡镇一把手为成员。例如,T县对易地扶贫搬迁工作特别重视,成立的指挥部是由书记、县长共同任指挥长,由县委常委专职兼任移民局局长和副指挥长。动员的另一核心要素是动员对象,易地扶贫搬

---

① 柳立清:《政策多变与应对失矩——基层易地扶贫搬迁政策执行困境的个案解读》,《中国农村观察》2019年第6期。
② 男,汉族,56岁,初中,群众,P县某搬迁社区管理员,访谈于2019年2月21日。
③ 杨雪冬:《压力型体制:一个概念的简明史》,《社会科学》2012年第11期。

迁的动员对象是搬迁群众和扶贫干部，这打破了个别学者认为的"群众很少被动员"① 的刻板印象。在群众动员中，他们往往将搬迁与收入、教育、医疗、环境、下一代等群众关心的问题联系起来，提出了诸如"群众不富，搬迁来助""易地搬迁创新路，统筹发展促和谐"等之类的搬迁口号；同时，以集体开会动员、入户单独动员、电话跟踪动员、微信强化动员、典型示范动员等方法，试图以表面"共商"的"算账"方式，让群众自愿搬迁。但是，由于搬迁涉及家庭的文化、心理、生计、适应等多种问题，部分群众不会自愿搬迁，这种时候，各级干部就要进行多达十次甚至几十次的动员，目的是让群众的自愿搬迁更加仪式化和规范化。② 当然，如果这样的动员还不能奏效，为完成指标和任务，扶贫干部就会采取"挖房挖地、断水断电、威胁恐吓、连哄带骗"等非常规化手段来解决。

在易地扶贫搬迁中，对群众的动员采取了制度化与非制度化两种手段。两种手段的结合，让搬迁效果比较明显，例如，有扶贫办副主任③告诉我们：

我们的动员还是比较到位的，一些人说想回去，就是口头上说说而已，真搬回去的比例不足2%。

在干部动员上，往往用"战争式"的语言体系来表示重视，"攻坚战""战区制""突击团""冲锋队""尖刀班""战士"等称谓比较普遍。例如，访谈时，一位县委组织部部长④告诉说：

我们县是按"战区"的方式来对待扶贫工作，县里是个"大战区"，每个乡镇都有一个"分战区"，12个乡镇12个"战区"，然后以村为单位，又设立了不同的"分战区"，每个"战区"明确1名县委常委或主要领导任指挥长，2名以上副县级领导和乡镇党委、政府主要领导任副指挥长，确保政令畅通。同时，还组建了产业扶贫、就业扶贫、贫困人口信息精准、资金保障扶贫、脱贫攻坚党建扶贫等16个工作专班，每个专班分别由分管县领导牵头负责，明确县领导联系贫困乡镇和

---

① 欧阳静：《论基层运动型治理——兼与周雪光等商榷》，《开放时代》2014年第6期。
② 王春光：《政策执行与农村精准扶贫的实践逻辑》，《江苏行政学院学报》2018年第1期。
③ 女，汉族，42岁，本科，党员，贵州T县扶贫办副主任，访谈于2019年5月29日。
④ 男，侗族，49岁，研究生，党员，Z县组织部部长，访谈于2019年6月4日。

深度贫困村,围绕十大扶贫工程,采取"兵团+兵种"协同打歼灭战的方式,形成全党动员、全民参与的工作格局。

县委组织部部长虽然谈的是以"战区"思维来推进脱贫攻坚,但易地扶贫搬迁是脱贫攻坚最核心的工作,因而他所谈到的"战区"思维,也是易地扶贫搬迁动员扶贫干部的思维。扶贫干部的另一动员方式是组织动员,即通过基层党建来对扶贫干部进行动员。基层党建是脱贫攻坚的组织保障,是动员党员干部的核心工具。这一点,Z县的做法比较突出,访谈时,该县扶贫办副主任①继续说:

为整合各级下派的扶贫干部,我们县级层面成立了临时党委,各乡镇设临时联合党委,村里设临时联合党支部,下面还可以设临时联合党小组。村里面临时联合党支部的构成,主要是四类人,第一类是县级之外的部门如市级、省级、高校等派来的党员干部;第二类是县级下派驻村的党员干部;第三类是从乡镇下沉进村的党员干部;第四类是村里面自己的党员干部。

可见,党员联合、党建引领是动员扶贫干部参与易地扶贫搬迁工作的另一手段。不仅如此,上级政府还通过签"责任书""军令状"等方式,对易地扶贫搬迁工作进行考核,对表现突出的进行奖励,对落实不力的进行预警通知、约谈提醒和诫勉谈话,并启动问责程序。简言之,由于搬迁的任务重、时间紧,基层政府紧紧围绕目标、政策、对象和时间来抓动员工作,取得了较好的成效。截至2020年12月30日,全国1200万易地扶贫搬迁农户搬迁到位。

三 行动:易地扶贫搬迁政策是如何落实的

公共行政任务有易于测量的硬性任务和难以量化的软性任务,硬性任务又分为问题型任务和数量型任务,前者指目标不达成就一票否决的任务;后者指通过激励排名等精细化指标体系来鼓励大家完成的任务。毫无疑问,易地扶贫搬迁属于硬性公共行政任务,该任务的艰巨性在于它同时兼有问题型任务和数量型任务的特征,不仅在规定的时间内搬不

---

① 男,汉族,43岁,本科,党员,贵州T县扶贫办副主任,访谈于2019年6月4日。

完就不达标，考核时会被一票否决，还要兼顾搬迁的人数和速度，因此调研时发现，很多乡镇以"作战图"的方式对搬迁任务的完成情况进行推进。

不仅如此，上级政府还要求易地扶贫搬迁"一个都不能少"，即必须让所有住房没有保障的贫困户搬出来。这一点，贵州省易地扶贫搬迁的考核指标规定得很明确，要求贫困户100%搬迁、100%入住。因此，在政策落实的过程中，对于个别人因种种原因不愿搬迁或搬迁后又跑回去的"钉子贫困户"，扶贫干部就需要花大力气去做思想工作。

这说明，在易地扶贫搬迁政策实施环节，制定实施方案是前提，进行任务分解是基础，制定奖惩规则是关键。难怪有学者指出，已经有大量的词汇如"政治锦标赛、政治淘汰赛"等对硬性公共行政任务的落实进行了概括。①

当然，由于硬性公共行政任务是清晰的、量化的，易于考核，因此要落实搬迁政策，基础的保障条件是必须的。在易地扶贫搬迁中，这样的保障条件包括：第一，充足的经费让搬迁农户的搬迁有保障。据了解，贵州省易地扶贫搬迁的标准是：建档立卡贫困人口补助6万元/人，同步搬迁人口补助1.2万元/人。在建档立卡人员的补助中，含有建房补助费、旧房拆除奖励费、安置区基础设施经费、土地复垦费和搬迁对象自筹费5部分，分别为2万元、1.5万元、2万元、0.3万元和0.2万元。正因如此，在搬迁群众看来，政府免费给他们几十万元的房子，无论如何都是划算的，所以搬迁的积极性比较高。第二，流转的土地让搬迁农户的收入有保障。对于搬迁的群众，其宅基地、林地和耕地确权后，基本都由政府成立的平台公司来经营，每亩都能获得一定的报酬，在我们调研的地方，这些报酬多的是每亩2000元，少的是300元。不仅如此，对于宅基地的复垦，也是政府交由专门的平台公司来做，搬迁农户只等收益。虽然人们对复垦宅基地的做法有争议，但从落实搬迁政策、实现搬迁目标来看，这一举措彻底断了搬迁农户的后路，可以让他们安心居住在政府提供的搬迁房里。第三，大规模的城市安置让搬迁农

---

① 李利文：《软性公共行政任务的硬性操作——基层治理中痕迹主义兴起的一个解释框架》，《中国行政管理》2019年第11期。

户的就业和公共服务更有保障。根据《全国"十三五"易地扶贫搬迁规划》，搬迁安置的方式有分散安置和集中安置两种，以集中安置为主，占70%以上。对于集中安置的形式，有行政村内安置、城镇安置、旅游区安置和其他安置等，以城镇安置为主，超过40%。而我们调研的贵州省，城镇化集中安置的比例高达95%。以T县为例，在"十三五"期间，T县安置搬迁对象为4993户，20366人，其中县城安置点6个，安置1.7万多人，乡镇安置点5个，安置3000多人，城镇安置占84%左右。这意味着，易地扶贫搬迁政策要快速、有效落实，资金和生计保障不可或缺。

四 评估：易地扶贫搬迁成效是如何评价的

效果评估是运动式治理的最后环节，在这一环节，往往会召开一些经验会、总结会、交流会、座谈会或提交纸质材料来总结经验教训、优化具体举措，同时根据参与主体的表现进行奖惩。对于硬性公共行政任务而言，排名管理和底线管理是其评估的主要标准，前者属于积极的管理，后者属于消极的管理。按此逻辑，只要搬迁工作在规定的时间内完成，底线管理就完成了，这意味着2019年12月30日之前，贵州省所有的县都完成了底线任务。但底线任务完成后，考核的方式就主要是排名管理了。排名考核是用既有的指标体系来对易地扶贫搬迁工作进行评价，在贵州省，这样的指标既包括入住比例、旧房拆除比例、就业比例、资金使用比例、责任落实比例等客观性指标，还有像移民满意度这样的主观性指标，而排名的名次，主要是靠这样的主观性指标。因此，在调研过程中，有扶贫干部[①]告诉我们：

我们最怕群众的满意度这个指标，因为这个指标比较随意，主观性强，有时候我们做了很多工作，群众就是不满意，如果来评估时这个指标在全县靠后，我们就要挨批评，奖金也会减少。

可见，对排名靠前的进行奖励，对靠后的进行惩戒，是硬性公共行政任务考核结果的常态化应用，易地扶贫搬迁工作也不例外。

---

① 男，34岁，汉族，硕士，党员，Y县某镇挂职副乡长，访谈于2019年6月9日。

排名管理是一种横向逻辑，代表横向组织之间的竞争，可以更加公平地激励参与的各类组织。① 正因如此，笔者在调研时发现，贵州省几乎所有的县都宣布已经完成或正在完成易地扶贫搬迁任务。例如，截至2019年5月，T县已完成搬迁入住3994户16379人，剩余999户3987人在2019年6月30日前完成；Z县搬迁入住2146户9122人，超目标任务47人。事实上，贵州省已于2019年12月24日在人民网宣布188万贫困人口全部搬迁完成。这说明，贵州省的任务完成情况比全国至少提前了一年。当然，"运动式搬迁"的成效不能仅仅从搬迁数量，即搬迁的任务、目标、政策和命令是否得到贯彻和执行来进行评估，还需要从社会有效性的角度进行考察。社会有效性是指社会的稳定性、满意度和成熟度是否得到提升。调研发现，受官僚制体系、压力型体制、目标性考核和唯上式负责的组织架构和制度基础的影响，"运动式搬迁"的社会有效性与政府有效性往往不一致，其结果是以政府有效性代替社会有效性。因此，从评估来看，"时间紧、任务重"的运动式搬迁，其价值理性与公共情怀还需提升，这也预示着"运动式搬迁"必将带来一些治理风险和困境。

为何"常规化治理"是导致易地扶贫搬迁社区出现治理困境的现实根源？因为从目标、对象和手段来看，易地扶贫搬迁是清晰化的任务，目标是在2020年实现1000万人的搬迁，对象是"一方水土不能养一方人"地区的建档立卡贫困户，手段是以集中安置为主。但是，由于时间紧、任务重，以及个体能力和外部环境的影响，执行主体在执行政策的过程中，会产生歧义性理解、竞争性诠释和变通性执行，进而将清晰化的行政任务变成模糊性问责。之所以如此，是受易地扶贫搬迁工作以下两个特征的影响：一是流动治理。易地扶贫搬迁工作分为上下两个阶段，具有明显的时间顺序连接，上阶段是"搬得出"，下阶段是"稳得住"，这两个阶段分属不同的责任主体，但他们共同作用于搬迁工作，所以即使效果不理想，也不好清晰地判断责任归属，进而让问责的模糊性增加。例如，移民说政府对政策的宣传不到位，但到底是哪个

---

① 李利文：《软性公共行政任务的硬性操作——基层治理中痕迹主义兴起的一个解释框架》，《中国行政管理》2019年第11期。

阶段的宣传不到位，很多人是说不清楚的，只是一个笼统的印象，除非有确凿的证据，否则上级政府是没办法问责的。二是跨域治理。易地扶贫搬迁是将贫困户从生态环境恶劣的地区搬出来，这意味着治理过程存在空间结构的转换。也即，易地扶贫搬迁工作在空间上处于不同主体边界的边缘区域，前半段属于原来的乡镇政府管理，后半段属于搬迁社区的管理，这也会导致归责困难，容易产生"公地悲剧"。受流动治理与跨域治理的双重影响，易地扶贫搬迁工作的归责问题变得更加模糊。正所谓"治理目标越模糊，留有的解释空间越多，责任被推脱的概率也越大"[①]。由于责任归属模糊，因此无论哪个阶段的政策执行主体，都更愿意对问题型和数量型公共行政任务投入更多的精力，如更青睐于对搬迁人数和搬迁时间进行落实，因为这两个任务是靠底线管理和排名管理来考核的。而对于搬迁社区的管理，除有硬性要求的劳动力家庭"一家一就业"的就业服务体系外，其余的管理内容如公共服务、心理服务、文化服务、党建引领、治理体系等，都属于软性管理任务，主要靠创新管理和痕迹管理来予以推进。在此逻辑下，"常规化治理"必将呈现两个特征：一是前期注重所有符合条件的搬迁对象是否按时搬出；二是后期注重是否实现了有劳动力搬迁家庭"至少一人就业"的目标。至于是怎么搬迁出来的，搬迁后是否适应，则不是当时这项任务要关注的重点。由此，当以指标化、排名化、数据化为特征的"运动式搬迁"遭遇以形式化、痕迹化、常态化为特征的"常规化治理"，社区治理的困境必然产生。

---

① 李利文：《模糊性公共行政责任的清晰化运作——基于河长制、湖长制、街长制和院长制的分析》，《华中科技大学学报》（社会科学版）2019 年第 1 期。

第三章 迭代式空间：搬迁移民社会融入环境变革

易地扶贫搬迁阻断了人类与生态环境之间的恶性循环，对生态脆弱或生态恶劣区域居民生活方式进行了重构，从而为提升人口素质、提升居民人口福利、改变居民落后生产方式提供了物质条件和制度条件。作为解决区域性、整体性贫困的一大举措，易地扶贫搬迁的脱贫逻辑在于让贫困人口摆脱贫困空间，搬离生态脆弱地区，进而实现脱贫致富，即脱离空间贫困陷阱。当然，易地扶贫搬迁工作关涉的"空间"不仅仅是地理空间，还应包括社会空间、人文空间、生计空间、服务空间等。因此，要搞清楚为何搬迁农户需要有新的社会融入，要融入什么样的新环境中，就要对易地扶贫搬迁农户后的空间情况进行分析，搬迁农户社会融入环境变革示意如图3—1所示。

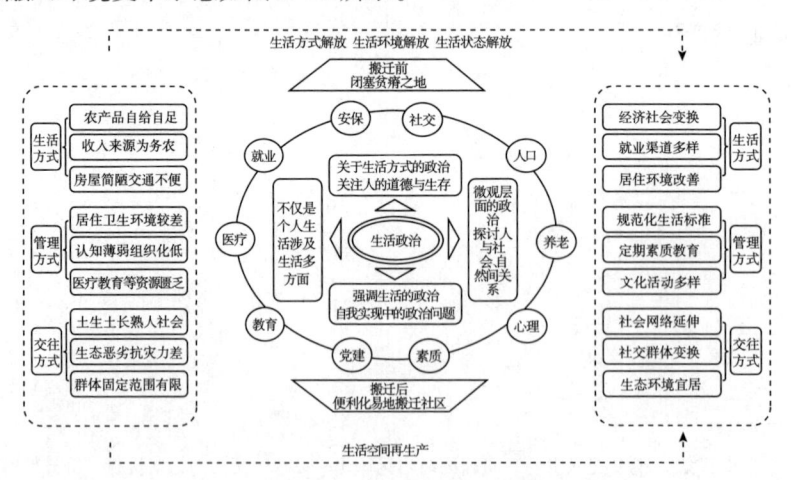

图3—1 搬迁农户社会融入环境变革示意图

一　生计方式转变：美好生活的递进

生计，作为生活可持续发展的一个重要指标与不可替代的因素，对易地扶贫搬迁农户十分重要。易地扶贫搬迁农户兼具"相对贫困群体与搬迁群众"双重身份，环境的巨大变革为这类特殊群体带来了较大的冲击，但同时也带来了较大机遇，其中影响最大的就是生计方式的转变。

1. 生产方式转换：从小农经济到商品经济的变化

扶贫搬迁工作之所以易地，是因为搬迁农户原居住地的自然环境恶劣，难以开发，不能满足人们的需求，抑制了经济的发展和当地群众的发展。选取"一方水土易养一方人"的地区而居，百姓生活场所发生了改变，发展空间得到了改善，经济发展潜力空前增加。易地扶贫搬迁社区以及新的周围环境为搬迁农户提供了更多的可能性。对于最基本的居住条件而言，群众搬迁之前所居住地区抗风险能力差，多为生态恶劣地区，且住房简陋，年久失修，甚至有部分人居住的是危房。这种居住条件难以对抗当地的恶劣天气。通过易地扶贫搬迁，这类群众可以搬迁到集中建设的搬迁社区，这使得群众居住环境从恶劣之地转到宜居之地，居住房屋从难以对抗恶劣天气转变为舒适的楼房，抗风险能力增强，生活条件大幅度改善。在基础生产方式方面，对于靠山吃山的农户，自然条件决定了农业生产水平。处于山险水恶地区的农户，物质匮乏、资源贫瘠，技术性低，农作物选择范围小，农业劳动实施难度大，农产品收成情况差，所受益的农产品多数情况下仅能满足家人的食品需求，所获得的较少额外收益难以满足其他生活开销。且基础农业活动多为靠天吃饭类型，抗灾能力薄弱。遇到灾害时不堪一击，容易产生不可恢复式的重创。这种小农式自给自足的生产方式遇到自然灾害毫无抵抗之力，且受创之后对于小农家庭的打击是沉重的。对于生活困难的农户而言，自然环境恶劣之下的小农经济维系生活不易。易地扶贫搬迁改变了这些农户的生活环境，原有土地退耕还林，解放了搬迁农户的务农时间。城镇化的环境背景给予了搬迁农户更多的工作岗位，空余的时间给予他们更多的选择机会，易地扶贫搬迁农户可以根据个人情况进行适合自己的工作,相对于搬迁前的务农,这种外出务工的收入方式,工作环境有了较为明显的改善,且天气状况对收入的影响较小,降低了收入的不确定性,提升了生活稳定性。根据 Chambers 等人所提出的生计能力的定义,生计能力是指能够对抗外界的压力与冲击的能力,并且能够寻求机会改善生活的能力,就此而言,易地扶贫搬迁农户的生计能力有了明显提升。[①]

2. 生活方式变革:民生基本需求得到优化

搬迁后,原有与搬迁农户相关的衣食住行、风俗习惯、配套设施等在很大程度上得到了优化,搬迁农户进入了城市居住,这极大地优化了生活方式。而生活基本需求水平的提高是生活方式优化的直观体现,具体表现在:一是住房条件大大地得到改善,原有的房子大多数都是瓦房,极少是混凝土建造的房屋,大部分村民的住所无力抵抗暴雨大风等,山区恶劣天气并不罕见,遇到恶劣天气只能接受"屋漏偏逢连夜雨",使本就艰难的生活雪上加霜。因此,访谈时一些搬迁农户提到,有时候下大雨房屋到处漏,地面上都是好几个桶同时接房屋漏的水,给生活带来极大不便;二是交通方面,易地扶贫搬迁农户原居住地交通环境多数未经过系统修建,村民出行需要翻山越岭。很多时候,村民的出行主要依靠摩托车,对于生活用品的需求,在原居住地村民主要依靠十天内的两次乡镇大型集市,购买家庭所需的日常用品与食物口粮。采买困难,采买时间固定,对于突发事件所产生的抗风险能力极低。除此之外,高龄村民前往较大城镇采买需要背着背篓走山路两个小时,这给村民带来了极大的生活不便;三是生活配套设施方面,多数村镇生活配套设施落后。例如,在医疗上,村镇设有基础乡村卫生所,但技术有限设施落后,除了日常身体不适,难以对其他较大病痛进行有效诊治。另外,搬迁之前的多数村庄基本没有休闲娱乐场所和设施,据了解,村内唯一勉强称为文化活动的是村内婚丧嫁娶,村民平时的生活大多数都是日出而作日落而息,再无其他。

易地扶贫搬迁给村民的生活方式带来了翻天覆地的变化,具体表现

---

① Chambers R., Conway G., "Sustainable Rural Livelihoods: Practical Concepts for the 21st Century" *Institute of Development Studies*, Vol. 11, No. 7, 1992, p. 219.

在：一是住房方面的优化，贫困户可以直接搬入精装修的搬迁房里，按照人均至少 20 平方米的规格分配住房，多数地区对搬迁房配备家具，对于随迁户，缴纳 1 万元便可以搬入同等条件的搬迁房，相比之前住房条件得到了大幅度提升；二是生活设施方面的优化，搬迁社区医疗、教育与文化设施配套齐全，搬迁农户可以较好地在社区享受公共服务资源；三是交通方面的优化，大部分社区都有公交车通往县城或市区，此举节省了搬迁农户以前花 2 小时单面出行的赶集时间，使他们能够有更多的时间开展物质或精神活动，给搬迁农户生活方式带来极大的优化。

3. 基础设施优化：生活水平有质的飞跃

根据《全国"十三五"易地扶贫搬迁规划》，搬迁安置的方式有分散安置和集中安置两种，以集中安置为主，占 70%以上。对于集中安置的形式，有行政村内安置、城镇安置、旅游区安置、其他安置等形式，以城镇安置为主，超过 40%。调查发现，很多县的安置主要是从城镇安置为主，这就要求要为易地扶贫搬迁农户建设不低于城镇一般水平的基础设施，最大限度降低搬迁农户的社会不适应感。众所周知，易地扶贫搬迁不是简单地把村民从一个地方机械地迁移到另一个地方，它涉及搬迁安置点的生产结构、生活方式、社会网络的变化与重组，而搬迁安置点的基础设施是搬迁农户首先感受到的。因此，要做好易地扶贫搬迁社区基础设施建设，科学规划社区配置，合理确定搬迁农户迁入迁出地之间的地域变化差距。

调查显示，村民原居住地基础设施不足体现在多方面：一是用水方面，搬迁前农户居住的房子、路、水都比较落后，村民平时饮用水都是井水，动物的粪便经过雨水的冲刷又会渗透进井水，未经过除菌加工与统一配送，被污染的水源容易引发身体疾病。二是用电不稳定，恶劣天气经常导致村民断电，影响村民日常生活。三是基本生活采买，去城镇采买家庭日用品要走很远的山路，给村民带来了极大的不便。搬迁后，当地政府为了改变村民以往的生存条件，均把搬迁点的所有基础设施建好，如提前完成水、电、路、网络、道路绿化等基础设施建设，社区综合办公楼、文化活动室、心理服务活动室等配套文体设施已投入使用，最为关键的是，大多数社区的学校、医疗卫生机构已投入使用，能够满足易地扶贫搬迁学生教育需求以及搬迁群众就医需求，让搬迁群众有更好的生存环境和生活空间。访谈中，某社区支书①说道：

这个安置点在9、10月份就要开业一个大的医院，在教育上面，社区居民小孩可就读的有3所初中，其中公立的2所，私立的1所，还有幼儿园，目前幼儿园可容纳140—150人，但就读的学生仅有69名，还有大量的剩余空间。

再如，云南省NJ州WLB搬迁社区建成后，加上小区外围的人口，规模超过了3000人，当地帮扶城市——ZH市不仅在小区内捐建了卫生院，还引入格力集团出资5000万元捐建了一所小学和幼儿园，并引入ZH市的业务骨干进行软实力提升，让搬迁农户不出小区就能享受优质的教育医疗资源。②

"脱贫摘帽不是终点，而是新生活、新奋斗的起点，"③ 这是2020年3月6日习近平总书记在《决战决胜脱贫攻坚座谈会上的讲话》中所指出的。

例如，YN省NJ州双管齐下助力易地扶贫搬迁后续帮扶。脱贫攻坚以来，累计实施易地扶贫搬迁1.97万户8.18万人，从产业和就业入手，助力做好后续帮扶工作，巩固搬迁成效。一是发展特色产业解决"能致富"的问题。借助JN市扶贫协作的历史机遇，依托优势资源，积极发展茶叶、油茶、猕猴桃、中药材等特色农业以及乡村旅游业，建立健全利益联结机制，促进搬迁群众稳定增收。比如，Y县MB乡、WM乡、RY乡等安置区利用扶贫协作资金支持建成了万亩莓茶产业示范园，每年仅莓茶产业收益一项，使得搬迁群众的人均收入在5000元以上。FH县MC乡ZS村、HY县BC镇等16个极具民族特色的集中安置点，通过深度融入乡村旅游发展，不少搬迁群众吃上了旅游饭。二是助力门口就业解决"稳得住"的问题。借鉴JN市"扶贫车间"建设的成功经验，积极支持推进扶贫车间建设和开发公益性岗位，对147个易地搬迁集中安置点实现全覆盖，帮助了1.25万名易地搬迁贫困人口实现在家门口就业，特别是妇女、老人等弱劳动力有了稳定收入来源。比

---

① T县某社区支书，访谈于2019年6月5日。
② 根据云南省NJ州对口协作办公室2021年12月10日提供的数据材料整理而得。
③ 中华人民共和国国务院新闻办公室：《人类减贫的中国实践》，《人民日报》2021年4月7日第9版。

如，LS县手工编织公司在全州8个县市共创建了易地扶贫搬迁集中安置区扶贫车间27个，年销售额达到4126万元，惠及员工1289人，其中包括残疾人226名，使910个易地搬迁贫困家庭脱贫，走上了致富路。LX县在WX镇、PS镇易地搬迁安置点建设了13家扶贫车间，吸纳了535人就业，其中建档立卡贫困户203人。①

二 交往方式延伸："他者"的更迭

吉登斯把"自我"放在生活政治的制高点上，他指出，身体是解放的场所，是实现生活政治的重要主体。②但身体不仅仅是自我的表达，也是一种文化的彰显。这种文化的彰显则体现在与"他者"日常交往之中。③吉登斯指出，自我是对于他我相对而言的，只有在"他者"的关系社会中才能确立自我。④换言之，在与其他人的关系交流中才能认识自我。对于易地扶贫搬迁农户而言，他们的社会环境发生了巨大的变化，社交群体随之变化，在这个过程中，"他者"发生了巨大变化，在与"他者"的交流过程中，也必然会对搬迁农户社会融入产生影响。

1. 社会网络多向扩展

社会网络为社会中的个体提供了交往框架，框架内交错的社交关系构建了社交网络，而社会资本是藏匿于社会网络中的一种潜在能力，这种能力是潜在性的，对外体现为一种社会关系。⑤社会网络对弱势群体起着关键的作用，特别是劳动力就业方面，基层政府在搬迁农户就业过程中发挥着提供就业信息、承担信誉保障、进行技能培训等作用，关系网络则是搬迁农户快速就业的重要途径之一，他们依赖族人和同辈，建立起自己的社会网络。族亲、朋友和乡邻成为他们社会网络的重要来源，为他们流动和迁移、就业和融资等情感沟通提供了支持。事实上，

---

① 根据HN省××州对口协作办公室2020年12月13日提供的数据材料整理而得。
② 许丽萍：《吉登斯生活政治范式研究》，人民出版社2008年版，第103页。
③ 许丽萍：《吉登斯生活政治范式研究》，人民出版社2008年版，第108页。
④ 许丽萍：《吉登斯生活政治范式研究》，人民出版社2008年版，第135—137页。
⑤ [美]迈克尔·武考克：《社会资本与经济发展：一种理论综合与政策构架》，载李惠斌、杨雪冬主编《社会资本与社会发展》，社会科学文献出版社2000年版。

安置社区有较高的同质性，再加上传统农业劳动的普适性技能使社区尚残存互助的集体意识，有助于搬迁农户从中获得相应的社会支持。这说明，搬迁农户从个体社会支持网络中获得的资源，能够有效支撑其搬迁后的基本生活，它们与社会保障制度一起，构筑成社会安全网，在满足搬迁农户需求、改变搬迁农户思维认知、增强搬迁农户内生动力方面发挥着重要的作用。可见，良好的社会网络可以在很大程度上帮助搬迁农户重新融入社会生活，提升他们的生活质量。贵州省T社区在这方面做得比较好。他们积极拓展易地扶贫搬迁农户的社会网络关系，一方面楼栋长开展社区民众日常文化活动，大家聚在一起聊天交流以增进彼此之间的关系，使原有的弱关系逐渐转为较强关系，某楼栋长说道：

我们每天晚上吃完饭都会来广场坐，在这里大家一起跳广场舞，有时候社区也会举行一些唱歌跳舞的文化活动，拉近了我们大家的关系，现在整个小区，很多人我们基本上都认识了。①

另一方面，通过开展就业培训提高他们的能力，让搬迁农户通过外出就业，增加他们与外界的连接关系，以此帮助他们增加社会资本从而更好地适应社会，访谈时有人提到：

彩阳厂通过进厂学习制衣、裁衣等方面技术的劳动力来改善扶贫。帮助一些没有工作的群众解决生活压力。在工作期间做得好的工人工资较高，当然在制衣要求上也很严格，质量、技术、速度都要好。②

再如，云南省NJ州WLB社区根据其地理条件、搬迁人口的规模和结构，采取楼房与合院相结合的布局方式，既高效利用了"平地"这一NJ州稀缺资源，又将搬迁农户合理地分配在一个个相对独立的合院里，保持了其原有居住环境下的邻里关系与社会网络，留住了乡愁。③

2. 多元主体积极参与

调研T县所知，该县在贯彻落实国家多元主体参与的扶贫格局的同时，根据本土地方的风土人情、搬迁点实际情况走出一条因地制宜的道路，概括来说，形成了"社区党组织—社会力量—搬迁农户"的多元主体治理模式，主要表现为：一是社区党组织即党员引领，搬迁点的

---

① 男，汉族，37岁，初中，群众，M县某农民，访谈于2019年5月21日。
② 男，汉族，48岁，本科，群众，T县某工厂经理，访谈于2019年5月28日。
③ 根据云南省NJ州对口协作办公室2021年12月10日提供的数据材料整理而得。

社区服务中心人员以党员为主，他们主要负责社区的政策实施、信息宣传以及搬迁农户相关权益的大局把控。例如为民众提供居住证、医疗、教育以及低保等服务，让民众可以在社区服务中心办理相关业务，从而避免易地扶贫搬迁农户找人难、办事难的问题；例如，某社区主任说道：

> 为解决老人、残疾人等特殊群体的迷路问题，社区跟街道报告之后，我们自己买了一台打印机，对这些找不到路的、精神有问题的搬迁农户，还有包括60岁及以上的老年人，全部都办了居住证，一共办了400多个居住证。他们戴上后，迷路了也能回家。①

二是社会力量参与即企业方面的参与，该社区引入了多家培训中心以及工厂等社会企业，为易地扶贫搬迁农户提供就业能力培训及岗位，以保障搬迁农户们的基本生活。在此过程中，工厂、企业会提出明确的岗位用工需求，政府会组织力量对有岗位需求的搬迁农户进行培训，培训合格后直接进入工厂。正如访谈时某社区主任所提到的：

> 我们培训的这些人会向社区扶贫车间、县城或者更远的地方输出，社区扶贫车间能够解决的还是少数。②

与此相同的案例还有内蒙古的搬迁社区。新年伊始，内蒙古自治区WNT旗易地扶贫搬迁安置区"绿韵家园"十分热闹。搬迁群众护工技能培训班结业暨第二期"校企合作"就业对接会正在这里举行。经过14天的理论学习和实操训练后，155名贫困学员在万达职业技能培训学校全部结业。在签约仪式上，这批学员与旗民政局医养综合福利中心、旗医院、富乐老年公寓3家用工单位签订了就业协议，签约率达100%。待培训学员通过职业技能鉴定，取得职业技能等级证书后即可上岗。建在家门口的扶贫车间，让搬迁农户们"挣钱顾家两不误"。在河南某搬迁社区的中药材初加工扶贫车间，61岁的搬迁农户WQZ在清理中药材桔梗时说道：

> 我岁数大了，外出打工没人用了，在这守家在地一天能挣60多块钱，真是一件大好事！

---

① T县某社区主任，访谈于2019年5月28日。
② T县某社区主任，访谈于2019年5月28日。

目前，WQ 社区已在安置区建了 3 个就业扶贫车间，有的是政府出资新建的，有的是政府出资租赁的闲置厂房，都免费提供给合作企业使用。3 个扶贫车间每天合计能有 430 多人干活，农民在这里每天平均收入 80—120 元。技能培训班办到家门口，让搬迁农户们有了一技之长。从 MSD 乡 LSZ 村搬来的安置户 ZJQ，在 2019 年全旗春季电焊班上学到了电焊的手艺。如今他放下锄头、拿起焊枪，成了利源萤石选矿厂的工人。ZJQ 从农民变工人，得益于旗里的技能培训工程。去年以来，旗里摸底调查了用工企业岗位需求和搬迁群众的培训愿望，利用 JM 帮扶劳务协作实训基地进行培训。目前，旗里已举办电焊、面点、护工 3 个专业共 8 个培训班，培训 372 人，有 275 人在培训结业仪式现场就与用工企业签订劳动合同。①

三是搬迁农户自身。搬迁农户是打通政策执行"最后一公里"的主体力量，社区会通过一定程序选出最受大家欢迎且做事干练的搬迁农户来做楼栋长，他们主要负责落实政策到每一栋楼，负责平时政策宣传、动员等活动，从而保证政策能够被搬迁农户接受与执行，每个星期举行的讲习所也是由社区党组织牵头，楼栋长动员的：

每个星期都要开一次大的群众会，就是把国家的相关政策法规技能培训融入其中，对他们进行综合素质提升和职业能力培训，对搬迁农户进行文化习俗与行为训练。②

综上，相比以前乡村的治理主体，搬迁安置点涉及党员、社会力量以及民众等多元主体，可以实现由传统权威向"草根"民主的转变，从而使搬迁点的治理更加系统、科学以及民主。W 县 JKB 社区通过"四圈"格局把治理水平提起来。所谓"四圈"，就是结合网格化管理模式，积极构建"社会共治圈""群众自治圈""网格服务圈""平安共享圈"，有效改善环境脏乱差现象，解决居民对社区工作配合不积极问题，调处化解楼院居民的各类矛盾纠纷，形成党组织带动、驻地单位、企业共治、居民自治的良好氛围，社区治理能力、党支部组织力得到极大提升，多元主体参与治理示意图如图 3—2 所示。③

---

① 根据 MNG 自治区对口协作办公室 2020 年 12 月 15 日提供的数据材料整理而得。
② T 县某社区书记，访谈于 2019 年 5 月 27 日。
③ 根据 W 县对口协作办公室 2021 年 1 月 20 日提供的数据材料整理而得。

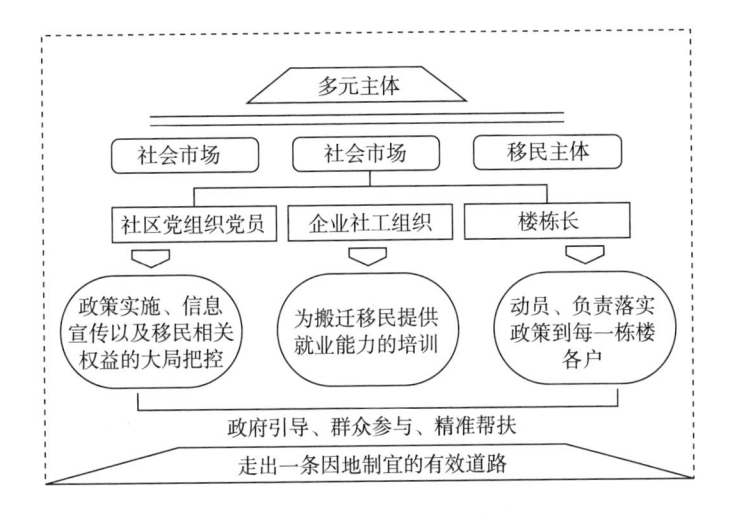

```
                    多元主体
         ┌─────────────┼─────────────┐
      社会市场       社会市场       移民主体
         │             │             │
    社区党组织党员  企业社工组织    楼栋长
         │             │             │
    政策实施、信息   为搬迁移民提供  动员、负责落实
    宣传以及移民相关 就业能力的培训  政策到每一栋楼
    权益的大局把控                   各户
         └─────────────┼─────────────┘
              政府引导、群众参与、精准帮扶
              走出一条因地制宜的有效道路
```

图3—2 多元主体参与治理示意图

三 管理方式变化：生活价值的提升

1. 管理手段规范化进阶

搬迁前，大量青年劳动力出外打工，留守儿童、空巢老人以及残疾人驻守在农村，儿童教育无法得到保障、老人的健康问题也无人关心，儿童的素质教育得不到发展，老人的赡养问题得不到解决。搬迁后，社区管理更加规范，基本构建了党员引领、楼栋长以及网格员"三位一体"的管理模式，让搬迁农户知道有困难找社区党组织，找党员，从而共同促进社区的发展。比如T县某社区主任说道：

我们社区的管理体制，总体来讲，还是以党建统领为主，现在有39名党员，比较优秀的党员被选举为楼栋长。[①]

搬迁农户进入社区后，网格员主要负责前期的信息收集工作，对搬迁农户不当的行为如乱扔垃圾、大声喧哗等进行引导指正；楼栋长均由选举而来，深得大部分搬迁农户的信任，平时主要负责政策宣传以及组织社区文化活动，以保证政策能够执行下去以及帮助社区搬迁农户更好

---

① T县某社区主任，访谈于2019年5月27日。

地融入社区；社区党组织主要负责各种政策的执行，负责整个社区的就业服务、心理服务、搬迁农户融入、教育以及医疗卫生等各方面的保障。

2. 管理模式系统化建立

搬迁前，村民在居住地基本上是单打独斗。由于文化水平较低、地方信息闭塞、对国家政策了解不多，一些村民对自己的权益不甚了解，例如部分生重病的村民不知道可以报销，或者不清楚报销流程，生病后不及时到医院治疗，影响自身生命安全。搬迁后，社区为搬迁农户提供了比较全面的公共服务，使搬迁农户各方面的权益得到保障，提升了他们的生活质量。据悉，贵州省建立了六大体系来保障搬迁农户的后续工作与可持续发展，具体来说，包括基本公共服务体系、就业培训与创业体系、社区治理体系、文化服务体系、基层党建体系、心理服务体系。

一是建立基本公共服务体系。该体系通过强化安置点公共服务功能，推动搬迁群众在城镇获得均等的生存发展机会，公平享受公共资源和社会福利，增强获得感、幸福感和安全感。重点聚焦公共教育、医疗卫生、社会保障、社区服务"四大要素"配套建设，实现基本公共服务均等化和标准化，从而使搬迁群众共享优质公共服务资源和均等的生存发展机会；及时将社会保障衔接纳入窗口服务，实现从农村低保到城市低保的转移接续，实施搬迁群众一次性临时救助政策，稳步提高特困人员救助供养标准。例如，T县11个安置点都标准化建设了党务政务服务中心、医务室、素质技能培训中心、日间照料中心、幼儿园、农贸市场等，实现了基本公共服务的标准化和均等化。目前，1445名搬迁学生全部实现就近入学；5646人实现农村低保转接为城市低保。[①] 再如，W县JKB社区按照"一构架三清单"要求，在社区便民服务中心设置6个窗口，实行一站式服务，同时将设立的警务室、综治中心、卫生室、图书馆、农贸市场、健身活动中心、老年活动中心、儿童乐园、购物超市、党员活动室、青年之家、妇女之家等场所积极利用起来，最大限度地丰富和方便群众生活；同时，社区建在YZ镇的核心区域，将火车站、WA汽车北站与附近的几所幼儿园、9所中小学、职校、镇卫

---

① 根据T县扶贫办2019年5月28日提供的数据材料整理而得。

生院、镇老年大学连为一体，还专门开设了小区公交专线，最大限度地提高便民服务水平。

二是建立就业培训与创业体系。该体系主要是围绕推动搬迁群众生计方式的非农化转变，实行搬迁劳动力全员培训，确保有劳动力家庭实现一人以上稳定就业，盘活迁出地承包地、山林地、宅基地"三块地"资源，实现搬迁群众生计保障和可持续发展。T县按照"素质培训常态化、技能培训专业化、就业帮扶精准化"的总体要求促进群众就业创业。实行就业服务平台提供面对面服务，落实"公益性岗位补漏、扶贫专岗稳心、鼓励创业增效、稳定就业增质"四项政策促就业。引资在芭蕉镇、羊蹬镇、高桥镇、蟠龙社区、花园移民新村等7个安置点开办彩阳集团社区药包加工厂、豪杰社区服装厂、彩阳集团社区服装厂、圣熙社区鞋厂、多彩云制衣厂、恒鑫源社区鞋厂、林达集团美食街等企业8家，组织培训乡村旅游、食用菌种植、制鞋工、电工、挖掘机、汽车驾驶等。① 为让搬迁农户有长久谋生的手段，能够很好地留在搬迁点，该县社区通过引入一些企业和自主创业两种方式来带动就业，一方面根据企业的需求对搬迁农户们进行就业培训；另一方面发放创业补贴。例如，访谈时有人提道：

> 通过组织技能培训，有1000多人实现就业，实现就业补贴61.38万元，发放创业资金30多万元。2017年以来，我们还对培训汽车驾驶后获得"C照"以上的1000多人补贴了500多万元，其中搬迁农户就补贴了300多人。②

三是建立社区治理体系。社区治理体系是通过加强党的领导，发挥政府主导作用，鼓励和支持社会各方参与，实现政府治理和社会自我调节、居民自治良性互动。重点聚焦机构设置科学化、社区管理网格化、居民自治规范化、治安防控立体化"四化"建设，建立和完善社区治理体系，具体包括：其一，完善管理制度。在党支部领导下，制定了居规民约、"入住公约十二条""八禁止八倡导"等，建立民主议事、信息公开等机制，着力破解社区治理难题，用制度规范居民行为。从而充

---

① 根据T县扶贫办2019年5月28日提供的数据材料整理而得。
② T县扶贫办副主任，访谈于2019年5月29日。

分发挥了群众的主体地位和主人翁精神，提高了居民参与社区治理的主动性和积极性。其二，设置管理机构，在县城安置点新建社区，由安置点所在乡镇统一管理；在乡镇安置点重新组建农村社区，由安置点所在村统一管理。建立社区综合服务中心，建立工会、共青团、妇联等群团组织。其三，配备管理人员，配强配齐党支部书记、社区主任等管理人员，实行财政供养。同时，根据安置点规模配备一定数量公益性岗位人员，在安置点选举楼栋长、单元长参与社区管理，这些人员在搬迁农户中通过选举、选拔等形式产生。例如，W县搬迁社区织牢网格管理，把职责亮出来。推行党支部（居委会）+7个片区+22个网格+48栋楼"四位一体"网格管理模式，将48栋楼划分为7个片区22个网格，织牢网底；同时，将7个片区管理员、22个网格员、48个楼栋长的职责亮出来，实现无缝管理。① 其四，建立社区管理制度，通过召开群众会，共同商议制定"社规民约"或"村规民约"，对安置区域进行规范化管理，实现自我管理、自我服务；建立警务联防机制，每个安置点社区配套建设警务室、矛盾纠纷调解室，建设"天网"工程，安装门禁系统，实现搬迁群众户籍就地就近转入、社区治安治理联防群治。

四是建立文化服务体系。该体系意指通过丰富搬迁群众精神文化生活，促进社会交往和社会互动，增强社区归属感和身份认同感。重点聚焦感恩教育、文明创建、公共文化、民族传承"四进社区"，增强文化引领能力，深入践行社会主义核心价值观和新时代贵州精神，不断丰富搬迁群众精神文化生活，促进社会交往和社会互动，开启搬迁群众新生活；加强搬迁群众思想政治工作，宣传好党的政策；推进安置小区文化综合服务设施建设，建立社区图书馆及电子阅览室。例如，W县JKB社区组建5支文化宣传队，带动群众开展学习跳广场舞、编排小品、快板、三句半、山歌等群众喜闻乐见的文艺节目；与县内拓普英语、北京和平连锁幼儿园、兔牙舞蹈、大成跆拳道学校等16家社会培训机构签订培训帮扶协议，每年为社区培养2—3名各类人才；同时创建社区艺术活动中心，免费播放电影，组织文艺演出，不断丰富群众的精神文化

---

① 根据W县对口协作办公室2021年1月20日提供的数据材料整理而得。

生活。① 再如，截至2019年5月，T县共对移民搬迁对象开展"淳民风、感党恩"教育培训400余场8000余人次；同时，还广泛开展"文化四下乡进社区"，每年春节等节庆，在安置点开展"送文化进社区"文艺演出、送春联、开展义诊、吃汤圆等活动，让搬迁群众感受到党和政府的关心。②

五是聚焦基层党建体系。基层党建体系是以党的建设为引领，健全组织、配强干部、完善机制、强化功能，不断提升基层党组织的政治领导力、思想引领力、群众组织力、社会号召力，确保易地扶贫搬迁后续工作始终坚持正确的政治方向。该体系通过构建"社区—网格—楼栋"纵向网格化管理层级，强化群众自治，实现群众自我约束、自我管理、自我服务；同时充分发挥党员先锋模范带头作用，优先选拔党员作为公益性岗位管理人员和社区楼栋长、单元长，将党的力量延伸到易地扶贫搬迁各个方面和每个角落，在移民安置社区全面加强党的建设。例如，W县JKB社区建立起了"'5391'模式共建美好家园"的党建品牌，以5园阵地、3支队伍、9项举措，1个中心为党建品牌载体。"5园"即康乐园、幸福园、亲情园、智慧园、儿童园；"3支队伍"即志愿服务队、文化宣传队、党员先锋队，具体而言，就是组建志愿服务队、文化宣传队、党员先锋队等社会和经济组织，多方力量凝聚社区建设合力；"9项举措"即建立一套管理机制、一个社区管理数据库、一个创业就业平台、一所新市民学校、一所卫生室、一方微田园、一条公交线、一个劳务公司、一个家政公司；"1个中心"也就是指便民服务中心。W县JKB社区"5391"模式共建美好家园的党建品牌，有效推动了该社区党组织建设，充分发挥了基层党组织的领导和政治核心作用。③

六是建立心理服务体系。建设心理服务室，通过引进具有心理资格证的心理师和培训大学生上岗以及一些志愿者与社会工作者参与社区服务，从而对搬迁农户的心理状态进行监控与引导，帮助他们更好地融入

---

① 根据W县对口协作办公室2021年1月20日提供的数据材料整理而得。
② 根据T县扶贫办2019年5月28日提供的数据材料整理而得。
③ 根据W县对口协作办公室2021年1月20日提供的数据材料整理而得。

新的环境。T 县 PL 社区有 1000 多户搬迁农户,为解决社区治理矛盾、缓解人手严重不足的弊端,自 2018 年 3 月搬迁以来,当地的社工组织派遣了 3 名持证上岗的兼职心理咨询老师,建成了一个心理咨询室。经过一年多的运行,该咨询室对搬迁农户的心理依赖干预效果明显。访谈时,该社区的义务心理咨询师 H[①] 指出,刚搬过来时,搬迁农户不适应新居住地的环境,会有很多抱怨,例如,有搬迁农户说道,"我过来没事可干,感觉自己没用""我就想干活,否则浑身不自在",这时她就会认真倾听搬迁农户的怨言并认真记下来,让他们感到自己被别人重视了。搬过来两三个月后,搬迁农户的生活困难基本得到解决,她与搬迁农户的关系得到增进,搬迁农户更愿意与她谈心。现在[②],搬迁农户已经把她当朋友,只要她到社区,老人们都会围过来拉家常,谈谈自己家里面高兴和不高兴的事,主动询问有啥活动他们可以参与。在 H 咨询师看来,搬迁初期,老年搬迁农户之所以怨言较多,是他们不适应环境变化而带来的心理紧张,他们抱怨的目的,不是真的抱怨,而是想引起社区管理人员对他们不适应的重视。后来发现,只要有人愿意去和他们聊天,不管聊什么,他们都很开心,紧张和不适应慢慢消失。到最后,他们主动参与和融入社区的发展中,毫无怨言。不过短短一年多的时间,一个由 23 个乡镇 100 多个村共同组成的新移民搬迁社区,竟然从最初的矛盾丛生变成了和谐发展,其社工人员的心理服务和调节作用,真是不可小觑。

3. 管理主体专业化配备

搬迁后,原有包保干部继续帮扶搬迁农户,负责搬迁后的可持续发展。为促进社区进一步发展,稳住搬迁农户,社区服务机构增设了公共服务,包括教育、社会保障、医疗等咨询窗口;就业服务体系方面,设置了就业登记窗口;心理服务体系方面,个别社区安排了专业的心理咨询师或社工人员,直接为搬迁农户提供相应咨询服务。机构构成人员主要包括帮扶干部、社区工作人员、公益性岗位人员与楼栋长。帮扶干部直接负责统计易地扶贫搬迁农户的各类信息及需求,如搬迁农户的家庭

---

① 女,33 岁,党员,小学校长,贵州省某易地扶贫搬迁社区兼职心理咨询师,访谈于 2019 年 5 月 28 日。

② 指访谈那天,即 2019 年 5 月 28 日。

人口数、子女上学情况、身体健康情况、人员流动情况等，在整理汇总后将信息上传系统，为后续的管理奠定基础；公益性岗位主要为搬迁农户的就业问题与社会保障问题提供服务，社区工作人员主要进行社区管理与对外联络。此外，易地扶贫搬迁社区每一栋楼都设有楼栋长，主要协助社区干部开展楼栋基础工作。有时候，为了提高搬迁农户的适应能力，社区还请专业的人才进行培训引导。例如：

我们专门请了法律专家来培训搬迁农户比较担心的欠薪问题，让他们明白自己的权益与保障，知道如果被拖欠工资应该找哪些部门要。[①]

这说明，社区专业的管理主体对提高社区管理效率、增强社区管理成效、维护社区居民权益提供了重要的保障，这种保障是社区良性运行、有序发展、治理有效的基石。

---

① T县扶贫办副主任，访谈于2019年5月29日。

第四章　模糊化认同：搬迁移民社会融入困境调查

在吉登斯看来，后传统社会最大的特点之一就是自我的重要性，这也是他所主张的生活政治里最关切的问题。当然，吉登斯也强调，自我认同是一种极度复杂的反应，它是个体生活环境的变化而导致的认知变化，自我认同的漂浮，是原有的认知领域遭受到现阶段新认知的挤压、攻克，是一种新认知与原有认知的对抗，这容易导致自我身份认同困难。① 离土离乡的易地扶贫搬迁农户在向城镇迁移过程中，会面临政治、经济、社会、文化和环境等多方面的改变，即搬迁农户个体的思想观念、行为方式、服务资源等会随搬迁后外部环境的变化而改变。在这个变化过程中，农户会面临经济认同、心理认同、管理认同等方面的困难，产生身份认同的不确定性。

一　经济发展困难：可持续生计保障难

调研发现，搬迁农户真正致富能力待强化，急需拓宽增收渠道。因为受文化、技能等因素的限制，易地扶贫搬迁农户主要收入为务工收入。但由于资源有限，没有足够发达的产业和经济支撑，无法实现可持续造血，离实现群众"能致富"的目标还有一定的差距。以搬迁农户务工目的地来区分就业，可以分为县域内就业、省内就业、省外就业三

---

① ［英］安东尼·吉登斯：《现代性与自我认同：晚期现代中的自我与社会》，夏璐译，中国人民大学出版社2016年版，第178页。

种。一般县域内实现就业的主要为服务行业，包括餐饮、文化、销售、娱乐等行业，这类以文化水平相对较高、年纪较轻的群体为主，其中女性占大多数，月收入一般在1800—3500元，在消费水平较高的城市，能基本实现自给自足，但无法很好地贴补家用。在省内实现就业的，绝大多数成为工地农民工，这类群体要么掌握一定的建筑、水电工程等实用技术，要么吃苦耐劳，从事苦力。他们相对而言收入较高，一般月收入在5000—8000元不等，但会面临长期停产，无法准时获得劳动报酬等现象，除此之外，这类群体一般都是家庭中的主要劳动力，部分是家庭中仅有的劳动力，劳动所得基本只能持家。省外就业者一般是常年在外的务工者，主要是在沿海地区工厂务工，月收入普遍在4000—6000元，收入比较稳定，每月除自身生活开支外，能补贴1000—2000元家用，但这毕竟是少数。除了上述家庭主要劳动力外，家庭中老人、病人、残疾人、留守妇女就业困难重重，无业者占绝大多数。搬迁农户家庭可持续致富难度较大，急需拓宽增收渠道。例如，JKB社区建档立卡户790户3568人，截至2019年底已全部脱贫。[①] 社区最主要的致贫原因是因病、因残，搬迁来的群众大多是大病家庭、残疾人家庭、就学困难家庭、无劳动力家庭等。有劳动力有技术的人通过外出务工或就近务工可以使生活得到保障，但是有一类人，他们因病、因残或年老而无劳动能力，如果家中又无其他劳动力，生活就存在极大的困难。之所以如此，原因有三点，如图4—1所示。

1. 经济生产方式转变带来的适应困难

经济基础决定上层建筑，民众通过从事各种物质生产劳动，获得日常生产、生活所需的物质资料和物质条件，在这种经济基础之上构建身份认同的上层建筑，从而保障民众的生产和生活得以延续。易地扶贫搬迁的根本目的就是改变以前不适宜生产生活的地方，改变民众以往赖以生存的经济方式，从而提高搬迁农户的经济收入水平，帮助他们解决温饱问题，脱离贫困状态，实现小康生活，达到经济认同的目的。例如，T县BL社区搬迁的农户主要是来自全县23个乡镇200多个村庄，原来均以务农维持生计，而当地属于云贵高原地区，大片肥沃的平原较少，

---

① 根据W县对口协作办公室2021年1月20日提供的数据材料整理而得。

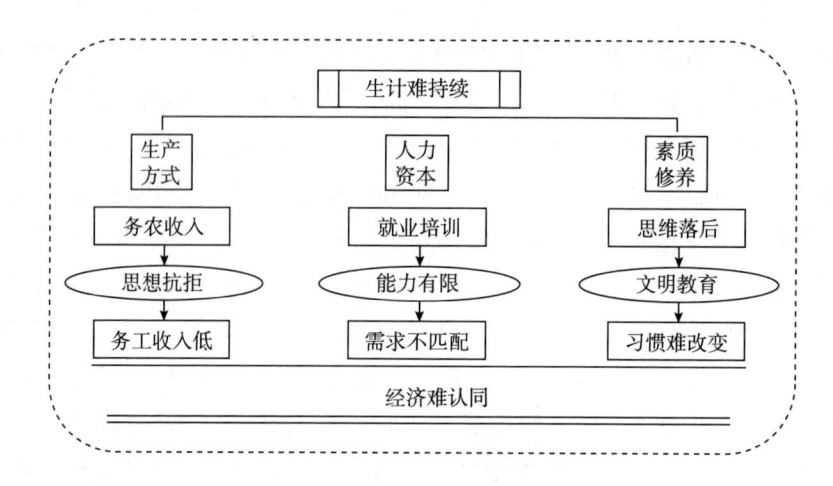

```
┌─────────────────────────────────────────────┐
│              生计难持续                       │
│   ┌────────┐    ┌────────┐    ┌────────┐    │
│   │ 生产   │    │ 人力   │    │ 素质   │    │
│   │ 方式   │    │ 资本   │    │ 修养   │    │
│   └────────┘    └────────┘    └────────┘    │
│   ┌────────┐    ┌────────┐    ┌────────┐    │
│   │务农收入│    │就业培训│    │思维落后│    │
│   └────────┘    └────────┘    └────────┘    │
│   ╱思想抗拒╲    ╱能力有限╲    ╱文明教育╲    │
│   ┌────────┐    ┌────────┐    ┌────────┐    │
│   │务工收入低│  │需求不匹配│  │习惯难改变│  │
│   └────────┘    └────────┘    └────────┘    │
│              经济难认同                       │
└─────────────────────────────────────────────┘
```

图 4—1　搬迁农户生计困难示意图

自然环境比较差，水土流失较严重，在这种恶劣的自然条件下，几乎每家每户都只能发展小规模种植农作物。由于地处偏僻，耕种的方式也没法采用现代化机械生产，还是沿用传统的比较落后的牛耕方式，因此，村民们辛苦一年的农作物产量也仅仅能够维持一家人日常生活所需，很难凭借发展农产品来增加经济收入，导致当地人口常年处于贫困线以下。搬迁后，改变了传统以务农为生的经济生产方式，搬迁劳动力主要从事家政服务、公路养护、保安等岗位，工资待遇比务农好，收益比以往有大幅度提高。但是，也有一些搬迁农户不适应现有的经济生产方式，高不成低不就，有技术含量的工作没办法干，保洁、保安等工作他们又不愿意干，思想上有抗拒情绪。访谈时，社区干部、市扶贫办领导、用工单位都提到这样的问题。例如，T县某社区支部书记所提道：

　　他们有的人挑三拣四，觉得这个工作不适合他，那个工作又看不上，这种情况并不是个例，很多搬迁农户对我们推荐的工作岗位，干了两天就不干了，给的理由都是这个工作不适合他。[①]

贵州某乡村振兴局副局长指出，他们曾介绍搬迁劳动力到大连工作，但他们到了大连后，吃的东西不适应，工作管理不适应，干了十几天就要回来，当时介绍过去的17个人，回来了15个，还是我们买票过

---

① 男，汉族，48岁，高中，党员，T县某社区支部书记，访谈于2019年5月27日。

去把他们接过来的（2021.09.09）；广州某上市公司副总无奈地表示：

> 我们工厂有贵州过来的务工人员200多人，这些人不太适应现代化的工厂管理制度，不适应每天按时上下班的管理规定，比较散漫。比如一到逢年过节，哪怕给他们三倍工资，他们也坚持要回家，一些少数民族传统节日更是要回去，但我们是服务行业，逢年过节是最忙的时候，他们短期离开，我们又不好招聘新的工作人员，这给公司发展带来较大的影响。①

可见，搬迁农户从熟悉的传统生产方式变为新的生产方式，部分人会产生思想上的不适应，这就需要当地社区干部给予宣传引导，只有这样才能够达到搬出来、稳得住、求发展的效果。再加上，安置区产业培育还需加强，周边产业发展小散弱、单一化、层次低、链条短、不均衡，产业项目招商难、落地难，入驻企业吸纳就业能力还不够强。而迁出区属于"六类"地区，资源禀赋差，搬迁群众"三块地"分布零散，且交通不便、山高坡陡，盘活利用难度大，所以会出现生计方式上的不认同。

2. 搬迁农户人力资本水平与就业需求不匹配

研究发现，如果劳动力的人力资本水平与工作岗位所需要的技能素质水平能够较好匹配，劳动力就能在获得理想报酬的情况下实现生产价值的最大化，劳资双方就都愿意继续维持雇佣关系，达到就业的稳定。就业稳定性由供需两方面因素决定，其中，个体的人力资本水平、所处的行业和单位类型将会同时发挥作用。例如，T县BL社区搬迁点，为了让搬迁农户能够很好地生活下去，积极引进了一些企业，以此提高该社区的就业率：

> 我们引进北京的一些企业开办家政服务培训班，我们还在上海普陀社区设立了专门的服务站，向上海一些公司提供劳动力。②

尽管如此，该社区的就业率也只有60%左右，并没有达到理想状态，其中最重要的因素则是易地扶贫搬迁农户的人力资本水平无法很好地匹配所提供的工作岗位。据了解，该社区人口主要由全县200多个搬

---

① 广州某上市公司副总，访谈于2021年1月6日。
② 女，汉族，41岁，本科，党员，T县扶贫办副主任，访谈于2019年5月29日。

迁社区的村民搬迁聚集形成，其中不乏大量的残疾、精神疾病等特殊群体 T 县某社区主任介绍：

> 我们这个社区的贫困户占总体的 90% 以上，残疾人群规模巨大，是我们县里面最薄弱的群体。①

可见，文化水平不高是导致这一群体不能充分就业的原因。甚至是有些已经上岗就业的搬迁农户，一方面是自己无法胜任，另一方面也嫌企业给的工资不理想，做到一半，就偷偷跑回来了。该主任继续说道：

> 上次我这边有植树的工作，每天 100 元，不包吃住，结果大家都不愿意去，觉得工资太低了。当然，也有推荐去就业的搬迁农户，培训后效果不明显，胜任不了该项工作后又回到社区。②

可见，为实现稳定就业，必须使人力资本与工作岗位所需的技能水平相匹配才行，否则，社区搬迁农户难以产生认同感。

3. 搬迁农户稳定就业压力大

搬迁前，搬迁农户可通过"主要劳动力务工+次要劳动力留守务农"的方式实现自给自足，柴米油盐等无须花钱购买。到社区生活后，主要生活用品必须通过购买的形式来获得，生活成本相对较高，这就意味着，如果一个家庭的主要劳动力一旦失去经济收入，或者是收入不足以支撑一个家庭，那么，这个家庭就会返贫，稳定生活的压力可想而知。尤其是，自 2020 年以来，受疫情防控、市场订单减少、企业用工需求下降、部分企业裁员、已转移就业的搬迁群众稳岗就业难度增加等影响，部分劳动力就业很不稳定，部分在重点工程项目务工的劳动力随着项目完工而需要重新就业，部分搬迁农户因需要照顾子女读书、赡养老人等，务工时间零散不固定，就业状况不够稳定。也就是说，搬迁农户稳定就业的压力较大。调研得知，除上述原因外，这与搬迁农户整体素质有待提升也有很大的关系。例如，部分搬迁农户未改变以往在农村的行为习惯，缺乏社会公德心，在公众场合不注意个人行为，大声吵闹、随地吐痰、乱扔垃圾，导致社区环境受损。这一点，T 县某社区副主任提道：

---

① 男，汉族，42 岁，高中，党员，T 县某社区主任，访谈于 2019 年 5 月 28 日。
② 男，汉族，42 岁，高中，党员，T 县某社区主任，访谈于 2019 年 5 月 28 日。

刚来的时候,有些人觉得生活上不习惯,觉得这里啥都有约束,不能吐痰,不能扔垃圾,在村子里没人管他们的;另一个例子就是过斑马线要等绿灯才能过,他们不清楚也不习惯,只要没车就过,不管红灯还是绿灯。①

再如,搬迁农户的消费习惯还停留在农村,部分搬迁农户依然记着在农村不怎么花钱的地方,时不时会抱怨社区水电都需要花钱;如:

村民们还是有些问题难以认同,比如这些人在农村用水几乎是不要钱的,但在这里生活的话,每个月都有一二十块钱的水费,电费也比农村多。而且,农村的生活费较低,蔬菜和米都不用买,但这里都要花钱,葱、蒜都要花钱买,所以他们一下子觉得支出多了,不习惯,想搬回去住。②

当然,还有人有封建迷信思想,仍然信奉鬼神之说,更甚的是会利用自媒体传播一些迷信的谣言,影响社区的稳定。该社区人数有上万人,一旦这些传统陋习不进行改变,长久下去就会产生纠纷矛盾,影响社区和谐发展。为此,该社区也在进一步为这个做出自己的努力,如开办了讲学所,每天晚上邀请做得好的社区居民来现身说法,教他们在搬迁社区该怎么生活。

二 心理归属感不强:社会关系网络重塑难

易地扶贫搬迁使群众由农村搬到城市,由分散居住变为集中居住,由村民变为了居民,城里的生活习惯与农村相比有较大的差异,而这些村民大多文化水平较低,在农村养成的比较随意的生活习惯一下子不能转变,随之而来的就是社区环境卫生问题,时常出现乱丢果皮纸屑、随地吐痰、不爱护公物等现象。再加上,在农村生活,乡邻之间交往了几代人,彼此了解和信任。搬迁后,由于搬迁农户来自各个不同的乡村,彼此之间不是太熟悉,人与人之间存在各种隔阂。此外,留守的老人或家庭妇女可能处于无事可做的状态,生活比较枯燥,感觉有些无所适

---

① 男,汉族,39岁,初中,党员,T县某社区副主任,访谈于2019年5月27日。
② 男,汉族,39岁,初中,党员,T县某社区副主任,访谈于2019年5月27日。

从。最后，搬迁农户子女从教学水平、条件较差的乡镇中小学转入教学质量、环境较好的学校就读，学习进度难以跟上，家庭教育和课外辅导缺失。这些足以说明，搬迁农户社会适应程度待提升，心理归属感待增强。究其原因，主要是以下四个方面。

1. 环境变化会引发心理落差

易地扶贫搬迁是将贫困户从生态恶劣地区搬迁至城镇，搬迁农户经历了没有过渡的直接性空间转换，需要迅速适应原有共同体的分解与重塑，适应远离赖以生存的土地、接受搬迁社区相对高额生活成本的状态，他们所面对的，是人生中前所未有过的、从生产到生活的全方位变化，这就极易引发他们的不适应，难以融入当地社会，因而心理需求明显增强。① 心理需求是社会需求的一种，与生计需求一起构成社会需求。相对于生理需求，社会需求对人的发展影响更大、更加直接。② 尤其是我国"十三五"时期的易地扶贫搬迁是一种典型的运动式搬迁，这种运动式搬迁给搬迁农户带来的生活转变是断裂的和颠覆式的，短时间内难以有效衔接。③ 一些搬迁农户，尤其是长期在家务农的妇女，自出生以来，社会关系相对固化，所生长生活的文化体系相对单一。因此，当她们来到新的社区后，社会关系网络暂时被打破，社会交际圈受到挤压，这对她们的心理是有较大冲击的。

访谈时，T县BG社区书记告诉我们，搬迁群众大部分是贫困户，且老弱病残居多，文化水平又低，沟通起来困难较多，如不太爱干净、随地吐痰、说话嗓门大、熏腊肉导致空气污染等，规范起来难度比较大，感觉他们不太适应现在的生活。甚至，他指出，有些居民随意往下水道扔垃圾，残渣剩饭都乱往里面倒，还有个别的居民的确很懒，家里不搞卫生，脏得隔壁邻居都受不了。这说明，搬迁农户因环境变化产生的心理落差是存在的，进而会产生心理不适应，一位社区兼职心理咨询师如是说：

这些搬迁农户的心理不适应，我们也能理解，毕竟换了一个地方，

---

① 方静文：《时空穿行——易地扶贫搬迁中的文化适应》，《贵州民族研究》2019年第10期。
② 渠鲲飞，左停：《协同治理下的空间再造》，《中国农村观察》2019年第2期。
③ 谢治菊：《易地扶贫搬迁社区治理困境与对策建议》，《人民论坛—学术前沿》2021年第15期。

这个地方不让种地了，各个方面都需要钱，他们的不安全感开始上升，生活习惯改变了，很多人开始无事可做，心里的空虚感就会被放大。①

尽管作为过渡型社区，搬迁农户的心理需求很明显，但仅PL社区有3名兼职的心理咨询师，该县BG社区1名都没有，其结局是搬迁农户的心理需求得不到满足，就会经常去找社区干部询问较多非必要问题，这使本来就短缺的社区干部工作压力更大。事实上，该县扶贫办副主任也指出，心理服务体系确实很重要，这不仅可以解决基层干部压力，还可以让社区更加和谐，促进搬迁农户的归属感，让他们真正在心理上能够留得下来。也就是说，心理服务上的缺失，让搬迁社区的治理难题更加明显，搬迁农户日常生活与制度之间的对立、社区认同与自我认同的冲突、人员结构与服务供给的矛盾得不到及时有效的解决。②

2. 社群变化会产生情绪低落

按照费孝通的观点，中国传统乡村是差序格局的熟人社会。③ 在具有乡土特色的社会里，每个人都熟悉周遭的环境、自己的生活方式以及生活圈中的每个人，这种熟悉让人心安。易地扶贫搬迁突然改变了村民传统的生活习惯与生活模式，使部分搬迁农户产生了一定的社会不适应。搬迁后他们的人际关系是否融洽，也对搬迁农户心理健康提出了考验，特别是对农村老年人、残疾人等特殊群体而言，由于自身人力资本薄弱，受年龄、行动能力的制约，其心理健康受到的影响会比较大。访谈时，一位任小学校长的心理咨询师告诉我们：

其实他们找社区干部的目的就是为了聊聊天，有人陪他们说话。他们以前在村里，白天下地干活，晚上和熟人聊聊天、唱个歌，特别开心，现在搬到城里来后，在家里手脚都不知道搁哪里，浑身不舒服，他们的这种不适感急需得到宣泄，所以就有事没事找扶贫干部反映问题。④

可见，他们告别了熟悉的乡村，来到一个陌生的地方，以往每天晚

---

① T县PL社区兼职心理咨询师，访谈于2019年5月28日。
② 吴新叶，牛晨光：《易地扶贫搬迁安置社区的紧张与化解》，《华南农业大学学报》（社会科学版）2018年第2期。
③ 费孝通：《乡土中国》，北京出版社2009年版，第10—25页。
④ T县某社区兼职心理咨询师，访谈于2019年5月28日。

上聚在村庄公共空间聊天的情况越来越少，就会产生一种孤独感，这会打破对新社区的情感认同。长此以往，会造成搬迁农户对新社区的归属感不足，产生回迁的想法。因此，社区需要组织更多的活动，让搬迁农户有更多的归属感，帮助他们克服初期交往的异质性带来的不适感，提高搬迁后的社会适应能力。

3. "两头住"会降低社区认同

对于易地扶贫搬迁，旧房要顺利拆除是一个比较困难的问题。人们的故土情结使得有的群众不愿搬迁，以老年人尤为明显。个别群众总是想方设法地保留部分老家的旧房，例如，有的群众以其房屋有部分属于出嫁女儿的份额为由，拒绝全部拆除，给拆除工作造成困难，这样就可能出现有的人城里既得了新房，农村旧房又没有被全部拆除完的情况，进而导致群众产生不平衡心理，从而对行政部门产生误解和矛盾，调研发现各地都不同程度地有这样的情况。当然，旧房若未被全部拆除，就可能导致"两头住"现象。比如，有的家庭，年轻人搬来了城里，老年人仍然居住在农村旧房，这就背离了政府易地扶贫搬迁改善群众生产生活条件的初衷。此外，即使旧房被全部拆除，仍然有个别群众居住在农村亲戚闲置的房屋中或者因某些原因仍在原乡镇租房居住，这不便于社区对他们进行较好的管理和服务，急需增强他们的社区认同来化解。

4. 空巢社区隔离社区温度

易地扶贫搬迁社区，目前正处于大开发、大建设的起步阶段，生活、商业、公共服务、产业等均不完善，部分社区除了有一间或几间扶贫车间外，仅有几家手工作坊，就近就业机会较少，且由于这些企业、作坊生产效益低下，务工人员收入在几百元至千余元之间，无法满足就业需求。为了养活一个家庭，家庭成员中的主要劳动力不得不外出寻找薪资水平更高的就业机会，社区只留下老人、少数必须留守照顾孩子的家庭妇女和孩子。部分农村还有住所的易地扶贫搬迁农户，为了节省生活成本，往往会在孩子假期内，举家回农村生活。多个原因叠加，导致了社区的空巢现象明显，急需增加社区温度来破解。

三 管理匹配失衡：常规化治理的困境

第二章指出，我国"十三五"时期的搬迁，是属于典型的"运动式搬迁"。"运动式搬迁"会带来一些问题，这一点，可从学界对"运动式治理"的困境中看出。例如，翟文康、徐国冲以周口平坟事件为案例，对"运动式治理"在基层运作的逻辑与失败的原因进行了剖析①；倪星、原超以 S 市市监局"清无"专项行动为例，认为"运动式治理"虽然被塑造为更精密的目标责任制和精细化的任务驱动方式被常规化使用，但最终的走向是"内卷化"而非"制度化"②；孙峰、魏淑艳以深圳"禁摩限电"为例，认为"运动式治理"存在"管理不理、维稳不稳、执法不法"等弊端③。归纳起来，"运动式治理"的问题聚焦在治理目标异化、治理手段偏差、治理工具简单、治理过程混乱、治理绩效较差等方面④。将这些结论用于易地扶贫搬迁，意味着"运动式搬迁"会带来一些问题。再加上搬迁后社区结构复杂、贫困户占比高、低保户人口多、残疾人数量大，与普通社区相比，是"非常态化"社区，若仍然采取常规化的管理方式，由此必将引发一系列管理困境。例如，按照"保基本"的要求，安置区基本设施已配齐，但立足于促进安置区稳定长足发展需要，还需要进一步巩固提升；因搬迁规模大、建设体量大，管理难度大，需投入大量的人力物力，成本较高，且搬迁群众来源于不同区域，还需时间来适应和融入，服务管理还有待提升，常规化管理困境如图 4—2 所示。

---

① 翟文康，徐国冲：《运动式治理缘何失败：一个多重逻辑的解释框架——以周口平坟为例》，《复旦公共行政评论》2018 年第 1 期。
② 倪星，原超：《地方政府的运动式治理是如何走向"常规化"的？——基于 S 市市监局"清无"专项行动的分析》，《公共行政评论》2014 年第 2 期。
③ 孙峰，魏淑艳：《国家治理现代化视域下运动式治理模式转型研究——以深圳"禁摩限电"为例》，《甘肃行政学院学报》2017 年第 2 期。
④ 王连伟，刘太刚：《中国运动式治理缘何发生？何以持续？——基于相关文献的述评》，《上海行政学院学报》2015 年第 3 期。

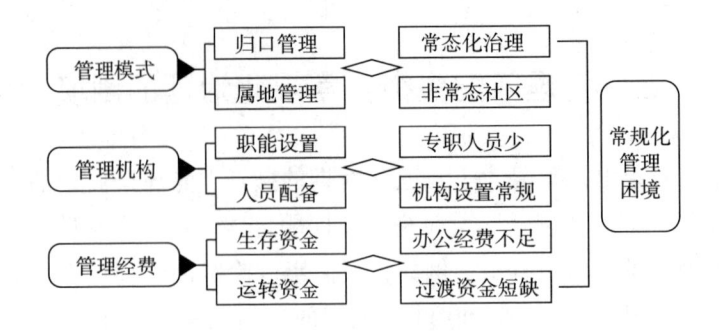

图 4—2 常规化管理困境

1. 管理模式常规化：归口管理与属地管理有冲突

T县的易地扶贫搬迁人口较多，主要的两个搬迁社区人员来自县内23个乡镇的200余个村。这种拆分后重组社区的人员构成为管理带来了挑战，衍生了管理上的"非常规问题"，其中较为突出的是居民归口的户籍管理与属地管理上的冲突。户籍是居民生活最重要的一部分，生老病死、婚丧嫁娶、上学就业等都与户籍密不可分。换言之，户籍管理与居民生活息息相关，因此，户籍归属地与居民常住地是否一致，将直接影响与户籍相关事项的办理情况。就搬迁社区而言，传统的乡土情结使搬迁农户对居住地仍保持难以割舍的眷恋之情，因此，在政府规定"迁人与迁户"可以不一致的情况下，一些不关涉孩子上学的搬迁农户，就不愿意将户口迁往新居住地，在调研的两个社区，这一比例高达50%以上。究其原因，某社区书记说：

县里没有硬性规定搬到安置点后户口也要迁过来，靠自愿，有的群众心里面还有顾忌，他们怕把户口迁过来了老家的土地就没保证了。①

居民户籍地与居住地不一致，会给易地扶贫搬迁社区治理带来困难，这一困难在某社区书记的叙述中娓娓道来，他说：

这个我们县里都是建议他们搬到社区里也要把户口迁到这里来，但是没有硬性规定，这个是要靠自愿，有的群众心里面还有顾忌，他们会觉得如果把户口迁过来了老家的土地，到时候可能就没保证了，老百姓就会有这样的顾虑，是户口没有过来，需要户籍管理在这种机制上，

---

① 男，汉族，35岁，高中，党员，T县某社区书记，访谈于2019年5月26日。

就会有问题,比如出证明这些就出不了,这些证明有些老百姓来找我们,只要不是在户籍角度上来讲的话,我们都可以出证明,但是一旦牵扯到户籍上的就必须是户籍所在地,当地可以出的,我们就不能出,所以老百姓就不能理解。中间就出现了一些问题。①

可见,"易地而居、人籍两地"的管理会带来明显的问题。于居民而言,有关户籍的事项,居住社区没法办,原户籍地不想办,这种管理模式容易对居民的新集体归属感产生负面影响;于社区管理人员而言,因为工作权限造成的无能为力与居民的不理解所产生的怀疑,在一定程度上会降低管理人员的工作积极性。同时,由于管理模式与管理对象不契合,管理人员会承担更多的额外工作,这不利于管理效率的提升。

归口管理与属地管理的冲突,还表现在另一个问题上。某社区主任告诉我们,他们虽然搬到城里来了,但还是原来的镇政府管辖,相当于是镇政府下属的一个村,不过属地管理让社区在有些问题上要直接与县里的职能部门对接,但这些职能部门和乡镇又不是直接关系,因而社区的身份就很尴尬。该社区主任以城管工作来举例,他说:

就拿城管这方面来举例子吧,你看我们社区周边有一些流动摊贩,有些是我们自己社区的居民,我们没有执法权,发现他们的时候只能口头儿处理一下,但那些外来摊贩不听,我们只能和城管那边对接,可是城管也没有那么多的人力、物力来管我们的问题,所以我们就只好不停地召开居民委员会,先做通自己居民的工作,让他们不要乱摆摊。然后,社区干部下班后轮流排班值守,防止外面的人随意乱摆摊,影响社区周边环境。②

作为易地扶贫搬迁农户的生活场地,社区居民应当在本社区内建立新的社区归属感。居民归属感的建立应当取决于良好的生活环境、坚实的基础生活保障以及坚定"留下来"的生活态度,而户口是"留下来"的关键决定性因素。③ 另外,作为新组建的搬迁社区,管理权责的合理

---

① 男,汉族,35岁,高中,党员,T县某社区书记,访谈于2019年5月26日。
② T县某社区主任,访谈于2019年5月26日。
③ 曾润喜,朱利平,夏梓怡:《社区支持感对城市社区感知融入的影响——基于户籍身份的调节效应检验》,《中国行政管理》2016年第12期。

划分对管理绩效的提升也十分重要。这种归口管理与属地管理的冲突，实际上是易地扶贫搬迁社区"非常态结构"与"常规化治理"模式不匹配的结果。因此，要建立"留得住"的搬迁社区，就应从根本上解决管理模式的滞后问题。

2. 管理机构常规化：职能设置与人员配备不相符

易地扶贫搬迁是一项复杂的社会系统工程，内嵌于一定的政治、经济、社会、文化等结构性制度框架中，是边远山区和生态脆弱区居原住民走向城镇的桥梁①。易地扶贫搬迁居民的生活生产方式都发生了质的变化，他们需要突破空间性因素，在新环境内重新构建对政治、经济的认识，重新融入社会文化的氛围。虽然搬迁农户已经在身体上进入城镇，但是其心理状态与行为习惯并没有脱离农村处于低融入新状态。因此，易地扶贫搬迁社区工作人员肩负更沉重的管理任务。但是，从T县来看，现有易地扶贫搬迁社区的组织机构设置仍然是常规化的，具体表现在：

一是社区干部数量偏少，不能有效满足需求。在PL社区，正式干部有2人，聘用干部8人，公益性岗位3人，合计13人，干部与居民的比例是1∶655；在BG社区，正式干部1人，聘用干部4人，公益性岗位3人，共8人，干部与居民的比例是1∶343。作为刚组建的异质性社区，不仅要完成常规的社区管理工作，还要完成很多临时性、运动性任务，因此，尽管原来的包保干部仍然要对贫困户"两不愁三保障"工作进行帮扶与服务，每栋楼有义务工作的楼栋长协助管理，也有个别志愿者加入社区管理人员队伍，但这样的"干居比例"还是让人们不得不思考，每个社区干部在负责300多人、600多人甚至更多居民的日常管理工作后，还有多少精力来为社区提供更精细化的服务。难怪某社区书记抱怨：

最之前我们实行的是包楼栋，但是后面实行不下去了，因为我们干部太少了，而且文书和负责低保的人事情太多，不能走动，负责低保的那个人要负责373户，有的社区一个干部才负责七八十户，最多100

---

① 金梅，申云：《易地扶贫搬迁模式与农户生计资本变动——基于准实验的政策评估》，《广东财经大学学报》2017年第5期。

户，相当于他一个人干了3—4个人的工作量。①

更何况，老弱病残特殊人群聚集的易地扶贫搬迁社区，治理的难度本来就更大。例如，访谈时，某社区书记指出：

> 刚开始搬迁来的时候，这些人经常会迷路，社区干部和派出所一起出去找，有时候要找到半夜。后来给街道报告之后，社区自己买了一台打印机，专门给找不到路的、精神有问题的、60岁及以上的老年人，全部都办了居住证，上面写着居住地址、家人联系电话和社区干部的电话。我们一共办了400多个居住证，就让他们带着，带起之后好便于找路。有一次在外边，因为个人找不到路，就是通过这块牌子找到的，找到半夜。②

这说明，特殊人群的常规化管理，不能有效满足管理的需求。

二是社区干部工资偏低，分类发放，不公平。前述指出，社区干部分三类，相应地，工资也分三类。其中，正式干部的工资，每月在5000多元；聘用干部的工资，每月大概有3000元；公益性岗位的工资，贵州省的标准是每月1570元，扣除社保之后拿到手的大概有1200元。这样的"同工不同酬"是典型的差等正义。所谓同工不同酬，是指按身份分配薪酬的劳动分配制度，具体表现是干同样的活拿相差数倍的报酬、付出同样的劳动却得到大相径庭的回报，由此带来的必将是有差等的正义③。访谈时某社区书记告诉我们：

> 对于待遇，大家觉得不公平，因为大家干的事情差不多，付出的差不多，能力也差不多，但待遇相差悬殊，干着没精神，说实话这点儿待遇，基本生活都困难。④

三是机构设置不合理，负责社会事务的专职人员缺失。在重组后的易地扶贫搬迁社区，贫困人口、残疾人、低保户均比较多，是普通社区的数倍甚至数十倍，这就意味着像低保申报、临时救助调查这样的社会性事务较多、任务繁重，但是，两个社区目前都没有专门的人负责此事。以某社区为例。社区内少数民族接近社区内总人数的25%，残疾

---

① 男，汉族，48岁，高中，党员，T县某社区书记，访谈于2019年5月27日。
② 男，汉族，48岁，高中，党员，T县某社区书记，访谈于2019年5月27日。
③ 谢治菊：《差等正义及其批判研究》，中国社会科学出版社2018年版，第222—223页。
④ 男，汉族，48岁，高中，党员，T县某社区书记，访谈于2019年5月27日。

人员占总人数的 10% 以上。这些残疾人员中除了身体残疾者，还有数量较大的精神疾病患者，这给日常管理带来较大挑战，如该社区书记所言：

> 我们社区是从好多个村里面安排到这一个地方，这已经够特殊了，贫困群众比其他普通社区翻番得多，残疾人口占比也比其他社区多几倍。我们之前都接触过基层工作，但是如此复杂的情况，是真的第一次见。①

从上述分析可知，运动式搬迁后重组的易地扶贫搬迁社区，其职能设置和人员配备与实际的需求完全不相符，这会带来极大的危害，一是不利于社区稳定。组织机构的常规化设置，让社区干部没有更多的精力来为社区居民的需求提供服务，这对处于适应期、过渡期的搬迁农户而言，是极其不利的，会造成社区居民的"问路无门"，不利于社区稳定。二是不利于和谐干群关系的建立。易地扶贫搬迁是生态恶劣贫困地区快速有效的脱贫方式之一，搬迁农户快速地从山地乡土进入搬迁社区，伴随而至的是土地补偿措施、易地扶贫搬迁补偿政策、贫困搬迁人口认定等多种后续问题的落实。② 而组织机构的常态化设置，让工作人员在落实这些政策和文件时，显得力不从心，这会导致居民的误会，认为干部厌烦他们，不利于和谐干群关系的建立。可见，常规化的机构设置，让易地扶贫搬迁社区的治理面临干群关系紧张、稳定性不够等困境。

3. 管理经费常规化：生存资金与运转资金现瓶颈

运动式搬迁后的搬迁农户小区，一方面，管理协调会议多，群众需求数量大；另一方面，基础设施不完善，配套设施不健全。无论哪方面，都需要资金的投入，因而需要上级政府拨付更多的管理经费与运行经费来渡过难关。调研时发现，对于这样的过渡型社区，上级政府的经费投入仍然是常规化的，具体表现在：

一是办公经费不足。以 BG 社区为例。该社区书记指出，由于该社区去年才成立，社区办公室的电脑、打印机、沙发等办公设施，都是赊

---

① 男，汉族，48 岁，高中，党员，T 县某社区书记，访谈于 2019 年 5 月 27 日。
② 吴新叶，牛晨光：《易地扶贫搬迁安置社区的紧张与化解》，《华南农业大学学报》（社会科学版）2018 年第 2 期。

的。当时紧急办公，过后再按照程序来之后，就把账给赊了。到现在为止都还差电脑供应商 5 万多元。去年的办公经费加上总的 6 万元，还包括笔墨纸张这些。

二是过渡经费短缺。易地扶贫搬迁是行政主导型的空间迁移，是区别于农村社区与搬迁社区的"过渡型"社区，是以带领搬迁农户脱贫致富为主的"第三社区"，因此需要实现生计转型、关系重构与服务重建。① 过渡型社区显然需要过渡经费，否则社区的运行就会受影响。但访谈时，该社区书记说：

因为我们安置点离县城比较远，来回骑摩托车或开车要半个小时，中午吃饭了，我们得跑回家吃，但可能还没走到，群众就打电话说有事，没办法，饭都吃不到马上赶回。虽然组织部每个月给我们配发 600 块钱的伙食补贴，但补贴确实不够，所以我们希望能直接给我们搞厨房，像很多村里面一样，中午在社区吃，节省时间，但是现在没经费。同时，因刚搬过来，居民需要开的证明很多，有些证明需要支撑材料，但社区周边的配套还不完善，没有打印复印店，因此他们经常来办公室打证明、复印资料，这笔开销不少。另外，因刚搬来，开的群众大会很多，茶水费和电费多，2018 年的电费是街道帮我们结算的，今年的电费还不知道怎么办。由于经费短缺，我们门口 30 千瓦的宣传大屏幕，都不敢随便开。②

社区书记的叙述，传递出这样几个信息：其一是搬迁社区急需像现在的村里一样开设公共食堂，以降低管理干部在路上的通勤时间和压力；其二是过渡社区的群众会议多，茶水费和电费消耗大，靠正常办公经费运转不了；其三是过渡型社区居民打印复印的需求多，这给社区办公带来了压力。这三点说明，上级政府应考虑过渡型社区的实际，拨付相应的过渡经费，但事实上是空缺的。

三是物业管理费收取困难。为了方便社区管理以及促进社区环境卫生整洁，有些搬迁社区专门引进了物业管理公司。物业管理公司确实让社区环境卫生得到极大的改善，但存在的一个问题就是物业费收取困

---

① 王蒙：《后搬迁时代易地扶贫搬迁如何实现长效减贫？——基于社区营造视角》，《西北农林科技大学学报》（社会科学版）2019 年第 6 期。

② T 县某社区书记，访谈于 2019 年 5 月 27 日。

难。虽然物业管理公司只是象征性地收取一定的物业管理费，但是许多居民仍然不理解、不愿缴纳，认为自己曾经居住在农村根本不用缴纳什么物业费，表现出极强的抵触情绪。

四是维护经费空白。由于工期紧、欠规划，搬迁点后续相关的房屋漏水、公共设施维护以及基础设施建设存在的问题、周边配套设施落后的问题，严重影响了搬迁群众的安全、舒适和幸福居住，但维修经费基本是空白。据了解，T县某社区周边交通安全设施不到位，在邻近社区的马路上，交通流动较大，且都是运货的大型车辆，但是邻近社区的路口交通设施短缺，减速设施警示设施建设不安全。社区书记如是说：

这样一来，这里住了这么多的老弱病残，还有一些智障的人，很危险。①

同时，该社区17栋楼2000多人，只有四个化粪池，也容易出问题。另外，由于没有专门的物业管理，社区的公共设施如绿化、道路、路灯等出了问题，没资金维护。从该县扶贫办主任的访谈中我们得知，处于过渡期的易地扶贫搬迁社区，物业管理归社区负责，但上级政府并没有拨付专项的经费，这会让物业管理流于形式。虽然PL社区因地理位置较好，已有门面出租的返还经费到社区，但返还的比例较低，且由于社区成立的时间不长，周边商业不发达，门面出租的经费和数量都很少，仅有的少量出租也是以租金减免的贫困户为主，所以截至访谈时，该社区返还的经费不足3000元。

4. 教育供给常规化：社区教育不能有效满足搬迁农户需求

作为具有基础性、先导性与关键性作用的教育，在助推易地扶贫搬迁农户"稳得住"的问题上，具有重要的价值。据相关部门统计，贵州全省各搬迁安置点随迁子女总数27.2万，其中，13.5万名适龄儿童可以通过现有教育资源解决，剩下的则需要通过新建易地扶贫搬迁安置点配套学校帮助解决。事实上，为让搬迁群众搬得出、稳得住、能致富，阻断贫困代际传递，贵州加大了就学保障力度，"十三五"时期以来，在充分统筹共享安置点周边原有教育资源的基础上，着力加强安置点配套学校规划建设，累计投入资金181.46亿元，完成新建、改扩建

---

① T县某社区书记，访谈于2019年5月27日。

安置点配套学校669所，其中2020年挂牌督战96所安置点配套学校在6月底前按期保质保量全部建成，标志着全省易地扶贫搬迁安置点教育配套实现全覆盖。但是，常规化的教育供给，不能有效满足搬迁农户需求，存在的问题如下：

一是办学经费比较紧缺。国家对易地搬迁安置点办学投入了大量经费，易地扶贫搬迁安置点办学经费以市县财政投入为主，大部分地州及县级财政以"吃财政饭"为主，未有过多的发展资金，加之2020年以来新冠疫情及脱贫攻坚挂牌督战的影响，自筹经费能力有限，融资也存在一定的困难，这导致许多学校在办学过程中无可持续的经费保障，使原本紧张的经费更加吃紧，致使易地扶贫搬迁安置点学校建设经费紧张，发展经费无保障。

二是教师编制比较紧张。在办学过程中，许多学校筹建时间比较紧，对教师实行临时抽调或选派，拼凑的教师队伍临时负责学校的教学工作，致使其编制未落实到位，人员流动性大。一般而言，除正常的编内老师之外，安置点教师来源一般还有两种：一种是采取业务外包，这样的教师队伍相对稳定，校长是由教育局配备，对教师及教学进行监管，尽管能保证正常教学，但这导致教师被动教学和被管理教学，难发挥主观能动性。另一种是借调、跟班、特岗教师来充实办学队伍，借调、跟班这部分教师年龄普遍偏大，部分老师身体抱恙难以再承担教学工作，特岗教师有干劲但缺乏经验，以致配套学校办学教师队伍不稳定。

三是学校基础设施保障不到位。国家财政投入大量资金对易地扶贫搬迁安置点学校修建，但学校的基础设施还未完全配备到位。调研发现，部分易地扶贫搬迁安置点学校政府能投入大量经费进行后期完善，但大部分学校存在后续投入问题，以致学校基础设施建设未跟上。

四是学校学位供需矛盾凸显。易地扶贫搬迁人员子女入学学位难以锁定，且原本片区的小孩入学、搬迁安置点小孩入学，随迁子女数据锁定难，部分学生跟随父母在外出打工地就学导致了学校学位分派紧张，新冠疫情发生以来，部分学生又随父母回到搬迁安置地就学，部分配套安置点学校还要解决附近片区的义务教育入学问题。

事实上，搬迁农户社会融入的过程中，还存在其他问题，如搬迁群众文化水平较低、思想观念陈旧，接受能力较差，发展动力较弱；有的好吃懒做，不谋求发展，一心想得到国家救助，"等、靠、要"思想依然存在。再如，社区属于城市小区，产业结构单一，又无流转土地，缺少长效增收、脱贫致富的特色效益产业，巩固脱贫成效不太明显。

第五章　大数据嵌入：搬迁移民社会融入案例分析

就某种程度而言，人类社会的发展历史，就是对空间的改造利用以及空间意义进行建构的历史。这一认识在曾经以"时间"作为主轴的历史研究中，具有重要的意义，因为它打破了历史学家沉湎于时间忽视空间的研究模式，尽管这一突破在20世纪60年代才开始出现，[①] 然而，让人欣喜的是，21世纪以数据技术为核心的互联网、物联网、区块链、人工智能等，大大延伸了人类的空间概念。借助马克斯·H.布瓦索的划分，数据技术延伸的空间概念，可以从认知空间、文化空间与效用空间的角度来思考。[②] 如果将这些思考与生活空间、空间正义联系起来，大数据形成的网络空间及其对其他空间的改造与重塑就跃然纸上。将这一理念映射到易地扶贫搬迁领域，利用大数据手段来对搬迁社区进行空间重构，实现社区生活再生产，就成了题中应有之义。上千万人的动迁，是一场史无前例的复杂浩大工程，关乎生产关系和社会关系的深度变革，仅做到"搬得出"还远远不够，搬出后的"稳得住""能发展""可致富"才是根本。因此，在即将全面到来的后搬迁时代，易地扶贫搬迁工作的当务之急是构建针对搬迁农户的长效减贫机制。[③] 一般而言，长效减贫的路径有技术路径和制度路径，前者强调资源优化，

[①] 骆正林：《空间理论与大数据时代网络空间的建构》，《现代传播》2019年第1期。
[②] ［英］马克斯·H.布瓦索：《信息空间：认识组织、制度和文化的一种框架》，王寅通译，上海译文出版社2000年版，第193页。
[③] 王蒙：《后搬迁时代易地扶贫搬迁如何实现长效减贫？——基于社区营造视角》，《西北农林科技大学学报》（社会科学版）2019年第6期。

后者着重顶层设计。由于技术能为顶层设计提供精准化的信息与精确化的服务,所以在资源短缺、时间有限的情况下,技术路径更为有效。大数据是新时代简单实用、常规有效的技术路径,用其来驱动易地扶贫搬迁社区的治理,不仅能提高治理的精准性与针对性,还能增强治理的科学性与有效性。故本章拟从技术嵌入的角度,对大数据助推搬迁农户的社会融入进行系统分析。

一 空间理论:大数据驱动搬迁移民社会融入缘起

作为与时间意义并驾齐驱的权力产物,空间规划意味着权力对空间资源的配置,一旦失衡,此种配置就会产生权力占有、挪用和争夺空间的嫌隙,由此必将引发一部分人的空间贫困。空间贫困是 20 世纪 90 年代国外学者对贫困成因的解释,认为贫困之所以呈现聚集分布的特征,过低的地理资本是根源,因此对贫困的空间分布、地理因素、区域测算和地图绘制等进行了研究。① 将这一理论运用到易地扶贫搬迁工作中,是雅兰和瑞福林所提出的地理因素对农村家庭消费增长影响的空间贫困陷阱理论的重要延伸。② 可以说,空间贫困是易地扶贫搬迁及搬迁社区需要依靠大数据来治理的主要原因。为何是主要原因,要从易地扶贫搬迁的背景及现有问题谈起。

在 2020 年 1 月 2 日所发布的中央一号文件中,两次提到易地扶贫搬迁工作,并指出加大易地扶贫搬迁的后续扶持力度。2020 年 5 月 12 日,四川凉山州"悬崖村"84 户建档立卡贫困户的集中搬迁,再次践行了党中央对脱贫事业"一个都不能少"的郑重承诺。当前,易地扶贫搬迁工作已经取得了较大成效,"搬得出"的任务已基本完成,如何做好易地扶贫搬迁的"后半篇文章",确保贫困群众"稳得住",是让易地扶贫搬迁农户开启安居乐业新生活的关键问题。易地扶贫搬迁是一项过程复杂、关联甚广的系列政策实践,学界对于易地扶贫搬迁的研究也正在逐步深化,研究第一阶段为易地扶贫政策实施与政策分析;第二

---

① 罗庆,李小建:《国外农村贫困地理研究进展》,《经济地理》2014 年第 6 期。
② Jalan J., Ravallion M., *Spatial Poverty Traps*? USA: World Bank, Development Research Group, 1997.

阶段为易地扶贫搬迁社区的相关管理与搬迁农户稳定性研究；第三阶段则更多为经验分析，亦即从贫困发生研究着手，对易地扶贫搬迁居民的当前生活状态、生活改变进行研究，并对易地搬迁贫困人口的后续发展进行讨论。探讨搬迁农户生活以及易地扶贫搬迁经验，则需要对易地扶贫搬迁管理以及居民稳定性进行较为全面的分析。保证搬迁农户稳定性，需确保搬迁农户"留得住"，这涉及居民的社会融入情况、搬迁农户生计可持续情况以及居民社区服务供给三个方面。

集中搬迁解决了贫困户因生态环境恶劣而致贫的问题，但离开生养之地，搬迁农户的生活生计将面临颠覆性的变化，社会融入难、生计持续难等问题将接踵而至。一是社会融入难。社会融入是个体为减少社会排斥和社会歧视，不断融入当地环境，进而产生社区认同的过程。涂尔干认为，社会的稳定构建主要取决于三个要素：持续的合作、共同的价值观、集体意识①。新环境下搬迁居民相对陌生，与原居住人口存在较大的价值观差别，这些因素不利于社区社会氛围的构建，搬迁农户是否能融入新社会环境将对搬迁农户群体是否"稳得住"具有重要的影响，因为，一方面，搬迁农户社会适应水平不高，尤其是心理适应、行为适应、文化适应会面临较大的困难，进而影响他们的社区融入，阻碍他们对搬入社区的认同与归属感培养②；另一方面，有研究表明，提高社会融入程度能够提高流动人口在迁入地定居的意愿③。因此，搬迁农户不能融入当地社会，就会影响他们在搬入地的居住意愿，难以让搬迁农户"稳得住"。近些年较多研究关注流动人口的社会融入状况，关注易地扶贫搬迁的较少，仅可从社会融入的影响因素中推导出邻里互助不够、身份认同不足是搬迁农户融入当地生活的阻碍④。二是可持续生计问

---

① Durkheim E., *The Division of Labor in Society*, Routledge, Social Stratification. Routledge, 2018, pp. 217-222.
② 谢治菊：《人类认知五层级与生态移民社会适应探讨——基于HP村的实证调查》，《吉首大学学报》（社会科学版）2018年第3期。
③ 吕建兴，曾小溪，汪三贵：《扶持政策、社会融入与易地扶贫搬迁户的返迁意愿——基于5省10县530户易地扶贫搬迁的证据》，《南京农业大学学报》（社会科学版）2019年第3期。
④ 吕建兴，曾小溪，汪三贵：《扶持政策、社会融入与易地扶贫搬迁户的返迁意愿——基于5省10县530户易地扶贫搬迁的证据》，《南京农业大学学报》（社会科学版）2019年第3期。

题。尽管有实证研究显示搬迁后农户的贫困脆弱性得以降低①，但受搬迁后续发展的政策体系缺乏、就业推荐与其意愿有偏差、就业培训针对性不强、社会服务供给不足的影响②，以及搬迁农户原有的经济空间流失、社会空间断裂、制度空间改变的制约③，搬迁农户的生计水平整体需要提升，其典型表现是"生计资源减少、生计能力下降、生计融入困难"。三是社区服务供给问题。受易地扶贫搬迁社区贫困人口多、老弱病残多、村庄来源多等特殊情况的影响，社区服务供给精准化、多元化、个性化、差异化的诉求十分明显，但常规化配备的工作人员、拨付的工作经费、设置的组织机构，完全不能满足这样的要求。因此，易地扶贫搬迁社区面临服务资源与居民结构不匹配、服务方式与居民诉求不匹配等问题，也即，服务的精细化、个性化与差异化不够④。

易地扶贫搬迁社区存在的上述问题，与政策实施方案、后续管理体系等有关，更是搬迁前后空间依然贫困的产物。作为解决区域性、整体性贫困的一大举措，易地扶贫搬迁的脱贫逻辑在于让贫困人口摆脱贫困空间，搬离生态脆弱地区，进而实现脱贫致富，即脱离空间贫困陷阱。空间贫困陷阱认为，重要地理资本如气候、交通、地形等是不易改变的，它们的相对不足会对农户的生产和生活产生制约，从而形成空间贫困陷阱⑤。这一理论将贫困的成因从传统的"人"转向"地"，在更广泛的领域探讨"人地关系"，对诠释易地扶贫搬迁工作具有重要的意义。但是，易地扶贫搬迁工作关涉的"空间"不仅仅包括地理空间，还应包括社会空间、人文空间、生计空间、服务空间等。这一点，张茂

---

① 宁静等：《易地扶贫搬迁减少了贫困脆弱性吗？——基于8省16县易地扶贫搬迁准实验研究的 PSM—DID 分析》，《中国人口·资源与环境》2018年第11期。
② 高聪颖等：《扶贫搬迁安置区农民可持续生计问题研究》，《中共福建省委党校学报》2016年第9期。
③ 付少平，赵晓峰：《精准扶贫视角下的移民生计空间再塑造研究》，《南京农业大学学报》（社会科学版）2015年第6期。
④ 白永秀，宁启：《易地扶贫搬迁机制体系研究》，《西北大学学报》（哲学社会科学版）2018年第4期。
⑤ 马振邦等：《人穷还是地穷？空间贫困陷阱的统计学检验》，《地理研究》2018年第10期。

林做出了较大的贡献,在他 1996 年开创性研究贫困生态空间后①,Burke 和 Jayne 从经济、社会、环境三个角度来界定了贫困的空间②,刘小鹏等研究了中国的贫困地理③,渠鲲飞和左停从自然、社会和生计空间的角度,提出了协同路径下易地扶贫搬迁社区空间的重塑④。因此,从地理空间向社会空间、自然空间向生计空间研究的转移,说明贫困空间理论的内涵正在扩大,正在由一维向多维转变,这给本章从空间再造的角度探讨易地扶贫搬迁提供了重要的启示,具体表现在:一是根据目前易地扶贫搬迁社区治理面临的困境,将探讨的空间拓展至心理空间、生计空间和服务空间;二是由于三大空间分别代表社会、经济和管理三个维度,相互之间的关联性较强,关乎政府与社区、社区之间、社区内部的协同问题,因此,需要运用新兴技术与手段来实现三大空间的协同治理。大数据就是这样的技术与手段。

大数据是多元信息、多种来源而聚集成的庞大的信息资产。在扶贫领域,大数据是实现贫困"精准识别、精准帮扶、精准监管、精准评估"的核心工具,已被众多学者探讨。例如,汪磊、许鹿、汪霞认为,大数据与精准扶贫具有较强的耦合性,减少了行政主导下扶贫信息的不对称,提升了扶贫驱动的精准性⑤。陈冠宇、张劲松认为,数据、精准、扶贫三者在扶贫治理中相辅相成,亦是第三方评估的科学基础⑥。可见,"精准"二字是大数据作用于扶贫领域的关键机理。易地扶贫搬迁工程是精准扶贫的五大工程之一,将大数据应用于此领域,也会产生"精准"的效果。况且,除了"精准"二字,大数据对空间重塑的意义

---

① 张茂林:《我国贫困人口的资源生态空间特征与开发性扶贫移民》,《人口与经济》1996 年第 4 期。

② Burke W. J., Jayne T. S., "Spatial Disadvantages or Spatial Poverty Traps: Household Eevidence from Rural Kenya" *CPRC Working* p. 167, AgEcon sealch/reseavch in Argricultural and applied economics, 2008, p. 123.

③ 刘小鹏等:《空间贫困研究及其对我国贫困地理研究的启示》,《干旱区地理》2014 年第 1 期。

④ 渠鲲飞,左停:《协同治理下的空间再造》,《中国农村观察》2019 年第 2 期。

⑤ 汪磊,许鹿,汪霞:《大数据驱动下精准扶贫运行机制的耦合性分析及其机制创新——基于贵州、甘肃的案例》,《公共管理学报》2017 年第 3 期。

⑥ 陈冠宇,张劲松:《弥合数据、精准、扶贫之间的链接缝隙——精准扶贫第三方评估大数据运用及发展》,《上海行政学院学报》2018 年第 6 期。

也比较明显：一方面，可利用大数据创新社区管理方式，建构邻里交往公约，实现社区邻里空间的重构；① 另一方面，大数据在城市信息化城市空间治理中的应用也比较广泛，可以以更加理性和宏观的视角，对城市空间功能优化提供保障。② 只是，这样的空间优化与重塑，虽然思路、框架和方法值得借鉴，但缺乏对易地扶贫搬迁领域的关注，缺少实证调查资料的佐证，鲜有对服务空间、心理空间和生计空间的关怀，故而让本章的探讨具有重要的价值与创新。

易地扶贫搬迁社区的建设，是对环境恶劣地区贫困人口的福利性帮扶。是以提升居民生活为目标，行政力为主要驱动力的特殊人口迁移，它是有别于普通社区的非常态化社区。另外，易地扶贫搬迁社区还是搬迁农户与身份转换的重要场所，承载着推动居民从农村到城镇的过渡性生活转变任务。这就需要易地扶贫搬迁社区借助特殊力量，实现社区居民的生计转型关系重构与服务重建。③ 易地扶贫搬迁的是城镇化建设背景下，对相对贫困群众的一种集中性安置，这种性质就代表着社区内的人员组成复杂、人员结构多元、社区文化不统一。由于易地扶贫搬迁社区的主体是相对贫困人员，这就代表着社区内的需求更加多元，需求力度和深度都更强，这种社区结构的分块性质、社区凝聚力零散程度，社区管理的非常态化，都会导致社区建设的困难程度增加。换言之，易地扶贫搬迁社区生计难以持续，服务难以保障，心理接受程度难以提高。要解决在生产方式、社区服务和社区认同这三大方面的缺失，可以借助于大数据技术。大数据技术高效的政务服务的技术手段，对政府运作效率与管理方式都进行了重构，极大程度地驱动了政府管理和政府决策的形式，能够有效地提高政务效率。将其运用在易地扶贫搬迁社区这样的非常态化社区，能够清晰地了解社区内搬迁农户身份构成，实现搬迁农户基本信息监管，掌握就业流动性分析，从而达到动态的全覆盖性搬迁社区服务管理。

---

① 陶贝儿，灵德：《大数据背景下社区邻里空间重构研究——以苏州华通社区为例》，《城市住宅》2019年第3期。

② 沈费伟：《大数据时代"智慧国土空间规划"的治理框架、案例检视与提升策略》，《改革与战略》2019年第10期。

③ 王蒙：《后搬迁时代易地扶贫搬迁如何实现长效减贫？——基于社区营造视角》，《西北农林科技大学学报》（社会科学版）2019年第6期。

二 空间萎缩：大数据驱动搬迁移民社会融入契机

易地扶贫搬迁是行政主导型的空间迁移，是区别于农村社区与城市社区的"过渡型"社区，是以带领移民脱贫致富为主的"第三社区"，因此需要实现生计转型、关系重构与服务重建。[①] 之所以这么认为，是因为易地扶贫搬迁是新城镇化、农业现代化背景下的分散搬迁、集中安置，这就意味着移民来源的异质性与分散化、结构的零散性与薄弱化、诉求的复杂性与多元化，以致移民居住不稳定、社区共同体缺乏、治理结构不完善，由此带来的后果是社区空间的萎缩，具体表现在生计空间不足、服务空间压缩、心理空间断裂。

1. 生计空间不足："运动式搬迁"的无奈

基层政府治理有常规化治理和运动式治理两种模式：前者指基层政府对例行工作的治理；后者指基层政府对重大工作或突发事件的治理。易地扶贫搬迁的人数多、规模大、时间紧、任务重、涉及面广，是典型的运动式治理，准确的界定是"运动式搬迁"。"运动式治理"是以非常规化的手段开展的治理行动，已经成为一种广泛的国家治理模式。[②] 从治理的效益来看，运动式治理能够以自上而下的方式调动人员，以政治动员的模式集中力量，以超科层制的运作破解难题，以跨部门整合协同的形式重组资源，为重大性治理难题、突发性公共事件、临时性紧急任务和回应性政治问题提供立竿见影的短期成效。[③] 但是，"运动式治理"本身是与常态化治理、制度化治理、专业化治理、法制化治理、规范化治理等相违背的一个概念，也会内生一些治理困难。在易地扶贫搬迁领域，"运动式治理"的最大危害是会带来生计空间的不足。

生计空间是移民因生计需要而产生的空间，可以从安置环境与生计手段上来理解。安置环境是搬迁的前提，生计手段是关键。在国家层面

---

① 王蒙：《后搬迁时代易地扶贫搬迁如何实现长效减贫？——基于社区营造视角》，《西北农林科技大学学报》（社会科学版）2019 年第 6 期。
② 杨志军：《运动式治理悖论：常态治理的非常规化——基于网络"扫黄打非"运动分析》，《公共行政评论》2015 年第 2 期。
③ 周雪光：《中国国家治理的制度逻辑：一个组织学研究》，生活·读书·新知三联书店 2017 年版，第 17 页。

出台的搬迁方案和省级层面出台的实施规划中，均强调搬迁点要具有承载力才能搬迁。然而，由于易地扶贫搬迁属于硬性公共行政任务，该任务的艰巨性在于它同时兼有问题型任务和数量型任务的特征，不仅在规定的时间内搬不完就不达标，考核时会被一票否决，还要兼顾搬迁的人数和速度，因此调研时发现，很多基层政府以"作战图"的方式对搬迁任务的完成情况进行推进，"抢速度、抢时间、抢人数、抢工期"是其典型表现，由此必将带来安置环境的粗犷化和生计手段的模糊化。访谈时，一位安置点负责人告诉我们：

为了在规定的时间内完成任务，我们安置点只好赶工期把贫困户搬过来，但是周边的超市、工厂、学校、医院等，啥都没有，我记得省里的规定是要具有承载能力后才能把贫困户搬出来，但是没办法呀，这应该是很多安置点的共性问题。①

另一位扶贫办副主任也指出：

为了抢进度，我们以24小时轮班作业的方式来组织施工，即使人休息，机器也不休息，以责任到人的方式来抢抓工程建设期。②

还有一位社区书记说：

目前，我们社区周边交通安全设施不到位，不仅没有红绿灯、减速带，也没有公交车。这样一来，这里住了这么多的老弱病残的村民，很危险。③

可见，由于易地扶贫搬迁是以改变生存规则的方式来改变生活环境，因而治理的着力点应放在新生活环境与生计方式的重构上。④ 但是，这种抢时间的"运动式搬迁"方式不仅会带来移民生计空间的不足，还会引发工作人员的忙乱。以下是一位社区书记的独白：

在2018年腊月二十四五的时候，我们街道就通知我，要准备买些办公用品准备迎接搬迁农户，所以我们临时性地买两张桌子和几个凳子，然后来这里临时办公。同时他们（指上级政府）组织了几个人员，

---

① 男，汉族，46岁，中专，群众，P县某搬迁社区管理员，访谈于2019年2月21日。
② 女，汉族，42岁，本科，党员，T县扶贫办副主任，访谈于2019年5月29日。
③ 男，汉族，37岁，本科，党员，T县某社区书记，访谈于2019年5月27日。
④ 龙彦亦，刘小珉：《易地扶贫搬迁政策的"生计空间"视角解读》，《求索》2019年第1期。

包括派出所安排了几个干警过来,那段时间,周边啥都没有,生活很不方便,我们当时办公室里还没装修出来,是抱着打印机过来给他们发通知的。①

这些访谈道出了"运动式搬迁"下社区工作人员的无奈与辛酸,也道出了移民生计空间不足的重要表现与原因。

2. 服务空间压缩:常规化治理的辛酸

为保障易地扶贫搬迁工作的顺利进行,贵州在《易地扶贫搬迁"十三五"规划》中提出了5大保障体系,分别是公共服务体系、培训和就业服务体系、文化服务体系、社区治理体系和基层党建体系。而无论哪种体系,都是围绕社区服务而展开的,故服务手段、服务内容、服务方式、服务对象等对易地扶贫搬迁社区治理具有重要的价值。然而,虽然"运动式治理"被塑造为更精密的目标责任制和精细化的任务驱动方式被常规化使用,但其最终的走向是"内卷化"而非"制度化"。② 正因如此,"运动式搬迁"带来的系列问题,应通过超常规的资源整合来解决,但调研发现,大部分移民社区的治理,仍然是"常规化"治理,具体表现是:一是人员配备常规化。人员由正式编制人员、聘用人员和公益性岗位人员组成,且以后面两种身份的人员为主。例如,T县2018年4月成立的PL社区,搬迁有2174户8507人,但仅有2名正式员工、8名聘用制人员和3名公益性岗位的人员,工作人员与居民的比例是1∶655,工作的难度可想而知。二是资金拨付常规化。以T县某社区为例。该社区成立于2018年12月,一年的正常办公经费是4万多元,由上级组织部门拨付,刚搬进来的时候,街道补贴了1.7万元。由于社区刚成立,事项多、会议多、资料多,因而开支是常规社区的数倍,但县里面还是按正常社区运作的经费来拨付,其捉襟见肘的程度正如该社区书记所说:

我们还欠经销商5万多元的办公经费,由于缺钱,我们社区门口30个千瓦的大屏幕都不敢开,因为今年的公共电费还不知道怎么办。③

---

① 男,汉族,37岁,本科,党员,T县某社区书记,访谈于2019年5月27日。
② 倪星,原超:《地方政府的运动式治理是如何走向"常规化"的?——基于S市市监局"清无"专项行动的分析》,《公共行政评论》2014年第2期。
③ 男,汉族,37岁,本科,党员,T县某社区书记,访谈于2019年5月27日。

三是机构设置的常规化。移民社区的人员构成比较特殊，不仅来自多个乡镇，文化程度低，老弱病残的比例也较高。以 T 县某社区为例，该社区有少数民族 98 人、残疾人 297 人（其中一二级残疾人 87 人）、智障者 26 人、慢性病患者 250 多人，老弱病残占了总人数的 1/3。正因如此，该社区享受低保的有 373 户，占居住人口的 54.6%。尽管如此，该社区的机构设置与其他社区类似，只有 1 个兼职的工作人员负责低保事务，无专职人员。难怪访谈时社区书记指出：

一般社区只有几十户低保户，我们却有几百户，是其他社区的几倍甚至十倍，但也只有 1 个兼职的工作人员，可想而知她的压力有多大。①

可见，"运动式搬迁"后，各地采取常规化手段来管理社区，必将带来服务资源的紧张。由于为移民提供精细化、针对性、专业化的服务属于软性公共行政任务，不如直接完成上级的任务来得实在，难以凸显绩效，且这方面的投入收益可能在其他项目上显现，或者在下一届甚至更远的任期中"收割"。② 因此在资源有限的情况下，工作人员必先完成硬性的底线管理任务，对上负责。如有空余，再来完成软性的服务供给任务，对下负责，因而常常以运动化、应付式、模糊化的方式来提供社区服务，服务空间必然被压缩。

3. 心理空间失衡："运动式搬迁"与"常规化治理"的双重挤压

心理空间是社会空间的一种，与生计空间一起构成社会空间。相对于自然空间，社会空间对人的发展影响更大、更加直接。③ 心理空间受自身因素、地理环境和周边氛围的共同影响，是个体社会行为与社会实践的有力支持。研究表明，受"运动式搬迁"与常规化治理的双重挤压，易地扶贫搬迁的心理空间面临断裂的危险。因为，一方面，移民往往是整村搬迁，其结果是原有的社会关系和社会网络削弱，心理飘浮感增加。例如，T 县是 23 个乡镇 200 多个村 4993 户 20366 人搬迁到 11 个安置点，搬迁的分散程度比较明显，搬迁后的社会关系必将受到影响；另一方面，

---

① 男，汉族，37 岁，本科，党员，T 县某社区书记，访谈于 2019 年 5 月 27 日。
② 李利文：《软性公共行政任务的硬性操作——基层治理中痕迹主义兴起的一个解释框架》，《中国行政管理》2019 年第 11 期。
③ 渠鲲飞，左停：《协同治理下的空间再造》，《中国农村观察》2019 年第 2 期。

搬迁后移民的不适应问题比较明显。对于这一点，T县某社区主任提道：

> 刚来的时候，有些人觉得生活上不习惯，觉得这里啥都要约束，不能吐痰，不能扔垃圾，在村子里做这些是没人管他们的。另外一个就是他们认为费用的问题，这些人在农村用水几乎是不要钱的，但是在这里的话，每个月都有一二十块钱的水费，电费也比农村多。而且，在农村的生活费较低，蔬菜跟米都不用买，但这里都要花钱，买葱、蒜都要花钱买，所以他们一下子觉得支出多了，不习惯，想搬回去住。①

这说明，搬迁后的不适应是普遍现象。一位社区兼职心理咨询师如是说：

> 而他们的焦虑点在于，做了一辈子的事了，突然坐在这里什么都不能做，他们心里面觉得无所适从，生命有一种停滞感，如果很劳碌，反而会很充实。②

本来，"运动式搬迁"会产生一些危害，如为抢速度会缩短搬迁住房的建设工期，为抢效益会产生搬迁动员的胡言乱语，为抢时间会降低搬迁工作的精细管理，为抢人数会减少搬迁对象的精准识别等，由此会加大搬迁社区治理的风险和难度。鉴于此，搬迁后的社区治理，就应该在人员配备、资金拨付、组织架构、管理手段和服务供给等方面有所创新，而非"常规化治理"。但事实是，上级政府还是以"常规化"的方式在做顶层设计，这必将让搬迁户的心理空间面临断裂的危险。当然，由于心理空间本身的复杂性与综合性等特点，其在建构过程中往往面临目标模糊、态度暧昧、相互推诿等困境。事实上，已有的易地扶贫搬迁，有时因政府功能定位不清而成效不显著，或者因信息不对称增加治理成本。③ 例如，调研时发现，易地扶贫搬迁后，原来的帮扶干部还需要对贫困户"两不愁三保障"工作进行跟踪，防止他们返贫。也就是说，帮扶干部也是社区管理干部之一，他们与社区干部一样，有责任为移民创造更多的机会和平台。然而，有人告诉我们：

> 帮扶人帮扶几年，已经和贫困户有感情了，贫困户也习惯有事就找

---

① 男，汉族，36岁，大学本科，党员，T县某社区主任，访谈于2019年5月26日。
② 女，汉族，33岁，党员，社区兼职心理咨询师，访谈于2019年5月28日。
③ 渠鲲飞，左停：《协同治理下的空间再造》，《中国农村观察》2019年第2期。

帮扶干部，到安置点社区后仍然如此。[①]

这就导致帮扶干部与社区干部的分工与职责不明，在有些工作上相互推诿，这会加剧移民心理空间的失衡，其作用反馈与结果呈现如图5—1所示。

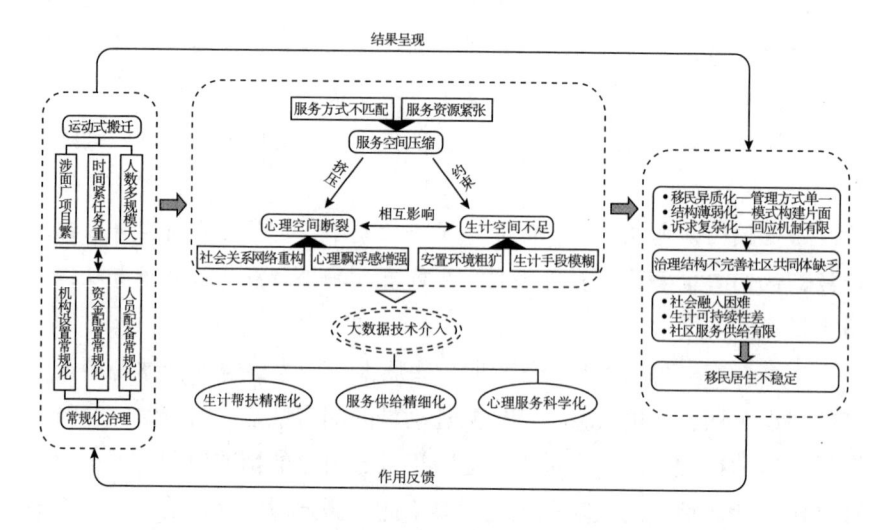

图5—1 大数据驱动搬迁农户社会融入契机

三 空间再造：大数据驱动搬迁移民社会融入案例

由于空间本身具有社会属性，是特定社会关系的载体。因此，在"运动式搬迁"与"常规化治理"的双重挤压下，作为具有模糊性的软性行政任务，易地扶贫搬迁社区的空间再造工作必然难以清晰化，除非运用技术工具。技术治理的逻辑是用扁平化、网格化和数据化的手段，对基层社会治理结构进行重塑，将大量隐藏在模糊公共行政任务背后的逻辑以透明化、可视化、数字化的方式呈现，从而实现管理的精准性和科学性。[②] 大数据就是这样的技术工具。大数据的兴起及传播，对国家治理生态、政府运作流程、组织运行方式都进行了重塑，也同时对政府

[①] 男，汉族，31岁，本科，党员，街道副主任，访谈于2019年5月27日下午。
[②] 李利文：《模糊性公共行政责任的清晰化运作——基于河长制、湖长制、街长制和院长制的分析》，《华中科技大学学报》（社会科学版）2019年第1期。

决策方式、监管模式和评估机制的升级进行了驱动，是提高行政效率、降低行政成本、弥补资源不足的有效手段。在这一点上，贵州毕节QXG区进行了尝试。该区把大数据融入社区治理，将148个"天网工程"摄像头、10个"雪亮工程"人脸识别摄像头、321个小区监控全部接入大数据平台，对安置点重点路段实时动态监控。每家每户安装智慧二维码门牌（APP），及时解决群众身边的操心事、烦心事、揪心事。但最明显的，还是T县易地扶贫搬迁后续管理大数据平台。面对移民社区治理资源不足的压力，2018年8月，该县建立了易地扶贫搬迁大数据平台。该平台是易地扶贫搬迁后续管理和帮扶平台，旨在对易地扶贫搬迁农户从哪里来、住哪里、干什么工作等，提供可追溯、可分析的大数据管理，从而达到搬迁社区服务管理工作"底数清、情况明、服务优、效果好"之目的。那么，该平台是如何驱动易地扶贫搬迁后期管理工作的呢？主要是在资源短缺的情况下，通过生计空间、服务空间和心理空间的再造，来确保移民能够"搬得出、稳得住、能致富"，其融入逻辑如图5—2所示。

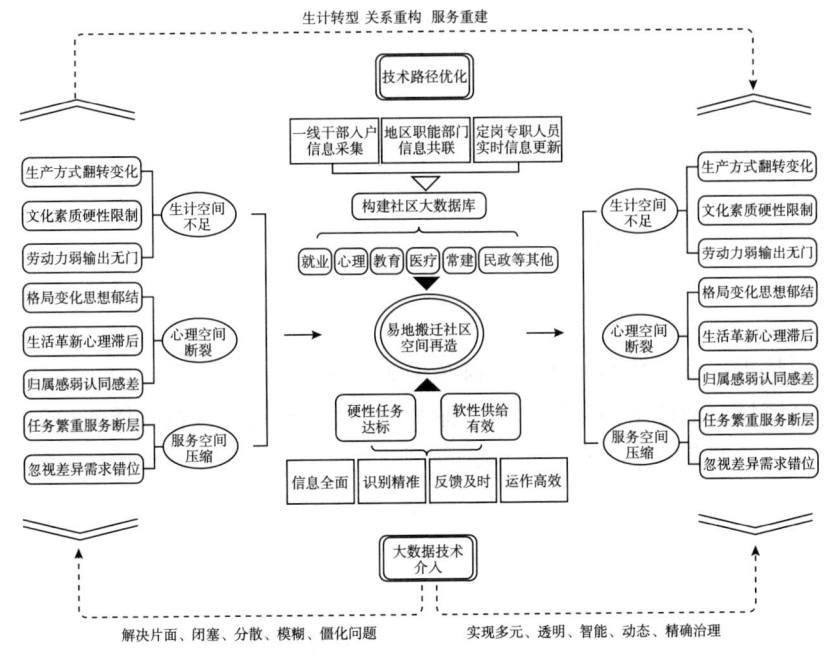

图5—2 大数据驱动搬迁农户社会融入逻辑

1. 生计空间再造：促进就业帮扶的精准化

易地扶贫让移民的生计结构得以优化，外出务工已成为移民生计活动的主流。但是，易地扶贫搬迁农户大都长期居住在农村，文化水平较低，无一技之长，就业的难度较大。例如，T县的贫困户中，因病致贫的占32.6%，缺技术的占17.7%，缺劳动力的占5.1%。这说明，55.4%的贫困户属于弱劳动力或无劳动力、缺技术的家庭。难怪访谈时，有帮扶干部指出：

我们这里有个地方是整组搬迁的，但是由于思想观念，有些群众还是不愿意离开这个地方，他们最担心的问题是出去后如何生存。①

可见，生计问题是易地移民能否"稳得住"的关键问题。因此，针对"运动式搬迁"对贫困户生计途径准备不足的弊端，T县充分利用大数据技术，对移民的生计问题进行了精准帮扶：一是建立就业服务大数据平台，平台汇聚了移民的个人情况和就业需求，同时将招聘的职位数量与要求上传，并配备专人做好求职登记、就业推荐、就业创业咨询、职业指导，成效显著。截至2019年6月，全县已搬迁入住劳动力家庭3878户8249人，发放、就业6451人/元。二是利用大数据平台进行就业培训。根据大数据提供的信息，精准锁定移民的技能短板和实际需求进行就业培训、残疾人培训、妇女培训和群众培训。2018年以来，培训移民3280人，成功就业了2162人，就业成功率是65.9%，实现发放就业补贴61.38万元，发放创业资金30多万元。培训效益在某社区比较明显。该社区书记说：

培训后，大约有60%的人成功就业，工资高的是护工护理，听说已经涨到7000块钱一个月了。②

培训增强了移民的技能，提升了移民的市场竞争力，但由于种种原因，移民可持续就业的状况并不理想。正如某社区主任所忧虑的：

持续稳定就业的人，大概也只有50%，这里面有很多原因，有的是因为老百姓不能胜任的原因，还有本人比较懒的原因，还有就是他觉得这个工作不适合他。③

---

① 男，苗族，32岁，本科，党员，T县某乡组织委员，访谈于2019年5月27日。
② 男，汉族，37岁，本科，党员，T县某社区书记，访谈于2019年5月27日。
③ 男，汉族，36岁，本科，党员，T县某社区主任，访谈于2019年5月26日。

针对培训后不能稳定就业的家庭，大数据平台提供了两条解决路径：一方面，将弱劳动力或无劳动力家庭的大数据分析报告提交给人社局和民政局，供他们进行决策参考，将部分家庭纳入低保兜底；另一方面，利用大数据平台分析有劳动力未就业家庭的原因，然后根据他们的就业需求推荐合适的就业岗位。正如访谈时某社区主任告诉我们的：

> 在系统里面录入数据之后，我们根据年龄结构和劳动力的基本情况进行分析，看哪些已经务工，剩下的我们会根据他的兴趣、爱好和特长，以及他所接受的培训，对手上的用工需求进行匹配，然后推荐就业。①

针对大家都想做离家近、收入稳定的保安、环卫工作，大数据平台提供了200多个公路养护和保洁的工作岗位、330多个公益性岗位。

可见，T县易地扶贫搬迁大数据平台利用其数据庞大、信息对称、追踪及时等优势，根据移民的需求提供有针对性的培训和推荐，实现了就业帮扶的精准化，重构了社区的生计空间。

2. 服务空间再造：推进服务供给的精细化

大数据是实现服务供给充分化、均等化、便利化的可靠途径。大数据具有的量化、全面、精准的分析功能，无疑对因时、因地、因人制宜的服务提供了强大的技术支持。② 因此，针对常规化治理下治理资源不足的短板，T县充分利用易地扶贫搬迁大数据管理平台，为移民提供差异化、便捷化和个性化的服务。

第一，实现差异化服务供给。由于资源短缺，社区给移民提供的服务，往往是标准化、统一化的，忽视了移民的差异化需求。大数据平台让移民通过网络、在线获取、订单式服务等方式，表达差异化需求。管理人员根据移民上传的差异化需求，进行有针对性的服务。例如，访谈时，某社区主任指出：

> 我们用得比较多的是对特殊群体的差异化服务，如空巢老人、留守妇女、留守儿童、残疾人等等，大数据平台可以直观地把他们的情况显示出来，这样我们就好提供有针对性的帮助。个别"劳改"释放人员、

---

① 男，汉族，36岁，大学本科，党员，T县某社区主任，访谈于2019年5月26日。
② 陈潭：《大数据驱动社会治理的创新转向》，《行政论坛》2016年第6期。

不讲文明礼仪的人员以及公安重点关注的人员,我们也会在社区重点关注,通过大数据平台随时了解他们的动向。①

第二,实现个性化服务供给。大数据的网格化平台能够对不同的人群和社区进行精细分析,找到各移民社区和不同人群的异同,进而提供有针对性的服务。例如,针对残疾人,可以提供专门的培训,并申请一些适用的物品如近视眼镜、拐杖、盲杖等;针对像智障者、劳教人员这样的特殊群体,数据平台专门建立档案,定期进行跟踪访问;对于无劳动力或劳动力弱的贫困户,上报民政局将其纳入低保系统;针对长期不出家门的老年人,派工作人员上门服务。实践中,PL社区就利用大数据的追踪功能,挽救了一位3天没出门的老年人的生命。

第三,实现便捷化服务供给。通过数据共享和信息整合,将T县所有移民44项个人基本信息都录入其中,可供11个社区管理人员随时查看;同时,该平台还包括社区基本公共服务、培训和就业服务、文化服务、社区治理和基层党建五大体系的实时数据,移民也可以随时查看。正所谓,一方面,社区管理者谈道:

主要通过大数据系统来进行便捷服务,一旦数据有调整,随时进行更新。②

另一方面,街道副主任说:

一旦移民自己或家庭出现什么变化,我们可以通过大数据系统及时知道,然后会立刻进行处理和解决。③

综上,T县的大数据平台通过数据汇聚和数据开放,革除了社区服务供给中信息不对称、需求错位等弊端,实现了服务供给的差异化、个性化与便捷化,增强了服务方式的灵活性与主动性,重构了社区服务空间。

3. 心理空间再造:实现心理服务的科学化

心理服务很重要,不仅可以解决基层干部的压力,让社区更加和谐,还可以让移民有归属感,实现对社区的认同。然而,尽管T县走在了全省甚至全国的前列,请来了心理专家对移民进行开导和咨询,但

---

① 男,汉族,36岁,本科,党员,T县某社区主任,访谈于2019年5月26日。
② 男,汉族,37岁,本科,党员,T县某社区书记,电话补充访谈于2020年2月18日。
③ 男,汉族,31岁,本科,党员,T县某街道副主任,访谈于2019年5月27日。

最开始的效果并不理想。究其原因，就是咨询的科学化不够，这一问题，大数据平台能够有效解决。首先，T县所有的志愿者服务都在大数据平台里有专门的模块，心理服务是其中一种，当移民需要志愿者服务时，可以通过平台来有针对性地选择。志愿者也可以通过平台的预约系统，详细了解移民的需求，以提供相匹配的服务。据悉，自平台开放以来，T县已为移民提供了法律援助、心理咨询和家庭教师等300多人次的服务。由此带来的效果，某社区主任感慨道：

其实帮扶的志愿者起到的作用不仅是一点志愿服务，在更大层面的是带领了这些贫困户的思想。①

其次，大数据平台是需求者与供给者交流的平台，让搬迁农户公开、透明和个性化地表达了利益需求，对缓解他们的心理压力有重要的作用。访谈时某社区兼职心理咨询师指出：

其实这些人没得啥心理问题，他们是无聊，想找人说话，并不是真正心理学意义上的心理问题。印象最深的是有位67岁的老爷爷追着我说，领导领导，我和您反映个事，您看我身体好不好吧，您给我找个事做。②

这说明，大数据平台的心理服务模块确为缓解移民的心理压力有作用。再次，由于T县处于山区，地形封闭，这导致了大多数贫困户思想的封闭和保守，内生动力不足，对迁入城镇生活后生计来源担忧，怕难以融入城市生活，因此刚来的时候，面临各种不适应。该县扶贫办副主任说：

他们从老家搬来最不习惯的一点就是，他们觉得哪里都要钱，喝一口水要钱，吃一根葱也要钱，另外他们最担心的就是就业问题，他们觉得自己文化程度不高，也没什么技能，没有怎么出过门，对就业没信心。③

针对这一问题，T县利用大数据平台，提供了多次心理咨询讲座。

其实，说是心理咨询讲座，实际是定期给移民提供说话的机会。不

---

① 男，汉族，36岁，本科，党员，T县某社区主任，访谈于2019年5月26日。
② 女，汉族，33岁，党员，T县某社区兼职心理咨询师，访谈于2019年5月28日。
③ 女，汉族，42岁，本科，党员，T县扶贫办副主任，访谈于2019年5月29日。

然他们没事干,每天都想找人倾诉,社区干部的工作量就大了。①

最后,利用大数据平台精准掌握社区居民的思想意识和心理状况。掌握后,有针对性地对重点人群的心理问题进行关注、对特殊人群的心理需求进行疏导、对可能引发的心理危机进行预警,从而为减少社区矛盾、增进社区和谐做出贡献。

综上,T县易地扶贫搬迁社区后续管理大数据平台,是实现十八届五中全会关于"健全社会心理服务体系和疏导机制、危机干预机制"要求的平台,是促进社区心理服务规范化、科学化的有效手段,由此带来的必将是社区心理空间的重构。

四 空间协同:大数据助推搬迁移民社会融入改进

虽然大数据在其他领域如食品药品系统、公共权力领域的深度嵌入及具体应用,已经积累了丰富的经验和模式,创造了多元、透明、智能、动态、精确治理的途径与方法,提供了科学、客观的研究对象与研究素材。但是,大数据在易地扶贫搬迁领域的应用在国内尚属首次,因此,当从空间再生产的角度来探讨大数据在易地扶贫搬迁社区中的作用及机理时,应更多从本土化的视角来思考如下三个问题:这样的再生产面临哪些困难?再生产的空间具有哪些属性?如何实现各再生空间的协同?

显然,大数据驱动的易地扶贫搬迁社区空间再生产首先是一项技术治理。迄今为止,技术治理是一个无处不在却令人捉摸不定的"幽灵",它在精细化、差异化、个性化提供服务的同时,也在精准扶贫、电子政务、人口管控、疫情治理等应用领域彰显出一些困境。② 这些困境虽各有不同,但都有相似的草蛇灰线,那就是数据本身的建设、完善、融合与共享问题,这些问题在本章也被捕捉到。

一是该数据平台目前还处于建设阶段,数据的分析、利用、开发不

---

① 女,汉族,33 岁,党员,T 县某社区兼职心理咨询师,访谈于 2019 年 5 月 28 日。
② 彭亚平:《技术治理的悖论:一项民意调查的政治过程及其结果》,《社会》2018 年第 3 期。

足,尤其是利用这些数据来优化决策还远远不够。访谈时,T县扶贫办副主任的回答印证了这一观点,她说:

> 我们确实利用平台来分析和利用比较少,最多进去看看图形,了解百分比,到目前为止,更多还在统计数据阶段,还在靠帮扶干部和社区干部更新,自动更新的功能没有,不过我们打算研发一个手机APP,如果帮扶干部发现有什么变化,就直接在手机上填了。①

二是数据质量不稳定。数据平台建设是一个系统工程,是对实际工作的统计汇总、管理和监测,但由于部分乡镇操作人员频繁更换,有些信息数据平台管理人员无法精准掌握,导致数据平台质量上有差距。针对该问题,访谈时大数据管理人员如是说:

> 我觉得实际上真正缺人才的不是大数据中心,而是各个部门和乡镇,它们因为缺这方面的人,所以它们的数据意识不强,录入和上传较慢,利用和分析更是不会。②

至于数据采集的难点,该县某社区主任认为是"工资收入"。他说:

> 采集起来比较困难的数据是老百姓的工资待遇,他不一定跟你说真话,如果家里孩子在外上班,老人会说不知道孩子挣多少,或者说工资不会有保障,一个月只有几百块,有些严重的是生活费都不够还要家里寄,所以这种收入的动态采集非常困难。遇到这样的情况,我们一般给外出务工人员亲自打电话,通过聊天的方式希望他们说实话,如果还是不说,我们就只好估算,按当地的平均工资估算。③

三是数据孤岛现象仍然存在,没有真正共享。例如,某社区主任指出:

> 我们现在的数据没有全部打通,该填的扶贫系统还是要填。④

同时,该平台是县里自主开发的平台,与全国扶贫开发信息系统中的数据结构、数据标准和数据格式不一致,这就导致虽然扶贫搬迁平台

---

① 女,汉族,42岁,本科,党员,贵州T县扶贫办副主任,访谈于2019年5月29日。
② 男,汉族,37岁,中师,中共党员,贵州T县大数据管理中心工作人员,访谈于2019年5月27日。
③ 男,汉族,36岁,本科,党员,贵州T县某社区主任,访谈于2019年5月26日。
④ 男,汉族,36岁,本科,党员,贵州T县某社区主任,访谈于2019年5月26日。

的数据信息经常更新，但涉及的教育、医疗、住建、残联等部门的信息无法及时同步更新，很大程度上仍然要靠帮扶责任人来进行核实，核实后再将信息反馈给操作人员，这就导致工作衔接不畅，各部门的信息不一致。

一是数据的更新主要靠包户干部和社区人员，不能从相应的职能部门直接导入或共享。二是因人手不足，有些信息不能及时上传，老百姓在平台上看不到，有些有意见，认为我们故意隐瞒了，甚至有些认为我们是在作秀，所以又得花时间去解释。①

某街道副主任的感叹，说明该平台靠人工更新的操作，可能会引发干群矛盾。这一点，该县某社区书记也提道：

至于数据系统存在的问题，我觉得还是有的，比如，刚才讲的低保系统，每个季度要变动一次，重复性的工作，臃肿的，无意义的，是不是可以通过电脑自动导进去，自动更新反而更精准；还有医疗问题，合医那边是有数据的，但不能共享，搬迁农户生病后，还是得出院了我们录入，是不是可以由合医②那边自动更新？③

四是数据平台本身的功能模块有缺陷，无法满足千变万化的实际情况。例如，该县扶贫办主任指出：

我们这个系统有技术缺陷，没有像国办系统那样，有自动识别逻辑错误的功能。④

再如，"因残贫困家庭"中的残疾人死后，无残疾人不能定义为最初的致贫原因"因残"，而现实中定义新的致贫原因又有难度，也不好体现帮扶措施存在的逻辑问题。

可见，尽管大数据打破了传统官僚制的等级结构和权威的集中趋势，使社区治理结构的扁平化、过程的协商化和主体的协同化成为可能，但由于数据平台本身的问题和体制机制配套的障碍，引发上述困境也不意外。不过，既然大数据是通过重构搬迁农户的生计空间、服务空间和心理空间来实现其社会融入的，那么，各空间及其依存载体的关系

---

① 男，汉族，31岁，本科，党员，贵州T县某街道副主任，访谈于2019年5月27日。
② 合医：指新型农村合作医疗保险。
③ 男，汉族，37岁，本科，党员，贵州T县某社区书记，访谈于2019年5月27日。
④ 女，汉族，42岁，本科，党员，贵州T县扶贫办副主任，访谈于2019年5月29日。

和协同，就决定了社区再生产的质量，也昭示着空间贫困问题是否得以彻底解决。因此，仅仅是空间再造是远远不够的，还需要在此基础上实现空间协同，这种协同体现在：一是政府与社区的协同。平台利用互联网、物联网以及微博、微信等新媒体形成的动态融合，使社区治理的相关数据和信息资产成为公共财产，供所有社区治理主体使用，能够实现政府与社区之间的协同。二是各社区三大空间的协同。易地扶贫搬迁使搬迁农户村原有的资源有了重新组合的机会，有利于提高资源的使用效率。在资源重组开发的过程中，社区之间的平等协作、第三方组织的适当介入比较重要。要实现这一目标，大数据的整合功能就很有价值。大数据让所有的搬迁农户实现了信息互通与数据共享，这样不同社区三大空间的协调会更加顺畅。三是社区内部协同。互助性使乡村社会的鳏寡孤独皆有所养，是在长期的农业生产中形成的一种乡土特质，这种特质使乡村社会在相当长的时间里保持着稳态结构。[①] 然而，因为是异质性较强的搬迁农户，这种互助性比较少，这就需要有人员或平台将不同的社区力量组织起来，形成一种共同参与的局面。大数据为构建制度化的沟通渠道和参与平台提供了契机。借助大数据平台，可以扩大参与主体，实现弱势群体与其他群体之间的平等对话，构建治理主体间"互联、互通、互信"的平等合作关系，实现社区内部的协同。

也就是说，只有实现了政府与社区之间、社区三大空间之间以及社区内部的协同治理，大数据的作用以及由此驱动的空间再生产才能得以实现。但是，一如前面所分析的，面对大数据治理中的应用困境与数据壁垒，仍然需要从现实的角度去解决，这就要求做到：一是加大对数据平台操作人员的业务素质培训，形成稳定的操作人员，非特殊原因不能频繁更换人员，确保平台运用的平稳性与高效性，保证平台质量，使大数据平台的设立"设之有用，用之有效"。二是加大对各科局的信息比对力度，通过比较激励的方式，减小不同科局之间数据平台与平台质量的差距，以此驱动关联更紧密的数据链的构建，并要加强对数据信息的分析利用，发挥好数据平台对实际工作的指导作用。三是不断优化和完善数据平台，包括弥补数据平台缺陷、根据实际工作变化适时完善好系

---

① 邱建生，方伟：《乡村主体性视角下的精准扶贫问题研究》，《天府新论》2016年第4期。

统功能等，全面优化系统的性能与功效，在确保大数据平台在权威性与稳定性的基础上提高系统的开放性和透明性。① 四是完善顶层设计，给基层政府的大数据发展提供资金、人才和政策，强化基层大数据政务运用，优化大数据人才培养机制，完善基层大数据人才引进政策，夯实基层政府大数据应用的有效性。

---

① 李晓园，钟伟：《大数据驱动中国农村精准脱贫的现实困境与路径选择》，《求实》2019年第5期。

第六章 社会适应：搬迁移民社会融入过程观察

社会适应，起源于达尔文进化理论学说"适者生存"一词，后来专指人与社会的关系，包括人与人之间的沟通、人对社会的适应等多方面的内容。在社会心理学中，社会适应主要是社会适应行为或社会适应能力。基于此，本章试图用人类认知五层级理论来搭建一个有关易地扶贫搬迁农户社会适应的分析框架，并通过实证调查的数据，对易地扶贫搬迁农户的社会适应情况进行详细分析。

一 搬迁移民社会适应缘起：一项研究综述

人类社会发展的趋势是实现人自由而全面地发展，易地扶贫搬迁也应该关注这一趋势，思考在搬迁中要怎样才能实现人的发展，从根本上消除贫困。但就现实运行情况而言，无论是贫困户的识别还是在运行中的管理，易地扶贫搬迁的精细化和精准化都还不够完善，形式主义和官僚主义仍然存在。正因为易地扶贫搬迁中的形式主义和官僚主义仍然存在，因而搬迁中"重形式、做面子工程"等问题最近在网络上被频频吐槽，以致帮扶人员无暇关心搬迁农户自身的发展。而实际上，人的发展才是任何一项政策实施要达成的关键目标。政策中人的行为可将自下而上的分散信息集中传递和呈现，不仅会影响政策实施的效果，更是政策创新的源泉所在。就此而言，易地扶贫搬迁的重要对象——搬迁农户，其在政策实施过程中的心理以及在此心理驱动下的社会适应表现，恰恰是易地扶贫搬迁最应关注的问题。

国外在 20 世纪 70 年代提出了搬迁农户的概念，当初是作为环境难民的形式出现的。此后诸多学者对搬迁农户进行了多方面的研究，内容主要包括生态、经济层面，但搬迁农户的社会适应成果比较少。在泛指的移民社会适应方面，塞尼指出，移民的外迁不仅仅是一个简单的人口迁移，而是毁灭性破坏了现存的社会秩序，造成了原有生产体系、社会网络、社会组织的解体与社会结构解体，因此移民的社会适应将是个艰难的过程。① 搬迁农户为何要社会适应？英格尔斯指出，如果一个人自身还没有从心理、思想、态度和行为上都经历一个向现代化的转变，失败和畸形发展的悲剧结局不可避免。② 看来，社会适应是个人摆脱贫困、走向成功的关键。什么是社会适应？社会适应意指个体在与社会生存环境中交互作用的心理适应，即对社会文化、价值观念和生活方式的应对。③ 社会适应也指对"促进社会和谐发展与互动"的统称。④ 社会适应有哪些结果呢？贝里认为移民的适应有同化、隔离、整合、边缘化四种结果。⑤ 社会适应可从心理机制、心理结构和心理功能三个方面来考察⑥；也可从社会理解和交往技能或心理适应或社会文化适应等方面来理解⑦；还可从处理同伴关系的能力、自我管理的能力、学业技能、服从技能、表达自己意愿的能力五方面来测量。⑧ 由于物质与精神需要都只有在社会适应的前提下才能得到较好地满足，因此能否适应社会，对个体的生存与发展具有重要意义。

---

① ［美］迈克尔·塞尼：《移民与发展——世界银行移民政策与经验研究》，水库移民经济研究中心译，河海大学出版社 1995 年版，第 11 页。
② ［美］英格尔斯：《人的现代化》，殷陆君译，四川人民出版社 1985 年版，第 28 页。
③ ［英］赫伯特·斯宾塞：《社会学研究》，张宏晖，胡江波译，华夏出版社 2001 年版，第 76 页。
④ ［英］阿瑟·S. 雷伯：《心理学词典》，李伯黍等译，上海译文出版社 1996 年版，第 15 页。
⑤ Berry, John W. D. L. SAM, "acculturation, and adaptation." Handbook of cross-cultural psychology, Vol. 46, No. 1, 1997, pp. 5-34.
⑥ 陈建文，王滔：《关于社会适应的心理机制、结构与功能》，《湖南师范大学教育科学学报》2003 年第 4 期。
⑦ Greenspan S., Granfield J. M., "Reconsidering the construct of mental retardation: implications of a model of social competence." American Journal of Mental Retardation: AJMR, Vol. 96, No. 4, 1992, pp. 442-453.
⑧ Begab M. J., Cantwell D. P., Clements J. D., et al. "Classification in mental retardation." Grossman, H. J., 1983, pp. 11-16.

关于移民社会适应的影响因素，Felix Neto 的研究发现，语言和文化是影响移民儿童社会适应的关键①；任善英等的研究表明，经济收入、传统习惯、文化水平和政府政策是影响中国牧区移民社会适应的重要因素②。其实，贫困之所以发生，有权利论、结构论、文化论、制度论和能力论之说，其中能力论的影响比较深远，也对我国反贫困影响重大。能力论的代表人物是阿马蒂亚·森，他指出，人类反贫困的根本目标在于提高贫困户机会选择及获取资源的能力，即可行能力，这一能力决定人的成就及幸福程度③。中国许多学者将森的可行能力作为分析贫困治理的框架，应用到精准扶贫、移民、失地农民和农民工群体的社会适应中。例如，虞崇胜、余扬指出，精准扶贫的对象并非传统意义上的收入低下者而是真正意义上的能力贫困者，故此提升贫困地区和贫困人口的可行能力是精准扶贫的基本理论预设。④ 可行能力是社会适应能力的重要构成，从可行能力的角度探讨贫困户的社会适应已初见端倪。当然，移民的社会适应也面临一些困境，例如，董亮、邓文的研究发现，移民在劳动就业、生活方式、社会关系、福利保障和文化适应现状存在诸多困境，在政治、经济、文化、社会关系、社会福利等多方面面临社会排斥。⑤ 这说明，移民的社会适应情况不容乐观。

易地扶贫搬迁是我国精准扶贫工作的重要内容，当前，许多地区都在推进易地扶贫搬迁工作。易地扶贫搬迁可以改善贫困地区人口的生产生活条件，协调发展经济和社会以及生态环境。从"十五"期间开始，国家发展和改革委员会就组织实施了易地扶贫搬迁的十点工程；到"十一五"期间，该项措施在稳步推进；而到了"十三五"时期，国家则从荒漠化、地方病治理等更高的层次推进易地扶贫搬迁工作。2020

---

① Neto, F., "Social adaptation difficulties of adolescents with immigrant backgrounds." *Social Behavior and Personality: an international journal*, Vol. 30, No. 4, 2002, pp. 335–345.
② 任善英，朱广印，王艳:《牧区生态移民社会适应研究述评》，《生态经济》2014年第9期。
③ ［印度］阿马蒂亚·森:《以自由看待发展》，任赜、于真译，中国人民大学出版社2002年版，第32页。
④ 虞崇胜，余扬:《提升可行能力：精准扶贫的政治哲学基础分析》，《行政论坛》2016年第1期。
⑤ 董亮，邓文:《生态移民的社会适应困境与社会排斥——基于青海格尔木市昆仑民族文化村的调查》，《北方民族大学学报》(哲学社会科学版) 2017年第3期。

年是全面建成小康社会和打赢脱贫攻坚战的收官之年，易地扶贫搬迁作为在精准扶贫中的一项重要工作方式，研究其作用及易地扶贫搬迁农户的社会适应等就显得尤为重要。

也就是说，在易地扶贫搬迁工作中，目前最需解决的就是社会适应问题。社会适应意指个体对社会生存环境中交互作用的适应状况，即个体对社会文化、价值观念和生活方式的应对情况。① 在学术界，目前易被广泛接受的移民理论方法是贝克的文化适应倾向模型，该模型侧重于分析两个群体的文化交流。② 然而，国外对移民的研究表明，与心理适应和低压力水平有关的融入往往是首选的文化适应方式，而边缘化则是最不受欢迎的适应模式。因此，与其他人相比，融合倾向普遍归因于文化多元主义意识形态，以及社会的包容与独特的个人动机。可见，国外主要从文化和心理的角度来解释移民的社会适应问题，这些探讨对本章有重要的启发。不过，按照人类认知五层级理论，人类的认知可分为神经认知、心理认知、语言认知、思维认知和文化认知，相应地，移民的社会适应，除心理与文化适应外，还可以增加身体适应、语言适应与思维适应。这一点，谢治菊在《人类认知五层级与生态移民社会适应探讨——基于HP村的实证调查》中有阐述。她指出，社会适应是个体有效适应社会环境变化、动态调节社会心态的过程，搬迁农户的社会适应是指其在心理、行为、语言、思维和文化等方面对搬迁地的适应情况，以及由此引发的良性互动与有序合作。③

二 搬迁移民社会适应内容：基于认知五层级的建构

社会适应是个体有效适应社会环境变化、动态调节社会心态的过

---

① ［英］赫伯特·斯宾塞：《社会学研究》，张宏晖，胡江波译，华夏出版社2001年版，第78页。

② John W. Berry, "Immigration, Acculturation and Adaptation" *Applied Psychology: An International Review*, Vol. 46, No. 1, 1997, pp. 5–34.

③ 谢治菊：《人类认知五层级与生态移民社会适应探讨——基于HP村的实证调查》，《吉首大学学报》（社会科学版）2018年第3期。

程。社会适应包括心理、认知、文化和行为四个层面。① 社会适应包括人际信任、心理能量、心理控制和心理弹性四个方面。② 正确掌握社会规范、和谐处理人际关系、具有自治和自律精神是社会适应的衡量指标③；也可对社会适应能力的评价指标概括为和谐的人际关系、良好的竞争意识、良好的自控能力、崇高的道德和行为四个指标④；"独立处理日常事务和承担社会责任"是衡量儿童社会适应的两个维度；⑤ 这说明，人际关系、内生动力、社会技能、道德责任等是目前观测搬迁农户社会适应的重点要素。但是，这些要素的内涵和外延有交叉，且没有将搬迁农户的社会适应从低到高进行分类，这凸显出现有研究的不足，亟须引入新的研究视角来对搬迁农户的社会适应内容进行优化和整合，人类认知五层级理论恰好满足了这一要求。

人类认知五层级理论是分析新时代精准扶贫的新工具。由于大量的资源介入和强力的国家干预，新时代贫困户的"等靠要"思想、对政府依赖程度的加重、自主脱贫的内生动力依然是贫困治理的主要问题。与第一波、第二波贫困相比，要有效治理新时代的贫困，驻村干部不一定管用，追求速成可能会适得其反，搞各种形式主义只会令贫困加剧，依靠外力依然不能实现兜底脱贫。相反，激发贫困户的内生动力，增强贫困者的发展能力，改造贫困者的思维方式，使其做出改变贫困的意愿和行为才是根本之道。⑥ 这些，恰恰是人类认知五层级理论可以帮助解决的问题。在认识层面上，人类认知五层级理论将人类心智的进化看作是神经、心理、语言、思维和文化共同作用的结果，符合生物因素和文化因素共同孕育人类心智的论断，也与搬迁农户社会适应的影响因素相符。因此，用人类认知五层级理论来分析搬迁农户社会适应的内容，应将搬迁农户的社会适应分为行为适应、心理适应、语言适应、思维适应

---

① 成婧：《赴韩务工青年返乡社会适应研究——以吉林省延边朝鲜族自治州为例》，博士学位论文，吉林大学，2017年，第　页。
② 陈建文：《论社会适应》，《西南大学学报》（社会科学版）2010年第1期。
③ 王振宇等：《儿童社会化与教育》，人民教育出版社1992年版。
④ 罗加冰：《应用三维健康标准综合评价大学生身心健康》，《武汉体育学院学报》2004年第1期。
⑤ 郝春艳等：《入托与散居儿童社会适应能力调查分析》，《中国心理卫生杂志》1995年第5期。
⑥ 刘守英：《决战贫困"第三波"》，《财经》2017年第8期。

和文化适应五个层面，如表 6—1 所示。

表 6—1　　　　认知五层级与搬迁农户社会适应对应表

认知层级	认知形式	对应的学科	对应的社会适应内容
1	神经认知	神经科学	身体适应
2	心理认知	心理学	心理适应
3	语言认知	语言学	语言适应
4	思维认知	逻辑学、哲学、计算机科学	思维适应
5	文化认知	文化学、人类学、文化人类学	文化适应

资料来源：根据谢治菊：《人类认知五层级与生态移民社会适应探讨——基于 HP 村的实证调查》，《吉首大学学报》（社会科学版）2018 年第 3 期资料整理。

易地扶贫搬迁农户属于较为特殊的群体，他们的生存和居住环境都在短时间内产生了明显的变化，要防止这类群体返贫，仅仅依靠帮扶干部与国家政策还远远不够，更需要他们从身体、心理、语言、思维和文化上适应新的生活，从而真正激发其追求美好生活的内生动力，破除贫困"疤痕效应"。也即，尽管搬迁后他们已经成功脱贫，但以往的贫困体验还是会为其带来持续性的伤害，减弱他们当下的主观幸福感。[①] 人类认知五层级理论恰恰能够为此提供分析框架与理论基础。人类认知五层级理论是清华大学认知科学研究团队蔡曙山在推动认知科学学科发展的过程中凝练出来的。他指出，按照人类心智进化方向，人类认知从低到高可以分为神经层级、心理层级、语言层级、思维层级和文化层级的认知，其中，神经认知与心理认知是低阶认知，语言认知、思维认知与文化认知是人类特有的认知形式，属于高阶认知。[②] 已有研究显示，这五个层级的认知与易地扶贫搬迁农户的社会适应层次有莫大关系，由此可以从身体适应、心理适应、语言适应、思维适应与文化适应五个层面

[①] Andrew E. Clark & Conchita D., Ambrosio & Simone Ghislandi, "Poverty Profiles and Well-Being: Panel Evidence from Germany" Research on Economic Inequality, in: Thesia I. Garner & Kathleen S. Short (ed.), Measurement of Poverty, Deprivation, and Economic Mobility, Vol. 23, Emerald Publishing Ltd, 2015, pp. 1–22.

[②] 蔡曙山：《论人类认知的五个层级》，《学术界》2015 年第 12 期。

来建构搬迁农户社会适应的内容。①

1. 身体适应

身体具体指什么，学界有两种观点：一种观点认为，身体包括但不限于大脑，是自主体认知的物理性构成，在认知过程中扮演着重要的角色②；另一种观点认为，身体认知中的"身体"特指除大脑之外的全部"物理身体"③。对于易地扶贫搬迁农户来说，"身体适应"中的"身体"更多地指向第一种观点，即他们更多考虑的是作为谋生基础的肉体能不能出门打工、能不能开展日常的行为、能不能适应在城里的生活。确实，只有解决了易地扶贫搬迁农户身体上对于新环境的适应，搬迁后的可持续发展才有可能。毕竟，从全国农村致贫因子分析来看，主体能力缺失及其造成的家庭物资匮乏和个体精神、行为能力缺失是当前农村返贫的重要成因④。作为易地扶贫搬迁农户最基础的一种适应，身体适应更多强调的是在人文关怀的基础上，使用神经科学方法，测量各种生理数据，从各种生理指标探测心智的奥秘，这是历史悠久的"身—心关系"的现代科学技术探测研究方法。⑤

2. 心理适应

心理适应是一种复杂的状态，它包含自我认知和外界认知。其中，自我认知是主体自我对主观环境的分析加工，并内化成主体的世界观，从而影响其心理状态；外界认知是外界客观主体与自我主体的社会交往方式及其对自我的评价，受到社交网络的重叠影响。⑥ 自我认知与外界认知都会影响个体情绪，进而对人们的心理状态产生影响。作为管理心

---

① 谢治菊：《人类认知五层级与生态移民社会适应探讨——基于 HP 村的实证调查》，《吉首大学学报》（社会科学版）2018 年第 3 期。

② 张旭，蔡曙山，石仕婵：《人类认知五层级与民族地区精准扶贫探究》，《吉首大学学报》（社会科学版）2018 年第 3 期。

③ Mario Luis Small et al., "Reconsidering Culture and Poverty" *Annals of the American Academy of Political & Social Science*, Vol. 629, 2010, pp. 220-222.

④ 谢治菊：《论贫困治理中人的发展——基于人类认知五层级的分析》，《中国行政管理》2018 年第 10 期。

⑤ 蔡曙山：《认知科学与技术条件下的心身问题新解》，《人民论坛·学术前沿》2020 年第 9 期。

⑥ 周钦江，黄希庭，毕重增，罗弨等：《自我知识组织与心理适应》，《西南大学学报》（社会科学版）2007 年第 6 期。

理学的一个重要议题,心理适应强调,人的心理对于人的行为选择和认知水平具有重要的指导和控制作用,在很大程度上,心理适应程度的高低决定着一个人能否尽快地适应新环境和处理好复杂多样的新事务。对于易地扶贫搬迁农户而言,生活环境的巨大转变使得移民个体自我认知模糊、社交网络置换,难以进行积极的认知输入,这容易导致移民的心理不健康;反过来,贫困户的保守、自私、焦虑和自卑心理等不健康心理,也与认知有莫大的关联。① 可以说,易地扶贫搬迁农户的心理适应状况决定着其未来的可持续发展,也是其幸福感的根源。②

3. 语言适应

语言包含着规则,透露着内在思维方式的自我建构和自我维护的逻辑,具有多种属性,其中最为直观的属性为人力资本属性。作为人与人之间沟通交流的核心,语言是个体思维输入和产出最重要、最高效的方式。有学者指出,作为一种人力资本,语言能力是促进经济增长的重要因素,语言能力的提升能够优化制度体系,并对产业经济产生积极影响。③ 在微观层面亦是如此,语言交际网络的建立是社会关系建立的必要条件,语言适应能够驱动个人成长。在人类认知的五个层级中,语言认知更是核心。④ 由此,对于搬迁农户的后续帮扶,语言适应扮演着重要的角色。因为有研究显示,要使普通话推广对经济发展产生正面效应,就必须保证普通话的普及率大于60%,但对于以方言为主要交流方式的少数民族聚集区而言,较低的普通话普及率使得这类群体难以与外界进行有效沟通,甚至与帮扶干部的交流存在障碍,从而使其在帮扶过程中的政策传递难以到位、产业发展难以实施,进而会严重影响脱贫成效,引起返贫。⑤

4. 思维适应

人类发展的每一步跨越都包含着思维的进步,思维的跨越是生活跨

---

① 谢治菊:《论贫困治理中人的发展——基于人类认知五层级的分析》,《中国行政管理》2018年第10期。

② 傅安国,吴娜,黄希庭:《面向乡村振兴的心理精准扶贫:内生动力的视角》,《苏州大学学报》(教育科学版)2019年第4期。

③ 苏剑:《语言扶贫的理论逻辑、经验支持与实现路径》,《学术月刊》2020年第9期。

④ 蔡曙山:《人类的心智与认知:当代认知科学重大理论与应用研究》,人民出版社2016年版,序言第2页。

⑤ 王春辉:《后脱贫攻坚时期的中国语言扶贫》,《语言文字应用》2020年第3期。

越的基础,社会的思维程度也决定着社会治理的性质、功能及其实现方式。科学家对印度南部的蔗农研究发现,这里的甘蔗种植者循环经历着收获前的贫困和丰收后的宽裕,蔗农在收获甘蔗前的认知测验表现不好,但在收获甘蔗后其认知能力却显著提高。[①] 从这种现象可知,人的思维能力与其经济状况密切相关,甚至就某种意义而言,经济状况的发展变化决定着人们的思维方式和认知能力。当然,行为经济学研究也发现,短视和贫困是互为因果的,与富裕的人相比,低收入者更倾向于做出短视的决策,关注短期而忽视长期的回报。因此,对于易地扶贫搬迁农户而言,转变思维认知方式是催发其内生动力的关键,尤其是要将他们被动接受的思维向主动适应的思维转变。反之,如果不能够从根源上入手,再多的资源投入、再多的政策倾斜、再多的努力也可能付之东流。由此,易地扶贫搬迁农户的思维适应就显得尤为重要。

5. 文化适应

文化适应最早由人类学家雷德菲尔德、林顿与赫斯科维茨提出,是指具有不同文化背景的个人或群体进行持续联系与互动,其原有的文化模式发生变化的过程。文化适应来自文化认知,文化是人类特有的一种认知方式,包含科学、哲学与宗教,是在一定的生产活动中产生的与外界环境密切相关的社会现象,是人类特有的最高阶的认知形式。对于易地扶贫搬迁农户而言,他们的迁移,伴随着认知、情感、态度、行动的交互性变化,原本深刻认识的文化环境发生了翻天覆地的变化,这种变化将原有的文化符号进行异化,使得文化认知出现了差异与分层。新文化与原有认知发生博弈,考验着个人生活的经验阅历与社会资本,并共同影响着个体是否能在新环境中实现文化适应。[②] 再加上搬迁农户中绝大部分人没有接受过系统的教育训练,这使得他们的认知水平不高、对外界的接受能力和学习能力较弱,进而导致其文化适应能力相对低下。

易地扶贫搬迁农户五层级社会适应是相辅相成的。因为按照蔡曙山的划分,人类前两个层级的认知即神经认知和心理认知是人和动物共有

[①] Foglia L., Wilson R. A., "Embodied cognition." *Wiley Interdisciplinary Reviews: Cognitive Science*, Vol. 4, No. 3, 2013, pp. 319-325.

[②] 马威,罗婷:《行动中的文化:乡一城移民子女文化适应的社会工作介入》,《青年研究》2014年第3期。

的，称为"低阶认知"，后三个是人类所特有的，称为"高阶认知"，五个层级的认知形成一个序列。在这个序列中，低层级的认知是高层级认知的基础，高层级的认知向下包含并影响低层级的认知。① 按此逻辑，易地扶贫搬迁农户的社会适应也应该是有层级的，其中，身体适应是基础，心理适应是前提，语言适应是保障，思维适应是核心，文化适应是根本。通过五个层级的不断学习、不断适应，可以让搬迁农户在异乡扎稳脚跟，最终实现巩固拓展脱贫成果之目标。

三 搬迁移民社会适应现状：来自实证调查的数据

马流辉和莫艳清认为，扶贫移民在迁出地通过长期与地方社会的互动，已形成了较为稳定的生计模式。当然，按照现代的标准，这种生计可能是低水平的。而迁居城镇所带来的地域变换，要求扶贫移民开辟出新的生计空间，寻求新的生计来源。所以，能否在安置地构建出一套稳定的生计模式，对维持扶贫移民的生存和发展具有根本性的意义。② 另外，任远和施闻也在研究中指出，迁入地的就业机会、教育、医疗、社会融入与迁出地的耕地、住房、生活习惯、社会网络等方面共同决定了流动人口是否有返迁意愿与行为决策。③ 这表明了在现实当中，易地扶贫搬迁农户对搬迁社区的适应程度受到各种因素的影响。

1. 搬迁农户身体适应调查

吉登斯在《现代性与自我认同》一书中提到，生存问题涉及人类生活的基本参量，与社会活动的每一个场域都有千丝万缕的联系。也正因如此，吉登斯把生存问题当作是生活政治的核心问题，他认为生活政治的最高目标之一，就是要解决生存问题。④ 身体是生存的基础，是创造一切可能的根本，是人们社会适应的肉身载体。但是，由于贫困地区

---

① 蔡曙山：《人类认知的五个层级和高阶认知》，《科学中国人》2016年第4期。
② 马流辉，莫艳清：《扶贫移民的城镇化安置及其后续发展路径选择——基于城乡联动的分析视角》，《福建论坛》（人文社会科学版）2019年第3期。
③ 任远，施闻：《农村外出劳动力回流迁移的影响因素和回流效应》，《人口研究》2017年第2期。
④ 汪建华，孟泉：《新生代农民工的集体抗争模式——从生产政治到生活政治》，《开放时代》2013年第1期。

医疗卫生体系建设相对落后，医疗帮扶机制不完善，因病致贫、因病返贫等现象时有发生，因此长期以来，大病、重病、慢病等造成了"贫困—不卫生—疾病—贫困"的恶性循环，是我国脱贫人口返贫的主要诱因。① 从数据来看，易地扶贫搬迁农户的健康状况整体堪忧，不健康的占35%；家中有残疾人口的占32.6%；残疾情况对社会交往有影响的占62.5%；家中有患病人口的占64.9%；搬迁后睡眠不正常的占24.9%，搬迁农户身体适应状况如表6—2所示。

表6—2　　　　　　　搬迁农户身体适应状况　　　　　　单位：%

背景变量		百分比	背景变量		百分比
健康状况	不健康	35	家中有无患病人口	无	35.1
	健康	65		有	64.9
家中有无残疾人口	无	67.4	残疾情况是否影响社会交往	否	37.5
	有	32.6		是	62.5
智力水平	不正常	2.5	睡眠情况	不正常	24.9
	正常	97.5		正常	75.1

资料来源：根据调查问卷整理而成。

易地扶贫搬迁农户在身体适应方面遇到的困境与其年龄、身体状况有十分密切的关系。访谈时发现，面临身体适应困境的易地扶贫搬迁农户主要分为两类：第一类是智力、精神受损的搬迁农户。受先天因素与医疗条件的影响，这类人无法正常生活、社交，对新环境的适应更是难上加难；第二类则是老弱病残群体。受身体条件的限制，这类人对于外界环境的变化会更为敏感，其中以残疾人、老年人和慢性病患者为甚。毕竟，他们原有的日常生活、行为方式、作息习惯等已经根深蒂固，搬迁后，陌生的环境将迫使他们发生改变，但大部分人并不能有效适应这种变化。正如T县P社区的社区主任所说：

搬迁农户主要是觉得生活上不习惯，他们觉得来了这里之后什么都有约束，不能随地吐痰，不能随意扔垃圾，如果在村子里是没有人管他们的。②

---

① 武汉大学国发院脱贫攻坚研究课题组：《促进健康可持续脱贫的战略思考》，《云南民族大学学报》（哲学社会科学版）2019年第6期。

② 男，汉族，36岁，党员，社区主任，访谈于2019年5月26日。

由此可见，无法通过自身努力来改变身体条件以及长期以来形成的惯性行为，是搬迁农户身体适应困难的主要成因。再加上，身体不仅仅是自我的表达，也是一种文化的彰显，这种文化的彰显体现在与"他者"日常交往之中。① 毫无疑问，易地扶贫搬迁农户日常交往的"他者"会发生巨大变化，这种变化也会对搬迁农户的身体适应产生巨大影响。

2. 搬迁农户心理适应调查

心理适应方面，我们主要对易地扶贫搬迁农户焦虑、自卑、惊恐、紧张的心理进行调查。数据表明，搬迁农户的消极心态主要表现为焦虑与自卑心理，分别占44.1%与30%。烦乱与紧张也有一定的比例，占28.6%与23.9%，搬迁农户心理适应状况如表6—3所示。这说明，由于环境的变化，新的人际关系和社会网络会给搬迁农户带来适应压力，他们的心理感知能力较弱，有时候不能进行自我开导，从而产生消极心态。

表6—3　　　　　　　搬迁农户心理适应状况　　　　　　　单位：%

背景变量		百分比	背景变量		百分比
常常感到比较焦虑	不同意	55.9	在陌生的地方容易烦乱或惊恐	不同意	71.4
	同意	44.1		同意	28.6
常常有自卑感	不同意	70	和人交往时比较紧张	不同意	76.1
	同意	30		同意	23.9

资料来源：根据调查问卷整理而成。

具体来说，搬迁农户心理上容易产生以下不适应行为：一是抵触心理。对于搬迁后的建设与发展，虽有"盘活三块地、做好三就工作、衔接三大保障、建好三个场所、推进三变改革"等保障举措，但实际的支持力度远远不如搬迁前，以致部分搬迁农户有巨大的心理落差，"等靠要"心理愈发明显，这一心理甚至演变为搬迁农户眼中的合理诉

---

① ［英］安东尼·吉登斯：《现代性与自我认同》，赵旭东、方文、王铭铭译，生活·读书·新知三联书店1998年版，第266页。

求和普遍意识,"不要白不要、要了还想要"是其典型的表现。在此背景下,部分搬迁农户认为勤劳致富是空谈,政策兜底才更为实际,久而久之对政府的依赖心理更加严重。再加上,搬迁前后,搬迁户对自身可持续生计的考虑不成熟,且由于政策宣传有限和自身理解的偏差,对政策的理解不透彻,习惯了国家支持和资金扶持,容易产生"等靠要""伸手拿"等心态,当扶持力度逐渐减弱时,搬迁农户就会产生抵触心理。二是怨恨心理。更何况,如此大规模的搬迁,难免会因为数量大、任务重、时间紧而出现解释不到位、执行不力、补偿错乱的情况,尤其是面对资金补偿,搬迁农户有较强的依赖心理,一旦工作出错,他们的利益受损,就会对政府有比较强烈的怨恨,认为政府态度前后有变化,进而对政府行为产生怀疑。三是封闭心理。易地扶贫搬迁打破了搬迁农户传统思维中"熟人社会"的文化观念,限制了搬迁农户几代人早已习惯的常常"走亲戚、拉家常、串邻居"的生活方式。虽然搬迁的行为属于自愿,但搬迁后,城市"原子化和个性化"的邻居关系和人际关系,还是让搬迁户有强烈的孤独感,认为自己是"外乡人"。由于交往双方对他者了解不够,交往深度和广度不足,让原本就对新环境有陌生感和惧怕感的搬迁农户认为当地人看不起他们,排斥他们,搬迁农户交际圈的内聚性十分明显。特别是,一旦搬迁农户与新邻居的沟通遭遇挫折,他们就会对周围的邻居和人际关系产生排斥,进而封闭自己。再加上,少数民族搬迁户搬迁后,他们的传统文化在新的安置点得不到有效的延续,在外在环境的刺激下,他们的封闭心理会更强烈。四是排斥心理。因文化程度低、认知能力有限、年龄较大、生存技能薄弱,面对陌生的环境和遇到的挫折,易地扶贫搬迁农户往往容易产生乡土情结,怀念旧有的生活环境和生产方式。再加上,他们对新生事物的接受能力较弱,难以适应新环境中的文化习俗、生活方式等,就容易对新环境产生排斥。这种排斥会带来严重的负面影响,会让一些搬迁农户形成应激性抵触心理,不去主动适应因搬迁而带来的生产生活方式的变迁。这种心理既不能使他们在短时期内脱离生活困境,也会使政府的移民搬迁效益大打折扣。正如T县的社区心理咨询师H所说:

> 他们的焦虑点在于,忙碌了一辈子,突然搬到这里什么都不能做,

有点无所适从，劳碌起来反倒觉得很充实。①

3. 搬迁农户语言适应调查

此次调查的 275 位易地扶贫搬迁农户中，有近一半受访者是少数民族群众，绝大部分都有自己的地区方言，再加上地处偏远山区、交通不便、经济社会发展水平较低，普通话的普及程度相对落后，因此，搬迁后如何在新的环境中进行语言适应也成为搬迁农户们面临的难题。为方便分析，我们将易地扶贫搬迁农户的语言适应调查划分为语言认知、语言现状与语言行为三个层面。从语言认知来看，74.9%的受访者喜欢方言或民族语言，37.4%的受访者认为没必要学习普通话；从语言现状来看，高达 90.2%的受访者平时主要使用当地方言或少数民族语言，43.9%的受访者不会说普通话，44.6%的受访者遇到过语言困难；从语言行为来看，不会使用智能手机的受访者占 29.2%，使用语音聊天的受访者占 54.9%，读不懂报纸新闻的占 42.5%，搬迁农户语言适应状况如表 6—4 所示。这说明，搬迁农户的语言适应能力较低。究其原因，对于脱贫地区而言，地域环境的封闭、语言文化的限制都对推普政策的宣传和执行造成了一定的阻碍，同时也限制了搬迁农户向外发展的可能性。

表 6—4 搬迁农户语言适应状况 单位：%

背景变量		百分比	背景变量		百分比
喜欢的语言	普通话	25.1	使用较多的语言	普通话	9.8
	方言	65.8		方言	79.3
	民族语言	9.1		民族语言	10.9
有无必要学普通话	无	37.4	是否学会了普通话	否	43.9
	有	62.6		是	56.1
是否使用智能手机	否	29.2	是否遇到过语言困难	没遇到过	55.4
	是	70.8		遇到过	44.6
微信、QQ 上聊天经常使用	语音	54.9	是否读懂报纸新闻	读不懂	42.5
	打字	45.1		读懂	57.5

资料来源：根据调查问卷整理而成。

---

① 女，汉族，党员，33 岁，社区心理咨询师，访谈于 2019 年 5 月 28 日。

仔细分析发现，搬迁农户在语言适应方面的难题主要体现在中老年人尤其是少数民族中老年人身上。搬迁农户大多来自偏远贫困的农村，环境闭塞、交通不便，与外界交流机会少，教育资源更是匮乏，加上拥有地区方言，以致他们没有讲普通话的语言环境，更没有学习普通话的契机。特别是文化水平较低、学习能力较弱的中老年人，更难以适应新的语言环境。语言上的不适应会使搬迁农户不能很好地理解和领会搬迁政策的具体内容，也不能与搬迁环境有效融合，进而影响其可持续发展。

4. 搬迁农户思维适应调查

意识是外在客观事物在人脑中的一种主观反应，人脑中的意识由客观存在的事物决定，并且这种意识还会反作用于物质。[①] 贫困人口长期生活在封闭的环境中，对外界缺乏必要的了解，移居城镇可以让他们体验现代化的生活方式，在此过程中，其思想观念和价值体系也会发生相应的改变。[②] 思维意识活动决定着搬迁农户的行为决策，搬迁农户的思维适应状况决定了易地扶贫搬迁的成效，推动易地扶贫搬迁农户思维层级的社会适应，是激发易地扶贫搬迁农户脱贫内生动力的重要举措。为此，我们将搬迁农户的思维分为脱贫思维、合作思维与生活思维。脱贫思维是衡量搬迁农户有关脱贫工作的思维方式；合作思维则是调查搬迁农户对于合作的想法和认可；生活思维则是衡量搬迁农户对生活的想法和态度。数据显示，从脱贫思维来看，72%的受访者认为应该靠自己；就合作思维而言，77.2%的受访者喜欢与别人合作，83.8%的受访者遇到问题喜欢与家人朋友讨论；就生活思维而言，92.7%的受访者表示会努力改善现有的生活，搬迁农户思维适应状况如表6—5所示。

表6—5　　　　　　　　搬迁农户思维适应状况　　　　　　　　单位：%

背景变量		百分比	背景变量		百分比
会努力改善现有生活	不同意	7.3	如何快速脱贫	靠政府	25.4
	同意	92.7		靠自己	72

---

① 赵先明，任永波：《马克思主义基本原理概论》，成都电子科技大学出版社2008年版。
② 马流辉，莫艳清：《扶贫移民的城镇化安置及其后续发展路径选择——基于城乡联动的分析视角》，《福建论坛》（人文社会科学版）2019年第3期。

续表

背景变量		百分比	背景变量		百分比
喜欢和别人合作做事	不同意	22.8	遇到问题喜欢与家人朋友一起讨论	不同意	16.2
	同意	77.2		同意	83.8

资料来源：根据调查问卷整理而成。

参照世界银行《2015年发展报告：思维、社会与行为》中的描述："大量的实践表明，人类做出决策的三种思维——自动化思维、社会性思维和心智模式思维，直接挑战了人是理性的且追求经济利益最大的'经济人'假设，因此很多基于此假设的贫困政策要么失败了，要么大打折扣，甚至好心办了坏事。这说明，不同的思维模式对个体决策的影响是不同的，其中，自动思维可以让个体以微不足道的成本产生对周边环境的适应选择，社会思维可以促进个体开展广泛的合作以实现共同目标，心智模型思维对互惠性集体行动的愿景有影响。"[①] 虽然上述数据显示搬迁农户的思维适应能力相对较好，但此处描述的三种思维模式"自动化思维、社会性思维和心智模式思维"，正是搬迁农户最为缺乏的。在他们过往的习惯性思维中，考虑更多的是如何生存而不是致富。再加上，社会性思维和心智模式思维的改变，需要通过从根本上改变其生产生活环境与心理思考方式，但搬迁农户的认知能力与文化水平有限，其长期形成的根深蒂固的思维认知方式难以在短期内改变。因此，这三种思维方式，是后续扶持中要注意培养的。

5. 搬迁农户文化适应调查

为便于数据分析，我们将搬迁农户的文化划分为传统文化、村庄文化和信仰文化。调查显示，高达74.7%的受访者认为搬迁社区是没有传统文化的；65.6%的受访者认为搬迁社区没有村规民约；58.2%的受访者表示没有宗教信仰。由于没有文化根基，81.7%的受访者表示愿意搬迁到更好的地方，如表6—6所示，这说明搬迁农户的文化适应有一定的困难。其实，在目前的研究中，不少学者已经注意到"文化与贫困"之间的内在联系，提出了"贫困文化"的概念，认为

---

① 世界银行：《2015年发展报告：思维、社会与行为》，清华大学出版社2015年版，第78页。

文化是导致贫困的根本原因，穷人会受其所拥有的贫困文化的影响。①因此，对易地扶贫搬迁农户进行文化扶贫，是提高他们认知水平的重要手段。

表6—6　　　　　　搬迁农户文化适应状况　　　　　　单位：%

背景变量		百分比	背景变量		百分比
有无传统文化	没有	74.7	有无村规民约	没有	65.6
	有	25.3		有	34.4
是否愿意搬迁到更好的地方	不愿意	18.3	是否有宗教信仰	没有	58.2
	愿意	81.7		有	41.8

资料来源：根据调查问卷整理而成。

事实上，由于受教育程度比较低的影响，部分搬迁农户确实不适应现代化的社会生活方式，这在很大程度上会增加其适应社区生活的难度。访谈时，M乡T村的组织委员告诉我们：

搬迁农民大多来自偏远的地方，文化程度比较低，他们出行，自己都觉得有点困难，好多人都认不得字，坐公交车都比较害怕。②

另外，中老年搬迁农户接受再教育的能力相对偏弱，陈规陋习难以破除。例如，T县S社区主任告诉我们：

搬迁后，死了都要实行火化，受传统文化的影响，很多老年人从思想上接受不了，这也是搬迁后他们难以适应社会的一个阻力。③

综上，无论是身体适应、心理适应、语言适应、思维适应还是文化适应，搬迁农户均存在一定的困难。

四　搬迁移民社会适应案例：分析与反思

新时代的搬迁农户具有很强的个体特征，大部分搬迁农户已解决温

---

① 辛秋水：《走文化扶贫之路——论文化贫困与贫困文化》，《福建论坛》（人文社会科学版）2001年第3期。
② 男，汉族，党员，乡组织委员，访谈于2019年5月27日。
③ 男，汉族，党员，社区主任，访谈于2020年7月27日。

饱，但自身发展能力差，抓住机会的本事不够，随遇而安的思想比较明显，改变贫困的愿望不强烈，参与非农经济活动的态度不太积极，这将直接导致其社会适应能力低下，进而对精准扶贫成效的可持续性产生严重的负面影响。为深入了解搬迁农户社会适应会在多大程度上促进精准扶贫的成效，2018年2—6月，课题组对贵州省HP村进行了参与式观察与深度访谈，访谈对象包括搬迁农户、村干部、帮扶干部、"三变"工作人员、管委会主任等。通过观察与访谈，逐渐勾勒出搬迁农户社会适应的图像与脉络。

HP村位于贵州省SC县YYH管委会YS镇，该村是LPS市2015—2016年扶贫搬迁农户工程之一。安置范围涉及SC县6个乡镇35个村245个村民组，拟分3批安置搬迁农户1827户7591人，2016年8月8日正式迁入第一批搬迁农户679户2782人。该村是彝寨村，处于旅游景区内，旅游资源丰富，旅游开发已渐成气候，由此拉动了大量的搬迁农户就业；该村以"资源变资产、资金变股金、农民变股东"为核心要义的"三变"改革为契机，通过引入10家平台公司对搬迁农户入股的房屋和景区的旅游进行经营管理，搬迁农户通过就业和入股分红来增加收入，这为搬迁农户发挥内生动力提供了平台。"三变"改革盘活了农村资源、激活了农民权益、拓宽了农业增收的长效机制，为发挥搬迁农户的内生动力提供了有益的借鉴。① 自搬迁以来，HP村搬迁农户加入"三变"改革的积极性较高，将空余或多余的房屋折价入股到平台公司开展经营活动的搬迁农户从最初的5户增长到现在的60户，2016年实现分红2.43万元，户均分红406.19元。

调查发现，由于资源丰富、平台齐全、政府兜底，整体而言，HP村搬迁农户社会适应较好，搬迁一年多来，虽然发生过6起摩托车被盗、十余次吵架事件，但大部分搬迁农户表示已基本适应该村的生活，在景区就业的搬迁农户大都对目前的生活状态比较满意。即使如此，村便民中心的资料显示，搬迁农户的投诉也较多，这些投诉主要集中在房屋漏水、分房机制不健全、因病返贫、就业不足、社会风气不好等方

---

① 魏人山：《"三变"改革的内涵研究》，《全国商情》2016年第23期。

面。例如，分房机制待完善，分房时家庭可能只有5口人，但不久可能新增人口1人，家庭人均房屋面积变小，入住面积不够，现有的分房机制难以调节人口的增减问题；因病致贫形势仍严峻，有5户因病致贫对家庭影响较大，处于返贫的边缘；就业人口解决不够，虽保障了一户一就业，但就业人口毕竟只占总人口的39.7%，大部分人还无业可就，人口多的家庭生计还是难以为继；赌博之风盛行，喝酒闹事现象层出不穷，搬迁农户精神贫乏问题突出。下面，结合搬迁农户的五层级适应，以深入访谈的两个典型个案为依据，详细分析HP村搬迁农户的社会适应情况。

案例1　　　　　　　　被动适应，因赌返贫

X女士家是被动社会适应的典型代表。她家原来住的地方只有20多户人家，交通极其不便，到镇上赶集要来回走6个多小时。她今年40岁，2016年8月搬迁至HP村，家里有6口人，1个女儿、3个儿子和夫妻俩，女儿已结婚单独成家，全家最高文化为初中水平。现在，他们家住着政府给的160平方米的安置房，大儿子在景区纠察队工作，女儿在景区店面当销售员，二儿子外出去湖北打工，小儿子读初一，因患有癫痫休学在家无人照顾，夫妻俩分别在滑雪场和景区做售货员。按照每月1500元的保底工资，她们家每月至少有7500元的收入，日子应该过得很宽裕。但是，该女士告诉我们，女儿出嫁了挣的钱要自己小家庭花，不可能给她；大儿子喜欢赌钱，每月的工资不够花，还经常找父母要钱；二儿子在外打工，也长期赌博，据说不仅输掉了所挣的钱，还欠债2万多元，至今不敢回家；小儿子的病时好时坏，虽然医药费大部分能报销，但长期往返的差旅费和食宿费也是一笔不小的开支。这样，5人工作的家庭就只有2人的工资共3000元作为家庭的日常收入，除去购买生活必需品外，家里最大的开销就是人情往来和给孩子看病。人情往来一般最低100元，关系好点的要300—500元，亲朋好友办酒席比较频繁，病人出院、生孩子、红白喜事、搬家等都要办酒席，甚至有些亲戚说在城市买房后连房子都没见着也要办酒席，这样一个月的开支一般都在1000多元，再加上孩子看病，3000元根本不够花。当问及是否适应现在的生活时，X女士告诉我们，自己总感觉现在的生活不如以前。她说，以前在老家的时候，喂有1头牛、20多只羊、几十只鸡和一些猪，还种有土地，不外出打工基本够用，但现在不能种地、不能养牲口和家禽，所有的吃穿都靠买，全家人都要出去上班挣钱养家。由于家里没有积蓄，连吃饭在内的所有开支只能靠每月的工资，所以尽管搬迁后的生活条件改善了很多，但该女士表示他们的幸福感并不比以前强，反而更加焦虑，安全感丧失，因为一旦家里再有劳动力发生任何变故，整个家庭又将回到赤贫的境地。问及未来的打算，该女士表示从未思考过，政府让她干什么就干什么，因为她认为既然政府已经免费让其搬迁出来，就会对他们未来的生活负责到底。可见，X女士属于典型的依赖型搬迁农户，内生动力不强，日子得过且过，被动适应社会。

案例2　　　　　　　　主动适应，因病返贫

Y先生老家原住YM乡，44岁，家里有5口人，一儿一女一孙女加老两口，女儿和儿子都各自成家了，儿子与他们住在一起，全家最高文化为初中水平。未搬迁前，Y先生的家庭收入主要是他本人外出打工，收入好的时候每年可以挣2万多元。家庭的致贫原因主要是因病致贫，爱人常年风湿病，儿子尿毒症，每两周都要到医院做一次透析，因此被列入精准贫困户。2016年8月搬迁到HP村千户彝寨，现在家庭的主要收入是来源于家里4口人在景区上班所得，并参与景区"三变"入股分红。其中，儿子在景区做水电工，儿媳和女儿在景区店面做销售员，自己做景区保安，都实现了家门口就业，每人每月保底工资1500元加绩效奖金300元。搬迁后分得房屋面积125平方米，拿出50平方米参与景区民俗酒店入股，按照合同，每月每平方米按5元保底分红，当营业额超过7000元时，超出部分按18.8%分红，年底进行分红结算。此外，老家的十多亩土地被政府担保流转给一个平台公司来经营使用，合同签订3年，流转费用为第一年每亩500元、第二年400元、第三年300元，此项收入每年有5000元左右。家庭平时的开支主要是医疗费、生活费和人情往来。每月日常生活开支1000多元、人情送礼1000多元、儿子透析路费1000多元，爱人与儿子前后医病已花费十多万元，基本无积蓄。虽然Y先生儿子和老婆的医疗费大部分被报销，但儿子透析的路费、食宿费和家里因两个病人所受的精神折磨还是让他看起来比实际年龄苍老很多。Y 先生属于内生动力比较强的搬迁农户，自救意识明显，他的计划是等儿子的病情更加稳定后将入股的 50 多平方米房屋收回来，通过参与"三变"办公室组织的培训，学习一些经营管理经验，自己做点小买卖，因为在签订合同的时候有特别说明，想收回门面的时候可以和公司协商解决，公司一律不收取违约金。

上述两个案例既有区别又有联系：联系在于，这两个家庭都是多子女早婚家庭，家庭成员文化水平不高，家里都有病人，从家庭收入来看似乎已脱贫，但因疾病、赌博等原因，两个家庭的日子都过得比较艰难，家庭成员获得感、幸福感不够，任何一位家庭成员的变故都会导致不同程度的返贫；区别在于，两个家庭的内生动力不同，前者少后者多，以致其适应社会的态度不同，前者是被动适应，后者是主动适应。当然，这两个家庭也反映出搬迁农户社会适应的典型问题。

一是社会公德心不足，道德滑坡，部分移民行为偏离。为减轻搬迁农户负担，考虑到入住时间不长，YYH 管委会免收了 HP 村所有家庭的水电费。但由于素质不高，"搭便车"思维明显，搬迁农户浪费水电的情况比较严重。据"三变"办一位工作人员介绍，该村每月水电费 40 多万元，除去公司经营、政府办公场所用水电费以外，保守估计人均每月至少 50 元水电费。难怪访谈时一搬迁农户表示，政府对搬迁农户考虑比较周全，连水电都免费，以前家里舍不得使用的大功率电器如电磁炉、取暖器等可全天使用，这样也节省了一大笔炒菜煮饭的液化气钱。调查发现，由于水电免费，确有部分搬迁农户的家庭能源由液化气变为了电。同时，由于迁入人口素质有待提升，经常有村民为鸡毛蒜皮的小事到便民接待中心来闹，后虽经培训和调解有所缓解，但村民对于换灯泡之类的小事还是经常来办公室寻求帮助，办公室一律免费更换。由于免费，最多的一个月曾换掉上百个灯泡。浪费水电和包换灯泡的"公地悲剧"在一定程度上反映出搬迁农户社会公德心缺失，这样的兜底行为对提升搬迁农户的社会适应能力是极其不利的。

二是内生动力不足，依赖政府的思想比较严重，部分移民心理懒惰。现行的脱贫攻坚政策忽视了农民群体社会素养不高、关系网络狭窄的先天禀赋，忽视了农户所处位置和所处环境的客观局限性，有拔苗助长、急于求成的嫌疑。本来，政府将基础设施建设搞好，就为农民脱贫致富提供了好的条件和平台，如果真是老弱病残，就应该让救助机制来兜底。事实是，部分地方政府按照自己的主观意愿来指挥农民发展的蓝图，对农民的脱贫行为从出主意、找资金、寻项目到包产出上都大包大揽，反而限制了农民主观能动性。长此以往，贫困户在思想上对政府的依赖越来越深。例如，戴开成认为，精准扶贫中，贫困人口依赖政府救助、心安理得领取救助的心态强烈，惧怕风险、不思进取、仇官仇富的心态明显；①刘学军通过实证调查也发现，大多数贫困人口对自己的生活现状是能够正视的，有少部分人不敢正视自己的贫困生活，认为贫困户的评选不公平，故此存在相对剥夺感、依赖政府、焦虑自卑、封闭、惧怕风险、依恋土地等心理。②再加上，受客观环境的影响，部分搬迁农户社会素养不足，一旦有空子可钻，必把依赖政府的劣根性发挥到极致。在HP村，仍然有部分搬迁农户依赖感太强，内生动力不足。"三变"办工作人员告诉我们，HP村95%的搬迁农户脱贫欲望强烈，在积极找寻脱贫出路，但仍有5%的搬迁农户比较懒惰，心理上还不能适应社会，寄希望于政府解决问题。

三是技能不足，竞争力缺乏，部分移民思维落后。两个案例中的家庭成员虽然都有就业，但无论男女老少，就业的岗位基本是保安、保洁和营业员，这些岗位对移民的要求不高，工资低，也不能让移民学得一技之长。长期做这样的岗位，对移民的可持续发展并没有多少帮助。一旦家庭劳动力变故，将会很快返贫。据统计，在HP村，就业的1105人中，563人在景区就业，542人外出就业，约各占一半。而在景区的就业人群中，90%左右都是保洁、保安、绿化等公益性岗位。虽然HP村在2017年开展了两场名为"雨露计划"的就业培训，但从培训人数来看，不到就业搬迁农户的一半；从培训内容来看，以讲解简单的操作规则和岗位职责为主，鲜有技术含量较高的培训；从培训后就业的岗位来看，大部分是保安、保洁、环卫、服务员等要求较低的岗位，自主创业的家庭仅为4户，占0.6%。两个案例中的家庭成员都只参加过简单

---

① 戴开成：《精准扶贫背景下贫困人口不良心态探析——基于湖南省邵阳市贫困人口的调查》，《湖北经济学院学报》（人文社会科学版）2017年第12期。
② 刘学军：《精准扶贫中农村贫困人口心理状况的问卷调查研究》，《辽宁行政学院学报》2016年第11期。

的上岗培训，对于技能要求较高的培训，他们因文化水平低下，从未参与过。这说明，哪怕有培训，搬迁农户可持续发展的思维还是不足。

四是风气不好，赌博和喝酒行为时有发生，部分移民精神空虚。不同于传统的村庄，搬迁将来自不同地区具有不同文化背景的受访者联系在了一起，这些人原有的成长背景和成长经历不同，在一起生活后难免会产生一些矛盾，带来新的不适应。为尽快融入没有血缘的关系网络，大部分搬迁农户通过喝酒和赌博来拉近彼此之间的关系。有研究显示，受国家治理取向偏失、治理要素缺乏、社会转型的影响，当前农村大操大办、人情负债、孝道缺失、封建迷信、酗酒赌博等一系列不良风气严重。[①] 在HP村，由于搬迁前后的生活环境和劳动性质差距较大，部分搬迁农户精神空虚，尽管常有彝族文化的节目表演，他们还是将原来喝劣质酒和赌博的习惯带了过来，案例一就是因赌返贫的典型代表。喝酒后闹事、偷盗的情况也时有发生，刚搬进来不久全村就被偷了6辆摩托车。后经政府宣讲、调解、引导和管控，该村的社会风气明显好转，但贫困户搬迁后心理上的落差、知识上的贫乏、文化上的断裂、精神上的空虚并没有从根本上得到解决，以致部分移民依然用酒精和赌博来麻痹自己。久而久之，必将对大脑神经产生损害，影响其行为选择，导致其从有劳动力的暂时贫困变为无劳动力的永久贫困。

综上，从表面的收入来看，HP村搬迁农户已经脱贫或正在脱贫，他们社会适应的景象似乎较好。但仔细分析发现，赌博之类的不良社会风气、城市居民的人情往来标准、因病带来的收入损失、教育落后引发的技能缺失、早婚早育引致的家庭疏远让搬迁农户的脱贫和社会适应如履薄冰，风险较大。一旦家庭发生变故、平台公司卷款潜逃或政府政策发生偏移，村民又将回到赤贫的境地。与原来的赤贫不同，在经历过相对富裕和无地可种的生活后，移民面对贫困的心态会发生更大的变化，会有更多的不甘心和不平衡。再加上移民搬迁使他们处于"失魂""失根""失血"的状态，一旦把握不好，这群人将成为新的社会不安定因素。

---

① 李敏，张利明：《当前农村不良社会风气的态势、成因及对策分析——基于全国200多个村4000多家农户连续3年的实证分析》，《西北农林科技大学学报》（社会科学版）2018年第2期。

五　搬迁移民社会适应改进：探讨及展望

目前，我国已完成1200万人的易地扶贫搬迁工作，搬迁成效显著，搬迁农户的生活条件与生活水平大幅度提升，"两不愁三保障"问题得到总体性解决。然而，压力型体制与目标考核的治理逻辑还是让搬迁中出现了一些策略性与应景性行为，执行中出现一些偏差，包括后续扶持力度不足、可持续生计得不到有效解决、社会融入比较困难等。① 面对这些困境，"十四五"时期，易地扶贫搬迁工作的重心将逐步从以搬迁为主向后续扶持工作转变，着力解决搬迁后"稳得住""能致富"的问题。在解决的过程中，要重点关注以下三大要素对社会适应的影响。

一是强化经济因素对搬迁农户社会适应的影响。经济因素在移民搬迁社会适应中起决定性作用。根据已有研究，如果移民的生产劳动力不能与新环境相适应，或生产生活方式与迁入地不相符，将会出现移民反迁和移民陷入贫困的情况②；或者出现资源陌生化、经济不稳定、收入农村化、消费城市化等多种经济问题。③ 因而，搬迁农户经济生产的发展或重构，是安置的重要保障，也是社会适应的前提与基础。

二是重视心理因素对搬迁农户社会适应的制约。搬迁意味着与原有的生活环境相分离，失去原有的生活关系，失去原生活环境下建立的社会网络与原社会环境的支持。新环境下，搬迁农户面临各种风险与不确定因素，可能遭受物质与精神的双重压力，这些压力会让搬迁农户患上心理疾病与精神疾病。④ 这种由社会环境的转变而产生的无所适从的心

---

① 邢成举：《压力型体制下的"扶贫军令状"与贫困治理中的政府失灵》，《南京农业大学学报》（社会科学版）2016年第5期。
② Tilt B., Y. Braun and D. He, "Social impacts of large dam projects: A comparison of international case studies and implications for best practice" *Journal of Environmental Management*, Vol. 90. No. 3, 2009, pp. 249–257.
③ 叶嘉国，雷洪：《三峡移民对经济发展的适应性——对三峡库区移民的调查》，《中国人口科学》2000年第6期。
④ Small R., J. Lumley and J. Yelland, "Cross-Cultural Experiences of Maternal Depression: Associations and Ccontributing Factors for Vietnamese, Turkish and Filipino Immigrant Women in Victoria, Australia" *Ethn Health*, Vol. 8, No. 3, 2003, pp. 189–206.

理问题对搬迁农户的社会适应有较大影响。因此，将心理特征构建与社会适应联系起来，对研究搬迁农户社会适应有重要意义。[1] 毕竟，已有研究表明，心理特征的浮动、对外界新事物的接纳程度与心情起伏直接影响到移民的社会适应程度；[2] 同时，移民在新环境中所产生的抗拒心理，是乡土中国故土难迁的一种体现。

三是关注文化因素对搬迁农户社会适应的价值。文化因素是影响移民社会适应最基础、最根本的因素。因为移民的"移"，不仅仅是空间上的移动，更重要的是承载着文化意义的环境迁移，是文化遭遇碰撞的过程，如不及时解决，所发生的文化碰撞会严重影响其生活。[3] 换言之，搬迁农户只有在文化上认同了自己身份的变化，才会真正在新环境中适应社会。[4] 因此，对于搬迁农户而言，只有将迁出地文化与迁入地文化的融合作为开启新生活的篇章，才能更好地适应搬迁后的生活。

2020年3月6日，习近平总书记在决战决胜脱贫攻坚座谈会上指出："脱贫摘帽不是终点，而是新生活、新奋斗的起点。"[5] 易地扶贫搬迁让全国1200万人口离开生养之地、易地而居，开启了新生活、开始了新奋斗。要让他们的新生活更甜蜜、新奋斗更有效，应从以下几个方面来提升其社会适应能力。

一是通过转变思维认知营造社会适应氛围。根据行为经济学理论假设，人的选择行为会影响其选择的效果。将这一理念映射到贫困治理领域，搬迁农户选择的生产方式必将影响其经济收入。当搬迁农户思想保守、安于现状，选择传统的生产方式时，其结果是不稳定的脱贫；当搬迁农户思想开放、勇于创新，选择新型的生产方式获取收益时，其结果

---

[1] Hurtado A., P. Gurin and T. Peng, "Social Identities—A Framework for Studying the Adaptations of Immigrants and Ethnics: The Adaptations of Mexicans in the United States" *Social Problems*, Vol. 35, No. 4, 1994, pp. 129–151.

[2] Beiser M., et al., "Poverty, Family Process, and the Mental Health of Immigrant Children in Canada" *American Journal of Public Health*, Vol. 92, No. 2, 2002, pp. 220–227.

[3] 方静文：《时空穿行——易地扶贫搬迁中的文化适应》，《贵州民族研究》2019年第10期。

[4] Mutton D. and C. E. Haque, "Human Vulnerability, Dislocation and Resettlement: Adaptation Processes of River—bank Erosion—induced Displacees in Bangladesh" *Disasters*, Vol. 28, No. 1, 2010, pp. 41–62.

[5] 习近平：《在决战决胜脱贫攻坚座谈会上的讲话》，《党建》2020年第4期。

是逐步走向致富之路。研究表明，搬迁农户的心理特征和认知水平对其行为选择产生十分重要的影响。例如，搬迁农户认知浅薄，会使他们目光短浅，导致更"短视"的行为选择；搬迁农户瞻前顾后，导致他们会在选择时进行更多的思想斗争，耗费更长的时间；搬迁农户安贫乐道，会增加他们选择新型生产方式的机会成本；搬迁农户故步自封，会使他们想到的脱贫方法和手段屈指可数。这些心理特征，会使搬迁农户对现代化生产方式持怀疑态度，从而选择保守的生计方式，导致低收入、不稳定的结果。低收入则意味着可利用资源的有限，这会进一步增加搬迁农户的无助感，使其变得更加自卑和短视，导致贫困的恶性循环。① 因此，如果不考虑认知和心理因素，仅仅将帮扶与外在条件结合起来，帮扶的功效就会大打折扣。也即，在搬迁农户过往的思维习惯中，他们更多考虑的是如何生存，而不是致富，要想促成搬迁农户思维模式的改变、进行思维层级的社会适应，则要从根本上改变其所处的文化环境、提供其内生动力和认知水平。为此，改变搬迁农户的固化思维就至关重要。首先，分析懒因，找准病灶，有针对性地采取帮扶措施。对于"争当贫困户""好逸恶劳"的思维陋习，应发挥自强自立优秀代表的模范作用、落实"以奖代补""以工代赈"等激励政策，将帮扶资金有目的性、针对性地发放，让搬迁农户意识到只有劳动才能获取报酬。此外，通过"文化下乡""结对子"、教育培训等惠民活动，向搬迁农户传播先进的理念和现代化的思维，为搬迁农户提供流动的文化服务，帮助他们克服"等靠要"思想，营造劳动光荣、懒惰可耻的环境氛围，树立自力更生、自强不息的思想理念。

二是通过关注心理需要激发社会适应动力。"稳得住"是"能致富"的前提，是搬迁工作顺利进行的保证。搬迁农户是否"稳得住"，构建基本公共服务体系、文化服务体系、社区治理体系、基层党建体系、培训和就业服务体系固然重要，但心理服务体系也不容忽视。因此，建议在继续坚持前述"五个体系"的基础上，构建行之有效的心理服务体系，对搬迁农户提供心理服务。为此，应将心理服务纳入顶层

---

① 高考，年旻：《融入贫困人群心理特征的精准扶贫研究》，《光明日报》2016年4月6日第15版。

设计，健全心理服务机制；积极发挥社工人员作用，建设心理服务人才队伍；建设心理服务平台，加大心理服务投入；强化社区心理融合，开展心理文化建设。

三是通过增强发展能力提高社会适应水平。建议加大思想观念的引导力度，从生活态度、生计方式等多方面加强宣传教育，提高其脱贫致富的内生动力。同时，最大限度挖掘搬迁农户的发展能力和潜力，通过技能培训增加搬迁农户的人力资本，进而增加其工资性收入，也可以通过教育深造提高搬迁农户把握机遇的能力，阻断代际贫困，缩小群体性差距，还可以建立科技扶贫队伍，在搬迁社区开展有针对性的科技培训，为搬迁农户提供便捷高效的科技服务，增强搬迁农户发展经济的能力。坚持扶贫扶智相结合，通过技能培训、教育深造、技术帮扶等方式，提升搬迁农户可持续的发展能力，多渠道提升搬迁农户的收入水平，最大限度增强搬迁农户的社会适应能力。

四是通过健全保障机制净化社会适应环境。2016年以来，为了塑造良好的乡村风尚，中央出台了相关文件整治黄赌毒、非法宗教活动、婚丧嫁娶大操大办等陈规陋习，虽有相关制度法规引导，但要搬迁农户完全适应的难度也较大。为此，建议做好家庭教育，鼓励优婚优育，以此来切断贫困代际传递，提高"穷二代"的社会适应技能，增强搬迁家庭的社会适应能力。加强整治陈规陋习的力度，传承优秀的少数民族文化，弘扬风清气正的乡村文化，为搬迁农户的社会适应保驾护航。利用自然景色、人文环境等条件资源，加快旅游开发力度，在加强就业培训的基础上为搬迁农户提供更多的就业岗位。逐步完善社会保障制度，确保搬迁农户兜底保障、养老保险、就学就医等相关政策落到实处。此外，应切实保障搬迁农户的合法权益。搬迁后，一些搬迁农户由农民向居民身份过渡，附着在身份上的权益必然随之改变，为此，可采取"一证变两证"的方式，即原户籍证管理土地和林地、社区居住证管理住房和人的做法，这样既保障了搬迁农户在原集体耕地、林地承包等方面的相关权益，又加强了搬迁农户对搬迁社区的身份认同，确保搬迁群众在新社区平等地享有基本公共服务，切实提高其认同感，使其"稳得住"。

第七章　社工介入：搬迁移民社会融入服务改进

为确保脱贫攻坚与乡村振兴的有效衔接，巩固脱贫攻坚成果，高质量高水平促进乡村振兴建设，自党的十九大以来，政府多次提出了"要动员全社会力量参与扶贫"的要求。在此背景下，社会工作参与脱贫攻坚与乡村振兴就成为应有之义，是政府工作的有效补充和社会力量的中流砥柱。事实上，为充分发挥社会工作专业力量在资源链接、关系调适、信息传播和能力培养等方面的积极作用，推动社会工作专业力量帮助贫困群众树立脱贫信心、提升脱贫能力、摆脱贫困处境，自2015年以来，民政部、财政部、国务院扶贫办《关于支持社会工作专业力量参与脱贫攻坚的指导意见》（民发〔2017〕119号）等多份中央文件都提到要将社会工作的理念、方法和技术引入到乡村工作中，促进乡村治理力量多元化，增强群众发展能力。① 从这些文件来看，社会工作介入乡村治理的范围较广、内容较全、对象较泛，从有劳动力的搬迁农户、易地扶贫搬迁农户、留守儿童到特殊群体，无一不彰显出社工扶贫力量的重要性。故，本章中的"社工介入"，是指社会工作人员和机构以多种形式参与易地扶贫搬迁社区治理，以提升治理成效的过程。

一　文献回顾：社工助力搬迁移民社会融入缘起

消除贫困，改善民生，逐步实现共同富裕，是社会主义的本质要求，

---

① 谢治菊，刘峰：《论贫困户的心理依赖及社会工作介入》，《学术研究》2020年第6期。

也是我们党的重要使命。① 作为脱贫攻坚战略的重要组成部分，易地扶贫搬迁在解决贫困群众生存性或发展性问题方面发挥着重要作用，是"挪穷窝""斩穷根"的关键之策。② 但与此同时，易地扶贫搬迁也是脱贫攻坚工作中最难啃的"硬骨头"之一，存在搬迁社区基础设施建设落后、治理体系不完善、发展后劲不足以及搬迁群众故土难离、生计支持单一、社会适应性较弱等问题。作为社会组织的一部分，社工机构参与易地扶贫搬迁社区治理不仅助力于搬迁群众"稳得住、能致富"的"后半篇文章"，更能在一定程度上弥补市场失灵和政府失效，加强和改进基层社会治理。③

正因如此，近年来，社工参与贫困治理的研究正逐渐成为学界探讨的热门议题，这些探讨主要聚焦三大方面：一是就社会工作介入贫困治理的理论依据进行追溯发现，社会工作的产生和发展根源于贫困治理，④ 也可以说社会工作与反贫困具有同源性；⑤ 或者，社会工作和贫困治理在价值理念上具有契合性和亲和性，⑥ 在发展中具有耦合性，⑦ 在对待贫困的价值观、方法论、目标追求等方面具有同构性。⑧ 二是对社工介入贫困治理的价值意义进行探讨指出，作为扶贫济困的专业力量，社会工作嵌入贫困治理过程，能够有效激发其参与脱贫攻坚的潜能，⑨ 实现贫困治理的策略精准和过程精准。⑩ 三是对社工介入贫困治理的实

---

① 黄承伟：《中国新时代脱贫攻坚的历史意义与世界贡献》，《南京农业大学学报》（社会科学版）2020年第4期。
② 向德平：《社会工作助力开启易地扶贫搬迁农户的新生活》，《中国社会工作》2019年第22期。
③ 仲德涛：《精准扶贫中的社会扶贫析论》，《理论导刊》2018年第4期。
④ 林顺利，孟亚男：《嵌入与脱嵌：社会工作参与精准扶贫的理论与实践》，《甘肃社会科学》2018年第3期。
⑤ 杨荣：《论我国城市贫困治理中的社会工作》，《新视野》2008年第3期。
⑥ 程萍：《社会工作介入农村精准扶贫：阿马蒂亚·森的赋权增能视角》，《社会工作》2016年第5期。
⑦ 侯利文：《社会工作与精准扶贫：理念牵引、技术靶向与现实进路》，《学术论坛》2016年第11期。
⑧ 王思斌：《精准扶贫的社会工作参与——兼论实践型精准扶贫》，《社会工作》2016年第3期。
⑨ 向德平，罗珍珍：《反贫困社会工作的发展：专业取向、价值意蕴与实践进路》，《社会工作》2020年第6期。
⑩ 顾东辉：《精准扶贫内涵与实务：社会工作视角的初步解读》，《社会工作》2016年第5期。

践路径进行分析表明，社会工作介入到贫困治理中，可以运用扶"质"、扶"智"、扶"技"的扶志策略变"输血"为"造血"，可以通过济困、增收、强能、赋权的实践路径助推贫困群众实现脱贫目标，① 可以从提供精准服务、加强能力建设、促进多元合作、凸显专业优势、建设长效机制等方面提升工作成效。② 这些研究，一定程度上构建了社会工作介入贫困治理的理论体系与实践路径，为易地扶贫搬迁社区治理中的社工介入提供了启示与借鉴。

易地扶贫搬迁是打好脱贫攻坚战的重要推手，但搬迁后，搬迁农户面临如下明显问题：稳定生活压力待舒缓，亟须引入心理服务；真正致富能力待强化，亟须拓宽增收渠道；社会适应程度待提升，亟须完善社区服务；两头居住问题待化解，亟须增强社区认同；社区空巢现象待破除，亟须增加社区温度。也即，易地扶贫搬迁农户在由"农民变居民"的大变革中，面临着生存就业、社会融入、人际关系、生活方式等各个方面的矛盾冲突，群众无法通过自身之力克服心理、生活、就业、文化、教育、留守老人、儿童照料等多个方面交织叠加的问题，亟待通过专业社工介入，运用社会工作方法整合各方资源、化解多重矛盾，对这些问题予以系统性、整体性解决。而已有研究表明，社工介入其中的主要理论依据是"发展性社会工作理论""优势视角理论""赋权理论""增能理论"。其中，"发展性社会工作理论"是一种强调将促进人们的经济参与、发展与改善社会功能相结合的理论，突出特征是"社会资本投资""社区为本""参与性"③。根据发展性社会工作理论的观点，社工参与易地扶贫搬迁社区治理应以整合社会和经济发展为目标，以社区为本，以多重社会工作干预联动为方法，以促进社区的可持续发展和个体的能力提升为策略，从根本上助推贫困群众实现脱贫目标；④ "优势视角理

---

① 腾芸，向德平：《发展性社会工作参与扶贫扶志的空间与路径》，《社会工作》2019年第6期。
② 向德平，罗珍珍：《反贫困社会工作的发展：专业取向、价值意蕴与实践进路》，《社会工作》2020年第6期。
③ 陈锋，陈涛：《社会工作的"社会性"探讨》，《社会工作》2017年第3期。
④ 向德平，程玲：《发展性社会工作的脉络、特点及其在反贫困中的运用》，《西北师范大学学报》（社会科学版）2019年第2期。

论"是一种关注人的内在力量和优势资源的理论①，强调即便遇到再大的困难，贫困群众自身的潜力和资源都能帮助其摆脱困境②。从"优势视角理论"出发，社会工作介入易地扶贫搬迁的重点是要激发搬迁农户的主体意识和自助能力；③"赋权理论"是一种着力赋予贫困群众自主决定权的理论④，认为个体的问题是来自与社会环境的不良互动，通过赋权促使个体有意识地互动，能让社会环境产生直接或间接的改变⑤。受"赋权理论"的影响，社工要立足于易地扶贫搬迁农户的压迫情境，协助搬迁农户增强权力的可及性和权力意识的自觉性，从而激发搬迁农户的内在潜能；⑥"增能理论"是一种增强贫困群众和社区发展能力以扶贫扶志的理论⑦，该理论认为搬迁农户虽然具有某种克服困难、摆脱困境的优势，却常常表现出无力感，因此，协助搬迁农户认识到自身的能力和需求，改变其自身的无力感至关重要⑧。在增能理论指导下，社工可通过帮助易地扶贫搬迁农户构建和完善社会支持网络、提升知识水平、增强就业技能等可持续生计能力，以实现搬迁农户的自我发展⑨。

上述研究一定程度上为社会工作介入易地扶贫搬迁社区提供了理论支撑和实践路径，但与此同时，这些研究也反映出当前社会工作介入易地扶贫搬迁社区的研究有以下几点待改进之处：一是多数文献以社工介入贫困治理作为研究对象，缺失对社工介入易地扶贫搬迁社区的研究，特别是缺乏深层次的实证调查研究；二是对社工介入易地扶贫搬迁社区

---

① 席晓丽：《社会工作助力精准扶贫的"嵌入"和"浸润"路径》，《贵州社会科学》2018年第5期。
② 李航：《社会工作如何助力精准扶贫》，《人民论坛》2018年第36期。
③ 李磊：《精准扶贫中农村贫困户的"个人困扰"与社会觉察——基于社会工作需求分析视角的探讨》，《安徽农业大学学报》（社会科学版）2017年第4期。
④ 张网成，常青：《社会工作在精准扶贫中的作用》，《社会治理》2017年第1期。
⑤ 腾芸，向德平：《发展性社会工作参与扶贫扶志的空间与路径》，《社会工作》2019年第6期。
⑥ 向德平，罗珍珍：《反贫困社会工作的发展：专业取向、价值意蕴与实践进路》，《社会工作》2020年第6期。
⑦ 腾芸，向德平：《发展性社会工作参与扶贫扶志的空间与路径》，《社会工作》2019年第6期。
⑧ 李航：《社会工作如何助力精准扶贫》，《人民论坛》2018年第36期。
⑨ 向德平，罗珍珍：《反贫困社会工作的发展：专业取向、价值意蕴与实践进路》，《社会工作》2020年第6期。

的身份角色、运行机制和行动窘境等阐释不够；三是对社工介入易地扶贫搬迁社区的行为面向不清、路径建设不足。为弥补这些不足，本书尝试以社工介入易地扶贫搬迁社区为主线，一方面，厘清社工介入易地扶贫搬迁社区的身份角色、运行机制和行动窘境；另一方面，就脱贫攻坚向乡村振兴转化情境下社会工作介入易地扶贫搬迁社区路径进行探讨。

为深入了解上述问题，2020年12月—2021年2月，课题组采取深度访谈、集体座谈和参与式观察等方法，对贵州省WA县与HS县、云南省ST市与NJ州的5个搬迁社区进行了实证调查，深度访谈了50多名易地扶贫搬迁农户、政府工作人员、社工人员、广东帮扶人员。以此为素材，本章在进行文献综述与理论建构的基础上，分别从多维嵌入、叠加赋能、情境脱嵌、赋权增能四个角度，对社工介入易地扶贫搬迁的角色身份、运行机制、行动窘境与行为面向进行深入而系统的分析，然后就介入的优化路径以及对巩固脱贫攻坚成果与乡村振兴的启示进行探讨，本章研究思路与分析框架如图7—1所示。

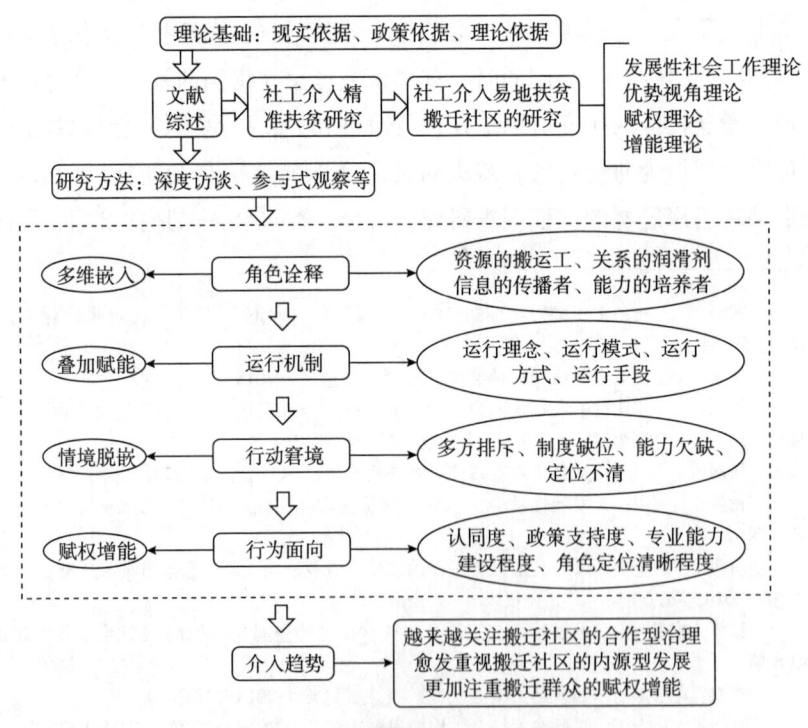

图7—1 本章研究思路与分析框架

二 多维嵌入：社工助力搬迁移民社会融入角色

社工对易地扶贫搬迁社区的治理是嵌入式的。"嵌入"（Embeddedness）一词最早在《大转型：我们时代的政治与经济起源》中被波兰尼（K. Polanyi）提及，后来格兰诺维特（M. Granovetter）利用"嵌入性"概念说明经济行动与社会结构的密切关系①，使之成为经济社会学的基本概念②。在社会工作领域，嵌入是指专业社会工作进入中国实际的社会服务领域，从事服务并得到发展的过程③。由于实际社会服务在总体上是由政府主导的，所以专业社会工作进入社会服务领域是一个嵌入的过程。多维嵌入，意指社工介入易地扶贫搬迁社区的维度比较多，服务内容既包括物质援助，也包括非物质支持如法律服务、心理辅导、文化娱乐等，工作范畴既包括针对个体的医护照顾、就业支持与能力提升，也包括针对社区的条件改善、乡村建设与社会服务，由此为社工带来多维身份。恰好，"角色理论"为诠释社工介入易地扶贫搬迁社区的多维身份提供了强有力的理论支撑。"角色理论"是阐释社会关系对人的行为具有重要影响的社会心理学理论④。角色是社会对个体的赋值，个体依据其在社会中所处的位置去行使权利或履行义务时，就明确了角色定位⑤。基于角色理论对社工介入易地扶贫搬迁社区中的身份进行分析，发现其可以作为资源的搬运工、关系的润滑剂、信息的传播者与能力的培育者。

1. 资源的搬运工：到位不越位

作为资源的搬运工，社工不仅要对易地扶贫搬迁社区进行资源的挖掘、梳理和激活，还需连接政府部门、社会组织和个人等社区外部资源，通过搬运和整合各方力量，改善和优化社区资源的合理配置，构建脱贫工作"资源性嵌入"的长效机制。例如，2020年，帮扶的广东省

---

① 王思斌：《中国社会工作的嵌入性发展》，《社会科学战线》2011年第2期。
② 刘世定：《嵌入性与关系合同》，《社会学研究》1999年第4期。
③ 王思斌：《中国社会工作的嵌入性发展》，《社会科学战线》2011年第2期。
④ 金盛华：《角色理论与家庭儿童发展研究》，《心理发展与教育》1994年第1期。
⑤ 董丽晶，刘贺，朱二孟：《驻村第一书记扶贫实践多重角色冲突及调适——基于角色理论的分析》，《理论导刊》2020年第8期。

东莞市联合受扶的云南省昭通市，聚焦大型扶贫搬迁安置区，首次系统化开展社会工作服务结对帮扶。作为资源搬运工的东莞市派出9家社工机构的50名社工人员深入昭通市大型易地扶贫搬迁社区，与昭通市社工一道，在各个贫困村中联合执业，将东莞市社会各界的捐赠救助、就业帮扶、带货销售等资源导入其中，并在配送残疾人辅助器具、提供特殊幼儿学前教育、协助发放助学金关爱留守儿童、开展心理辅导、引导农民转市民等方面，开展了一批帮扶专项，成效显著。在此过程中，社工作为资源搬运工的身份界域为：到位不越位地整合与链接各方力量。所谓"到位"，就是社工在运用专业方法和技巧为易地扶贫搬迁社区链接和搬运资源时，要正确地理解和把握政策方向，秉承社会工作专业价值理念，以社区的问题和需求为导向，全方位进行资源的动员和链接，把资源搬运工作"想到位、做到位"。所谓"不越位"是指要正确认识社工和政府之间的关系，严格按照政府赋予社工的职权和任务开展工作，尊重基层单位和企业组织的工作指导权、人员安排权和财物支配权，不越俎代庖。这一点，正如贵州省某爱心公益协会秘书长所说：

作为一个社会组织，我们只是参与，不能判定，因为我们不是决策机关、执行机关或监督机构，我们要保证不越位。①

2. 关系的润滑剂：从嵌入到互嵌

作为关系的润滑剂，社工在加强群体合作和部门协调、形成协同高效、科学合理的治理机制中扮演着重要的角色。作为游离于体制外的一种社会组织，社工机构积极与当地力量互动交流、打成一片，致力于打破搬迁社区和各方之间的隔阂，获得社区搬迁农户和企业单位的认同，从而嵌入到当地的关系网络中，成为协调联动过程中的"传帮带"与"润滑剂"。这一点，在贵州省瓮安县爱心公益协会的日常工作中体现得比较明显。据了解，贵州省瓮安县爱心公益协会坚持将志愿服务、公益活动与政府中心工作结合起来，与相关部门保持密切沟通联系，先后与工商联、县团委、水务局、环保局、民政局等，围绕疫情防控、环境保护等重点领域共同开展活动，介入过程体现了从嵌入到互嵌的演变。这一点，正如该协会秘书长举例所说：

---

① 男，汉族，52岁，中专，党员，某爱心公益协会秘书长，访谈于2021年2月2日。

社工在做服务的时候，也会去发动和引导社区居民参与到基层社区治理过程中，比如我们协会的副秘书长，就是一名易地扶贫搬迁农户，他通过培训考证，目前在负责咱们易地扶贫搬迁点上的具体工作。①

由此看出，社工人员有时候与政府、社会组织、社区及个人的关系是"互嵌"的，也即社工通过制度、资源和关系嵌入到政府顶层设计、地方脱贫攻坚和街道具体工作中，而政府治理理念、地方脱贫目标和社区搬迁人员也能有效参与嵌入到社工组织运作中。通过"互嵌"，社工和各方力量都能得到长远发展。

3. 信息的传播者：向内也向外

社会工作的专业介入是搬迁农户从心理上走出困境的重要途径，是拔掉搬迁农户"穷根"的重要手段。因此，采用社会工作的专业方法和技能，把握好社会工作的专业理念和策略，能够助推解决搬迁农户的多重困难，通过传递内外信息，帮助搬迁农户构建与内部社区、外部市场的沟通桥梁。

要沟通，就要传播信息。信息传播在易地扶贫搬迁社区治理中发挥着至关重要的作用，它是资源共享的方式，也是社区发展的推动力，因此社工的另一身份是扮演信息传播者，使信息传播的形式更丰富、渠道更多元、共享更及时，这种传播既向内也向外。例如，贵州省瓮安县的社工机构协助社区通过"社区居民驿站"微信公众号、楼栋微信群、服务大厅信息栏等方式，每周向社区群众推送就业招聘、法治宣传、文化娱乐等信息，以实现社区外部信息的向内传播。同时，社工人员掌握了社会工作的规律和专业技能，能够根据群众需求，找到解决问题的方法和路径，可以利用向外传播信息为群众解决一些实实在在的问题。例如，瓮安县爱心公益协会联合广州社工组织，依托社区老年活动中心、儿童日间照料中心、残疾人康复中心等活动场所，组织留守老年人开展棋牌、广场舞等文娱活动，上门为留守老人打扫卫生、理发、洗衣，与老人谈心聊天，集中照看需要代为照管的儿童，组织儿童开展各类兴趣爱好活动，帮助残疾人按照医生制订的康复计划进行康复训练，有效解决了政府不便于解决的治理难题。这说明，作为信息的传播者，社工人

---

① LXJ，访谈于 2021 年 2 月 2 日。

员在为易地扶贫搬迁社区传达政策方针、输入新观念新思想新知识、改善生计信息的同时，也为社区外部如政府、企业、社会人士等了解搬迁农户信息起到了中介与桥梁的作用，这有利于实现供需匹配、有效衔接、推拉有度，优化社会合力助推社区治理成效。

4. 能力的培育者：多元与联动

社工参与搬迁社区治理，不仅能够解决一些实际问题，还能让搬迁群众感受到来自社会的重视和关爱，从而进一步培育起对生活的自信、对社会的感恩、对政策的拥护、对新生活新环境的认同感和归属感。同时，社会工作对个体疾苦的关注和社会公正的追求使其工作者在帮扶搬迁农户的过程中，重点关注他们的观念、思想和精神，提高他们的可行能力，这有利于激发搬迁农户的内生动力。而搬迁农户内生动力的激发，有助于培育他们主动参与脱贫的信心与决心，阻断贫困的代际传递，久而久之，心理依赖问题自然得到解决。故此，社工参与搬迁社区治理的第四重身份是能力的培育者。

作为能力的培育者，社工在介入易地扶贫搬迁社区时，通过加强政府、市场、社会组织等多元主体的互动合作，深化"社区+社会组织+社工"联动的服务机制来发挥作用①。一般而言，社工培育的能力包括三类群体的能力，分别是当地社工人员能力、搬迁社区管理者能力与搬迁农户能力。以广东省东莞市社工人员对云南省昭通市搬迁社区的帮扶为例。当时，东莞市通过链接多方资源和联结社会资本，协助培育昭通市社区服务组织和社会工作人才，助力当地社工机构和社会组织能力提升；同时，为进一步提升昭通市社区"两委"人员的工作能力，东莞市社工通过小组讨论、课堂测试、视频观看、案例分享、游戏互动等形式，将社区社会工作、群众工作新法、居民难点问题介入策略、情绪管理及压力应对、团队拓展等主题事项导入搬迁社区，为管理人员带去了全新的社区治理思路与技巧。此外，作为能力的培育者，社工在服务开展中能为社区搬迁农户提供更多接受教育、掌握技能的机会，提高社区搬迁农户的可持续生计能力和社会参与能力，进而促进易地扶贫搬迁社

---

① 向德平、罗珍珍：《反贫困社会工作的发展：专业取向、价值意蕴与实践进路》，《社会工作》2020年第6期。

区的自治和善治。

三 优势特点：社工助力搬迁移民社会融入案例

2019年12月，贵州率先在全国完成了易地扶贫搬迁工作，交出了一份亮丽的答卷：全省建成安置点946个，累计建成住房45.39万套，安置188万人，整体搬迁贫困自然村寨10090个，上百万山区群众过上了城里人生活。188万易地扶贫搬迁农户的动迁，关乎生产关系和社会关系的深度变革，是一场史无前例的复杂浩大工程。"搬得出"只是做好了易地扶贫搬迁的前半篇文章，只有搬出后能"稳得住""可致富"，搬迁工作才算真有实效。因为，易地扶贫搬迁农户在由"农民变居民"的大变革中，面临着生存就业、社会融入、人际关系、生活方式等各方面的压力，他们无法通过自身之力克服心理、生活、就业、文化、教育、留守老人、儿童照料等多个方面交织叠加的问题，亟待通过多元力量来助推解决。社会工作就是这多元力量中的一种，运用社会工作方法整合各方资源、化解多重矛盾，可以对易地扶贫搬迁社区存在的问题进行系统性、整体性解决。

1. 能够助推解决行政力量难以解决的问题

在群众的认知中，基层工作人员是管理者，在身份上与群众并不平等，而行政手段也往往被认为是管理的工具而不是服务的工具，从而导致双方之间心灵上的鸿沟。除此之外，群众的疾苦和心声，如家庭矛盾、生活困难、心理问题、社交问题、子女教育问题等等，仅仅依靠行政手段是不能解决的。社会工作在立场、利益等各方面与群众立场、利益不产生任何冲突，其出发点仅限于服务和解决问题，在工作中更加容易得到群众的信任。与此同时，社工掌握了社会工作的规律和专业技能，能够根据群众需求，找到解决问题的方法和路径，为群众解决一些实实在在的问题。

案例1

YSH易地扶贫搬迁社区是瓮安县两个易地扶贫搬迁社区之一，目前共有搬迁农户1290户5336人，其中精准扶贫建档立卡户982人户

4060 人，低保户 280 户 737 人，特困供养户 3 户 4 人，残疾人户 137 户 175 人，大病户 89 户 99 人。人均年收入约 4000 元。整体来看，映山红社区易地扶贫搬迁农户数量庞大，贫困程度深，具有劳动能力的青壮年人口比例小，残疾人、老年人、少年儿童人数占比较高。

该社区群众主要为搬迁后集中安置的农村贫困人口，在从农民转变为居民的这个过程中，受各种因素影响，适应难、融入难等问题逐步凸显，面临生存压力大、环境适应难、空巢化严重、实现致富难等问题。通过"稳"与"扶"相结合的方式，映山红易地扶贫搬迁农户生活安全感、获得感、幸福感有所提升。但与此相对的是，群众自治意识欠缺，参与度不高；社区工作人员力量有限，养老、留守儿童照料、群众精神文明、文化生活等方面的问题还无法彻底解决；在就业增收方面，由于资源有限，没有足够发达产业和经济支撑，仅能实现"输血"，无法"造血"，离实现群众"能致富"的目标还有较大的差距。

在此背景下，该社区通过政府采购服务与社会组织设点服务的方式让社会工作力量介入其中。首先是政府采购服务。映山红易地扶贫搬迁社区受益于东西部协作，由广州市海珠区出资购买了广东一家社会组织的社工服务。其主要服务内容为老年人陪护和儿童日间照料。广东省社会组织指派专业社工一名常驻映山红易地扶贫搬迁社区，聘请本地社工一名协助工作开展。其次是社会组织设点服务。瓮安县爱心公益协会采取定点联系和项目化运作的方式，在映山红易地扶贫搬迁社区开展社工服务。驻点社工开展走访、信息收集、接待来访以及与社区约定的社工服务事项，在开展日常工作的同时，根据需求，有针对性地提出项目方案建议，经组织审定并与政府相关部门沟通后，联系志愿者、企业、其他社会爱心人士以及政府相关部门共同推进。

在运行的过程中，社工人员开展了以下三方面的工作：一是留守老人、残疾人陪护和儿童日间照料。二是慰问捐赠。瓮安县商会等多家社会组织在重阳、中秋节等传统节日，走进社区贫困家庭，走访了解贫困家庭存在的各种困难，为困难群众送上慰问品。瓮安县新的社会阶层人士联谊会和爱心企业为社区群众捐赠了防疫物资。三是其他社会服务。瓮安县爱心出租车司机针对易地扶贫搬迁农户出行难、出行贵的问题，成立了小蜜蜂车队，推出微信约车、拼车出行服务，予以价格优惠，群众出行成本降低 50%。车队还通过社区推荐，为 15 户贫困家庭购买了粮油等生活必需品。

2. 能够助推整合多元主体难以整合的资源

基层工作力量薄弱，事务繁多，社会组织、社工参与到社区治理中去，一方面能够分担社区工作人员部分服务性质的工作，双方通过信息共享和工作联动，可以形成新的合力；另一方面可以整合更多的社会资源参与社区治理，形成互补性的治理力量。因为，社会组织成员来自社会各界，其中有专业社工、企业家、社会爱心人士、离退休干部、教师、个体户等，社会组织参与社区治理，不仅代表着其本身，同时也代表着背后的社会关系网，社会组织参与到社会治理中，无形中就会将这些资源整合进来。

案例 2

贵州 WA 县 YZ 镇 JKB 社区就是一个以易地扶贫搬迁安置为主的新型社区，成立于 2018 年 3 月，占地 286 亩，共建 48 栋楼房，建筑面积 16.7 万平方米，涉及全县 11 个乡镇搬迁群众，共入住 1720 户 7210 人，其中建档立卡户 798 户 3561 人。社工介入社区后，以创建"五民社区"为目标，以"五落实五强化"为抓手，充分发挥党组织和党员作用，着力破解易地搬迁出现的突出问题，实现了农民向市民转变、临时工向产业工转变、外来客向主人家转变的"三个转变"，全面提升搬迁群众的幸福指数，有效整合了社区资源。社区通过资源整合，强化配套功能建设，突出就业扶助，形成了"集中安置规模大、配套实施功能全、就业创业全覆盖"的显著特点，着力破解政策配套整合难题，把"新"根扎在新社区。

具体而言该社区的工作包括以下几个方面：

一是整合五类资源，建设美好家园。江口坝社区整合了易地扶贫搬迁、生态搬迁农户、市民化住房、港口大道安置房、保障性住房五类项目资源，自 2013 年建设以来，总投资 3.2 亿元，占地 286 亩，共建 48 栋楼房，建筑面积 16.7 万平方米，涉及全县 11 个乡镇搬迁群众，共入住 1720 户 7210 人，其中建档立卡户 798 户 3561 人。社区环境优美，小区建设合理，是瓮安县条件相对较好的小区之一，是搬迁群众心目中的"美好家园"。

二是整合部门资源,落实后扶举措。通过整合部门资源,制定了《瓮安县易地扶贫搬迁工程后续扶持发展深化"五个三"工作方案》,明确了后扶15条措施,开辟政策绿色通道,"户口全迁入"后,群众享受到最好的政策红利,帮助解决就业、就学、就医"三就"问题,享受就高不就低的养老保险、医保、最低生活保障"三保"政策,通过建设公共服务场所、经营性场所、农耕场所"三所",提升社区群众的生活质量。目前,社区成立了"创业就业指导办公室",通过与周边25家企业签订了就业帮扶协议,举办招聘会、岗前培训、发放创业补贴等方式,解决就业1612人,实现户均就业1.7人。

三是整合城镇资源,突出配套功能。社区位于瓮安县经济开发区北侧,与银盏镇政府相隔仅50米,有优越的地理条件和区位优势,开通了到老城区的公交车线路,距离火车站、瓮安汽车北站、高速公路瓮安站入口1.5公里,医院、学校、企业、市场的服务半径也在1公里之内,城市功能齐全,群众能够在较短时间内熟悉生产生活环境,感受到政策的温暖。

3. 能够助推克服多种手段难以克服的困难

社工参与社会治理,不仅能够解决一些实际问题,还能让易地扶贫搬迁农户感受到来自社会的重视和关爱,从而进一步培育起对生活的自信、对社会的感恩、对政策的拥护,对新生活新环境的认同感和归属感。同时,社会工作对个体疾苦的关注和社会公正的追求有利于其工作者在帮扶搬迁农户的过程中,重点关注他们的观念、思想和精神,提高他们的可行能力,这有利于激发搬迁农户的内生动力。而搬迁农户内生动力的激发,有助于培育他们主动参与脱贫的信心与决心,阻断贫困的代际传递,久而久之,心理依赖问题自然得到解决。也就是说,社会工作的专业介入是搬迁农户从心理上走出困境的重要途径,是拔掉搬迁农户"穷根"的重要手段。因此,采用社会工作的专业方法和技能,把握好社会工作的专业理念和策略,能够助推解决搬迁农户的多重困难。

案例3

贵州WA县某公益促进会隶属于瓮安县委政法委,于2015年6月成立，是贵州省QN州社科院唯一一家县级组织成员单位，致力于帮助社区吸毒人员戒除毒瘾、身心康复、就业安置、职业技术培训、回归社会、拯救吸毒人员家庭的社会公益组织。

2018年以来，该促进会围绕贵州瓮安县的两个易地扶贫搬迁社区开展了如下工作，助推搬迁社区克服了多种手段难以克服的问题。

一是进行人性化关心和爱护。通过对戒毒康复人员逐个联系、逐个走访，引导戒毒康复人员与家庭建立良好的沟通，并与戒毒康复人员家属进行耐心细致的沟通，帮助戒毒康复人员家属转变观念，修复亲情，同时向戒毒康复人员家庭传授戒毒后续照管的方法和技巧，鼓励家属帮助和支持自己的亲人走上正轨。2015年以来，促进会通过电话联系和走访了大量的戒毒康复人员家属，解决家庭矛盾特别突出、戒毒康复人员走出社会后家庭不予接纳的情形49起。

二是关心戒毒人员家庭子女。促进会始终秉持对戒毒人员未成年子女成长的关爱之心，一方面以开展"现身说法""参观教育""给爸爸的一封信"等活动，增强留守儿童自信心，树立正确的人生观、价值观，构建和谐社会；另一方面联手学校，整合社会团体优势资源，帮助他们解决生活、就学、身心健康等困难和问题，通过内外联动、整合多方力量，形成了社会关心、关注、关爱戒毒人员子女的良好氛围。截至目前，组织开展"现身说法"等活动23次，帮助特困戒毒康复人员子女就学5人，协调发放各类帮扶救助资金28.89万元。

三是对因毒致贫家庭进行帮扶。按照省州县关于坚决打赢脱贫攻坚和禁毒人民战争的重大决策和部署，深入推进"大扶贫"战略和禁毒人民战争，深入辖区网格内涉毒家庭开展"因毒致贫"帮扶活动，切实有效解决吸毒人员"因毒致贫、因毒返贫"等问题，确保涉毒贫困人员及其家庭实现脱贫。几年来，协调民政部门解决临时救助人员16人，协调民政救助资金1.9万元，扶持帮扶18户因毒致贫家庭，帮扶戒毒康复人员资金（包括购买物资）共5万余元。出资3.5万元鼓励阳光企业和自主创业人员（包括购买物资等）长期帮扶特困康复人员子女3人。帮扶农村自主创业、未复吸的康复人员累计55人次，发放各类帮扶物资和救助资金15.5万余元，推动652名吸毒人员实现就业，帮助他们家庭脱离了贫困。

4. 能够助推扩大东部帮扶难以发挥的优势

随着东西部协作的进一步深化，对口帮扶城市将继续输入大量的资金和人才，这会为易地扶贫搬迁社区乃至整个西部地区的基层社会治理带来巨大的发展机遇。如广州市海珠区对口帮扶贵州瓮安县，在映山红易地扶贫搬迁社区援建了海珠小学，推出了"爱心厨房"项目，解决了社区儿童就学问题和群众低价就餐问题，出资为社区购买了广东社会组织的社工服务。事实上，在东西部协作框架内，社工应充分利用资源，围绕"稳"与"扶"两个方面，"稳"主要是稳秩序、稳就业、稳收入，巩固脱贫攻坚成果，保障易地搬迁群众稳定完成由农民到居民的过渡；"扶"主要是整合各方力量和资源，共同解决易地扶贫搬迁农户在生产生活、就业增收、医疗教育、文化娱乐等方面存在的难题，推动脱贫攻坚与乡村振兴无缝连接，实现"稳得住、能就业、逐渐能致富"的目标。具体来说，东部社工一般瞄准"住得稳，住得好"目标，整合各类资源，以全覆盖的形式实施社区长老照护、儿童陪伴、妇女能力建设、"四点半课堂"、残疾人关爱、生育教育、心理辅导等系列服务。特别是针对特殊困难家庭量身定制"个案专服"，不遗漏任何一个困难群众，全面性地提升对安置群众的服务供给。

案例4

2020年，广东省第五扶贫协作工作组会同两市民政、扶贫等部门以及对口县区和镇街，首次系统化开展社会工作服务结对帮扶，统筹组织两地25家社工机构200余名社工参与，聚焦大型扶贫搬迁安置区、国家挂牌督战贫困村两大阵地，集中为困难群众提供社工服务、推动当地社工机构自身建设两大领域，细致谋划，精准发力，较短时间里打开了工作局面，在昭通迅速形成了高品质社工服务供给，取得了良好效果，其具体做法是：

一是创新引领，尽锐出战。两地着眼东莞社会工作人才、模式、项目、经验等系统化优势，切中昭通"社工服务困难群众""发展当地社工行业"两大需求，集中配齐优势力量投放昭通，实施全体系导入，开展一系列填补当地空白的项目，创新引领一条社会工作力量参与东西部扶贫协作的"莞昭新路"。在顶层设计上，东莞民政部门出台《帮扶昭通市社会工作服务工作方案》，组织全市22个对口镇街力量，组建6个社工结队帮扶小组，财政投入启动资金约40万元并撬动相关资金超100万元，全面实施昭通工作专项。在力量配给上，面向东莞主要社工机构和人才力量展开发动，共组织9家机构近50名社工参与，实现了东莞社工界优秀机构和人才尽锐出战、集结昭通。各参与主体均具备专业的技能、成熟的模式、丰富的经验，机构当中有多家全国百强社工机构、国家级社会工作服务标准化示范单位、5A级社会组织，社工当中有近20人的平均从业时长超8年，普遍系督导级的社工专家人才，包括国家级辅导专员、省党代表等"又红又专"社工人才。这批派出力量抵昭后，迅速与东莞驻昭干部、教师、医生等团组形成合力，紧密衔接起各方力量、各类项目，集中服务昭通重点区域。

二是聚焦重点，对症施策。将社工服务供给加以聚焦，努力在脱贫攻坚战一线回应群众实际需要。一方面，聚焦一批大型扶贫安置区，特别是东莞对口的全国第一、第二大跨县扶贫安置区靖安和卯家湾，对照"搬下来，稳得住，能致富"要求，探索做好扶贫搬迁后半篇文章，通过社工服务帮助群众精神脱贫、更好融入新社区，实现从农民到市民的一步跨越。另一方面，聚焦茶园、大湾、黄莲等国家级贫困村，通过社工进驻实施"三同"，更好地衔接捐赠救助、就业帮扶、带货销售等工作，更有效地助力挂牌督战，促进各村脱帽出列。

一方面，突出面向扶贫安置区强化供给。将超过八成的东莞社工力量布置在昭通7个大型扶贫搬迁安置区。第一，推动社区治理体系建设。与党工委、物业公司、楼栋长紧密协同，入门到户发动居民，搭建多形式平台，拟订社区活动清单，培育社区服务队伍，建全联系与支持网络，打通居民交流渠道，促进搬迁群众走出家门、增进互动、加强凝聚，提升居民参与社区事务热情，搜集社会反响和群众评价，贯通反馈闭环机制，助力形成系统化的社区治理体系。第二，全面提供社会服务。瞄准"住得稳，住得好"目标，整合各类资源，以全覆盖的形式实施社区长老照护、儿童陪伴、妇女能力建设、"四点半课堂"、残疾人关爱、生育教育、心理辅导等系列服务。特别是针对特殊困难家庭量身定制"个案专服"，不遗漏任何一个困难群众，全面性地提升对安置群众的服务供给。第三，突出关注"精气神"。发掘社区文艺骨干，组织居民排练文艺节目、组建兴趣小组、开展演出活动，创设多项群众赛事，孵化一批少儿篮球队。依托"爱心超市"扩面实施"文明积分兑换"，带动群众除陋习、树新风，促进良好习惯养成，有效提升文明程度，积极引导农民转市民。

另一方面，积极服务和帮扶国家级贫困村。推动东莞社工深入茶园、大湾、凤阳、黄莲、大河、以勒、仕里、墨黑、铁炉、麻地、纸槽等国家贫困村（其中9个系2020年度国家挂牌督战村，占全国督战村总量的0.81%）。与昭通社工在各个贫困村中联合执业，既现场服务又衔接东部，将东莞社会各界的捐赠救助、就业帮扶、带货销售等资源导入村中，在帮助有书写障碍的贫困户填报救助申请、举办老人集体生日会、开展老人手机使用辅导课、配送残疾人辅助器具、提供特殊幼儿学前教育、协助发放助学金关爱留守儿童等方面，开展了一批帮扶专项，服务了村中群众、助力了挂牌督战、促进了各村脱帽出列。

三是授人以渔，培育内生。针对昭通社工事业"三无三缺"等诸多症结，东莞社工机构配合昭通民政部门抓好社工人才和专业机构建设，培育当地社工事业内生动力，推动两地社工协作向深层次发展。

首先，助力当地社工机构和社会组织提升能力。在实地服务期间，东莞社工积极与当地力量打成一片，在与他们协调联动的过程中推进"传帮带"。通过与当地的一点公益中心、春晖社工、乌蒙阳光促进会、云福乡村发展促进会、蓝豹救援队、志林残疾人公益中心、英才园青少年服务中心等组织协同开展服务，助力它们提升实操实战能力，强化本土机构的本领担当。此外，协助当地新组建了一批社工机构、社会组织和文艺团组，包括卯家湾春熙康园中心、莞甸同心社会工作服务中心等，增加了昭通社会力量，扩大了对当地社会领域人才的涵养。

其次，协助当地培养社会工作专门人才。按照"1帮4"结构形式，由东莞督导级社工结对当地社工，在"肩并肩、手把手"的共同工作过程中，提升昭通社工的服务能力。将能力辅导贯穿抽样测算、讨论梳理、制订计划、协调经费、具体实施、制作文书、开展宣传、复盘分析等全流程，特别是帮助他们切身体会"接纳承受、倾听传播、同理心、同情心、非评判"等职业精神，全程指导和全面协助昭通社工在实践中锻炼专业能力、积累项目经验。前后开展88场辅导授课，帮助昭通民政部门将2020年全市报考国家社工师的人员数量提高了4倍，促进了当地人才规范化成长，打开了专业队伍建设新局面。此外，依托东莞社工机构向国家民政部申报，取得中央财政支持昭通社工发展59万余元资金。

再次，将社会工作方法引入当地社区"两委"。社区"两委"是昭通基层主要工作力量，针对"两委"在社会服务工作领域的不足，着重加以介绍引进社会工作方法。在各社区"两委"支持下，面向"两委"年轻工作力量实施辅导专项，通过小组讨论、课堂测试、视频观看、案例分享、游戏互动等形式，将社区社会工作、群众工作新法、居民难点问题介入策略、情绪管理及压力应对、团队拓展等主题事项导入社区，为工作人员带去全新的社区治理思路方法，帮助两委提升社区社会工作能力。

最后，情怀帮扶，真情互通。东莞社工界与昭通早已有了较长工作关系和较浓工作感情。在2016年底两市建立协作关系之前，东莞社工界已多次到昭参与相关工作。2014年参加了"8·03"鲁甸地震救灾和重建专项；2016年参加了广东省社会工作师联合会召集的昭通社工发展项目评估督导。此次昭通专项的实施，将两地社工界合作推向了新阶段，尤其促进了两地机构的真情结对、两地社工人才和居民群众的情感沟通。

从东莞社工参与项目的角度看，有机会在脱贫攻坚决战决胜之年到昭帮扶，同志们一致认为是职业生涯的光荣，都深感参与跑完接力赛"最后一棒"的幸运。东莞社工们亲眼看到脱贫攻坚的成果、具体感知到群众的满意，对社会工作的服务价值有了更深体会与认识，怀着对所服务群众的热情与真心，倍加积极地投入到任务项目中，克服各种困难来积极履职尽责。尤其是3位曾在2014年和2016年来昭工作的东莞社工，更是怀着对接续当初工作的那份感情，投入到新任务中。从两地社工协作的角度看，双方的人员在工作中结下了深厚友谊，一起带着感情的眼睛去发现问题、找到需求，共同设计出合乎实际、真接地气的服务项目。针对当地社工的职业困惑和实际困难，东莞社工从已亲历者的角度帮扶解疑，回应他们的所思、所想、所盼，协助树立职业信心。协作期间，大家共同遭遇包括"5·18巧家地震"在内的多场自然灾害，当地社工家中房屋受损也未脱离岗位返家照顾，也很好地教育了东莞社工。从当地群众接受服务的角度看，无论是从大山大岭中搬迁出来，还是在村里亲历全面的脱贫发展，当地群众都有很强的获得感。在脱贫即将圆满胜利的时刻，又接收到社工这种原本不知道的服务，他们对此感到更贴心、更暖心。群众把感谢感恩之情投射到了社工身上，有的一再邀请社工到搬迁新居吃饭、有的把土产直接送到社工住处、有的要为社工吹奏唱歌，等等。

综上所述，截至2020年11月底，莞昭协作下的社工服务覆盖昭通16个工作片区，两地社工共同完成2196次走访及家访，完成1934次建档，开启48个案并完成32个结案，开展153个社区活动，确定品牌项目10个，实现志愿者登记服务361人、志愿服务时数2676小时，成立社区服务队10支。实施专题培训99次，参训对象达2235人次，合计提供228个学时的培训课程，完成14份调研报告、通讯稿197篇。累计直接服务9129人次。在莞昭两地的共同探索下，社会服务工作帮扶新模式取得初步成功。双方决定在2021年度继续实施该项合作。东莞方面拟将社工领域帮扶昭通的财政支出扩大5倍达220万元。

四 叠加赋能：社工助力搬迁移民社会融入逻辑

在介入易地扶贫搬迁社区的过程中，社会工作逐渐形成了一套本土化的运行机制，从运行理念、运行模式、运行方式和运行手段四个方面保证社工介入易地扶贫搬迁社区工作的科学性、有效性和全面性。

1. 运行理念："他治+自治"

社工介入易地扶贫搬迁社区后，推动了社区治理主体向多元化转变，构建了"他治+自治"的合作型治理体系，形成了"政府+社会力量+社区搬迁农户"的社区治理共同体。这里的"他治"，是指社工秉承着专业的价值理念，运用社会工作的专业技巧，采用个案、小组和社区工作三大方法介入易地扶贫搬迁社区中，并通过发挥社会工作的专业优势，连接政府和社会等多方资源，凝聚多方力量，推动搬迁社区治理主体互动合作，形成多元主体参与易地扶贫搬迁社区治理的新格局。也即，社工加入搬迁社区时，可与当地干部、教师、医生等形成合力、展开协同，紧密连接各方资源、衔接各类项目，集中力量服务于重点人群。这里的"自治"，指的是社工秉承着"助人自助"的专业理念，遵循着"尊重服务对象"和"案主自决"的原则，在介入易地扶贫搬迁社区中尊重社区搬迁农户的价值和需求，强调发挥社区搬迁农户的优势和潜能，注重激发和培养搬迁农户参与社区治理的自觉性、自主性和积极性，通过社区搬迁农户的自助和自治，提升社区治理成效，促进易地扶贫搬迁农户和搬迁社区可持续发展。例如，社工可与搬迁社区的党工委、物业公司、楼栋长紧密协同，入门到户发动搬迁农户积极参与社区活动和社区治理，培育社区服务队伍，建立健全社区联系与支持网络，打通居民交流互动渠道，提高搬迁群众参与社区事务的自主性和积极性，助力形成系统化、本土化的社区治理体系。可见，社会工作通过"他治+自治"的运行理念介入易地扶贫搬迁社区，强调社区治理以外部帮扶为推力、以内部发展为内生动力，统筹兼顾社区治理的内外力量，发挥资源集聚效应，激发搬迁群众和搬迁社区的参与意识和发展潜力，构建"政府+社会力量+社区搬迁农户"的社区治理共同体，促进搬迁社区的可持续性发展。

2. 运行模式："常态化+运动式"

现阶段，"常态化+运动式"是社工介入易地扶贫搬迁社区常用的运行模式。一些学者用"常态治理"来概括通过科层化、组织化水平较高的制度体系，将社会治理纳入到预期性较强的组织运作之中，或者称之为"治理常态化"[①]。现实中的常态化治理是以策略主义为规则意识，以半正式治理为行事风格，以不出事的逻辑为治理样态，讲究循规蹈矩、照章办事，并且还要应对和处理日常生活中的各种特殊情况和制度环境。[②] 而运动式治理则是通过有意识的形态宣传和超强的组织网络渗透，以发动群众为主要手段，以政治动员为方式，集中和组织社资

---

① 潘泽泉，任杰：《从运动式治理到常态治理：基层社会治理转型的中国实践》，《湖南大学学报》（社会科学版）2020 年第 3 期。
② 魏程琳，赵晓峰：《常规治理、运动式治理与中国扶贫实践》，《中国农业大学学报》（社会科学版）2018 年第 5 期。

源以实现治理目的。① 社工介入搬迁社区的治理过程，是一种典型的"常态化+运动式"运行模式。"常态化"是指驻点搬迁社区的社工人员是全职的、稳定的，并且有组织、有计划地开展活动，如开展走访、收集信息、提供帮助、接待来访人员等，如广州市海珠区对口帮扶贵州瓮安县，在映山红易地扶贫搬迁社区援建了海珠小学，常态化推出了"爱心厨房"，解决了社区儿童就学问题和群众低价就餐问题；"运动式"是指面对重大事件或突发状况的时候，社工机构需要根据实际情况临时招募志愿者，或对于一些攻坚的任务临时增加人员、调整方案。这说明，稳定驻点、日常工作、常规服务是社工介入社区治理的"常态化"工作形式，招募志愿者短期性、临时性参与社区治理则是"运动式"工作形式。可以想见，"常态化"运行和"运动式"治理二者是共生并存、互为补充的，可以强化搬迁社区的服务体系建设、推动基本公共服务资源向搬迁社区倾斜、健全易地扶贫搬迁社区的治理体制。

3. 运行方式："项目制+企业化"

与大部分城市纯项目制的社工组织不同，"项目制+企业化"是社工组织介入易地扶贫搬迁社区的运行方式。"项目制"指的是政府、企业、基金会等资源拥有者以项目的形式对各类非政府、志愿性、自治性的社会组织提供资金支持，各类社会组织则以项目的形式申请资金并有针对性地提供专业化的社会服务，以参与到社会治理中去。② "项目制"是实现向社会组织赋权、提高社区服务项目规范化、多元化和高效化的重要形式。"企业化"是指社会组织采取市场化的商业模式去获取资源，其目的不是追求经济利益最大化，而是实现社会组织的公益目标。③ 在调研瓮安县爱心公益协会的日常运作中发现，协会是采用"项目制+企业化"的运作方式介入搬迁社区治理的。其中，协会是利用项目授权获得了行政认可和社会资源，采取设立站点专人服务、围绕项目

---

① 唐皇凤：《常态社会与运动式治理——中国社会治安治理中的"严打"政策研究》，《开放时代》2007年第3期。
② 尹广文：《项目制运作：社会组织参与城市基层社区治理的路径选择》，《云南行政学院学报》2017年第3期。
③ 时立荣：《转型与整合：社会企业的性质、构成与发展》，《人文杂志》2007年第4期。

整合资源等形式，结合社工组织自身技术特点，重点针对社区搬迁农户的稳岗就业、空巢老人、留守儿童等服务对象，开展系列社区服务和志愿活动。与此同时，该协会还有另一重身份——社会企业。协会以劳务公司、市场中介的身份进入市场，致力于解决搬迁农户的就业问题、降低搬迁社区的失业率。这说明，社会工作介入易地扶贫搬迁社区具有经济和社会双重属性，也即，社工组织承担着经济效益和社会公益双重任务，既要在促进搬迁农户稳岗就业、提高经济效益上有所作为，又要在社工组织专业化、多元化发展上有所拓展。

4. 运行手段："专业化+公益性"

社会工作是从社会福利中发展出来的，是构成现代社会福利体系的重要组成部分。[1] 可以说，以"专业助人活动"为本质的社会工作，就是将社会工作的专业价值观、专业理论、专业工作方法和专业工作技巧运用到搬迁社区中，发挥社会工作的专业优势，提高社区治理的专业性。同时，社会工作坚持以福利为核心的社会公益观，将帮助解决服务对象之需、促进社区善治作为介入易地扶贫搬迁社区的首要任务，强调专业社会工作的助人性、福利性和公益性。这一点，云南省昭通市大型扶贫搬迁社区社工介入方式比较明显。当地驻点社工瞄准"住得稳，住得好"的目标，运用社会工作专业方法和技巧，深入了解搬迁社区情况，评估社区居民需求，链接与整合各方资源，以全覆盖的形式实施社区长老照护、儿童陪伴、妇女能力建设、"四点半课堂"、残疾人关爱、生育教育、心理辅导等系列服务，并特别针对特殊困难家庭量身定制"个案专服"，协助他们增强自身能力、摆脱现实困境。不难看出，无论是为搬迁社区链接物质援助还是提供精神支持，社工为搬迁社区提供的一系列专业服务从帮扶性质来说是具有公益性的。这说明，社会工作以"利他主义"为原则，通过"专业化+公益性"的运行手段介入易地扶贫搬迁社区，强调社工人员要为搬迁社区治理提供强有力的专业服务和公益性的福利服务，不仅要运用专业方法和专业技巧解决搬迁社区现实存在的问题，还要利用专业优势和第三方身份影响社区治理和福利政策，最大限度预防各类问题的产生。

---

[1] 刘继同：《中国现代社会福利发展阶段与制度体系研究》，《社会工作》2017年第5期。

五 情境脱嵌：社工介入搬迁移民社会融入困境

当前，引入社工力量参与易地扶贫搬迁社区治理已成为全国各地的一种重要形式和手段。但由于受到各种条件限制，本地社工参与易地扶贫搬迁社区治理呈现出了自发性、公益性的优点，但也暴露出了频率低、专业性弱等缺点，其主要原因有几个方面：一是缺乏资金保障，社会组织与社工自身也面临着严峻的生存考验，导致工作持续性、深入性不够。二是社会组织与社工专业化水平不足，社工工作更加倾向于志愿服务，无法解决群众最为期盼的就业问题、心理问题、认知问题、健康问题以及子女教育问题等难题。三是与政府协同开展工作的机制还未形成，双方信息、资源等共享程度不高，沟通渠道不足。四是社区工作人员力量有限，养老、留守儿童照料、群众精神文明、文化生活等方面的问题还无法彻底解决。基于此，东西部协作对口帮扶城市向易地扶贫搬迁社区输入社工服务，将资金和专业人才聚集在有着迫切需求的易地扶贫搬迁社区，对解决易地扶贫搬迁社会过渡期内出现的各种问题有着重要的现实意义。但从目前的调研情况来看，东西部协作社工服务输入仍处于较浅层次，具体表现在：一是社工服务输入规模较小，与易地扶贫搬迁社区的全部需求相比仅为杯水车薪。二是整合资源能力还不强。东西部协作输入社工服务，以广州市社工组织和优秀社工为主，这些社工组织和人才具有专业技能，但对当地的政治文化经济风俗等了解还不够深刻，与政府、企业、民间组织、本地社工组织等联系还不够，处于单兵作战的状态，无法有效整合各种社会力量注入。三是当地社工组织发展停滞不前，一旦国家战略发生变化，或广州市社工组织撤离，当地社工服务工作将出现断裂，从而导致东西部协作成效得不到巩固。也即，社会工作介入易地扶贫搬迁社区的态势整体向好，在顶层设计和基层实践方面成效显著，但也存在身份认同尴尬、政策供给不足、工作能力欠缺、角色定位模糊等问题。

1. 多方排斥：身份认同尴尬

身份认同尴尬是当前社工介入易地扶贫搬迁社区工作面临的一大难题，不仅包括基层政府对社工介入易地扶贫搬迁社区的低认同，还包括社会大众对社工介入搬迁社区治理的认同度不高。政府层面对社工介入的低认同，主要表现为政策设计流于形式、政府支持不成体系、部门合作空间不足等方面。社会层面对社工介入的低认同，主要表现在企业、社区、搬迁农户等主体对社工介入易地扶贫搬迁社区的不了解、不支持、不看好，往往将社工人员等同于志愿者或慈善者，这不利于社工机构真正扎根到搬迁社区治理中，也容易让社工人员在此过程中出现"逆淘汰发展"或"悬浮式发展"[①]。虽然近年来政府、社会对社工介入搬迁社区治理的认可度在逐步提高，但与实现普遍认同的目标还有一定的差距。

2. 制度缺位：政策供给不足

近年来，虽然政府多次将推动社会工作专业力量参与反贫困工作和实现乡村振兴写入政策体系中，但尚未对社会工作介入易地扶贫搬迁社区做出体系化、制度化与法制化的安排，主要表现在以下几个方面：一是缺乏资金保障，社会组织与社工自身也面临着严峻的生存考验，导致工作持续性、深入性不够；二是社会组织与社工专业化水平不足，社工工作更加倾向于志愿服务，如无制度保障，无法解决群众最为期盼的就业问题、心理问题、认知问题、健康问题以及子女教育问题等难题；三是与政府协同开展工作的机制还未形成，双方信息、资源等共享程度不高，沟通渠道不足；四是社区工作人员力量有限，如在政策层面无相关规定，养老、留守儿童照料、群众精神文明、文化生活等方面的问题还无法彻底解决。

3. 能力欠缺：工作成效低下

社会工作在介入易地扶贫搬迁社区中存在着自身能力欠缺的问题，具体表现在：一是驻点社工专业化、职业化程度不高，在价值观念、工作方法、介入手段、工作创新等方面均有待提升；二是社工服务输入规模较小，与易地扶贫搬迁社区的全部需求相比仅为杯水车薪；三是对反贫困、促振兴等相关经验知识了解不足。我国社会工作专业教育主要在城镇开办和发展，驻点社工缺乏丰富的本土化工作经验，对促进搬迁农

---

① 向德平，华汛子，金旖：《视角转换与方式创新：减贫社会工作的本土实践》，《社会工作与管理》2017年第6期。

户从村民向居民身份转变、参与搬迁社区治理等方面了解不足，并且缺乏促进搬迁社区发展的相关知识储备；四是整合资源能力还不强。虽然东西部协作输入了一些社工服务，尤其以广州市社工组织和优秀社工为主，这些社工组织和人才具有专业技能，但对当地的政治文化经济风俗等了解还不够深刻，与政府、企业、民间组织、本地社工组织等联系还不够，处于单兵作战的状态，无法有效整合各种社会力量注入；五是介入手段过于刻板，工作模式时而失灵。部分驻点社工不了解、不熟悉、难融入搬迁社区的地方文化和风俗民情，掌握的工作模式和当地的社会政治与文化背景不符①，以致介入搬迁社区的手段过于刻板生硬，难以实现本土资源的最大化利用，无法根据当地的具体情况因地制宜地开展工作。而僵化的社会工作模式危害较大，不仅会降低社工介入搬迁社区治理的工作效能，还会影响社工组织的公信力。

4. 定位不清：角色位置模糊

在倡导社会力量积极参与易地扶贫搬迁社区治理的情况下，政府不再是"反贫困、促振兴"领域的唯一主体，社会力量逐渐在易地扶贫搬迁领域中发挥着重要作用。作为独立于政府与搬迁农户之外的第三方组织，具有较高专业程度和组织化水平的社工机构与易地扶贫搬迁社区各帮扶主体之间是多元合作、和谐共生的。然而，在"小政府、大社会"帮扶格局还没有形成的背景下，基层政府仍在搬迁社区的治理中掌握着绝大部分资源和话语权，政府的行政力量也依旧占主导地位和绝对优势，这会导致社工机构的组织独立性遭到一定程度的削弱，以致其只能在专业独立与政府支持的夹缝中生存，甚至产生行政化倾向，无法充分发挥社会工作的专业水平和第三方优势，容易出现角色定位模糊的问题。②

---

① 向德平，华汛子，金旖：《视角转换与方式创新：减贫社会工作的本土实践》，《社会工作与管理》2017年第6期。
② 向德平，华汛子，金旖：《视角转换与方式创新：减贫社会工作的本土实践》，《社会工作与管理》2017年第6期。

六 赋权增能：社工助力搬迁移民社会融入展望

社会工作在易地扶贫搬迁工作领域取得了较大成效，切实推动了反贫困工作的开展，为巩固拓展脱贫攻坚成果奠定了坚实的基础。目前，"搬得出"的任务已基本完成，要确保搬迁群众"稳得住""能致富"，则缺少不了专业社会工作的支持和引导。"发展性社会工作理论""优势视角理论""赋权理论""增能理论"等为社工介入易地扶贫搬迁社区提供了有力的理论支撑，社会工作实务的方法专业性和技巧科学性也为易地扶贫搬迁农户的安居乐业提供了丰富的实践指导，但如何在巩固脱贫成果和乡村振兴阶段解决搬迁社区能力脆弱、共识不足、服务欠缺、行动迟缓等问题，如何将社会工作优势在易地扶贫搬迁农户"稳得住、能致富"的后半篇文章中发挥出来，还值得我们进一步探讨。具体而言可以从以下方面改进：

一是要强化社工的认同度，提高政府和社会对社会工作的认同水平，这不仅能为社工介入搬迁社区治理提供良好的政治和社会环境，还能一定程度提高社工参与搬迁社区治理的积极性。为此，一方面，应加强社工机构和政府部门的互联共通、合作互动，在工作中主动与政府部门共享信息和资源，在相关制度政策制定时以第三方组织的身份积极建言献策，在服务提供中为政府的行政力量查漏补缺，用实际行动让政府部门看到社工服务的专业性、科学性、有效性，看到社会工作在搬迁社区治理领域的优势和价值，提高政府部门对社会工作的认同感；另一方面，社工在介入易地扶贫搬迁社区时要注意深入了解搬迁社区情况、科学评估搬迁群众需求，因地制宜、实事求是参与社区治理，以赢得搬迁群众的信任，与此同时，要向社会加大宣传反贫困社会工作成效的力度，提高社会工作在社区治理和乡村振兴领域的社会公信力和社会认同度。二是要完善相关的政策制度，推进社会工作介入搬迁社区治理的制度化、规范化建设。如果缺乏政策制度的支持和指导，社会工作介入搬迁社区治理的深度和广度就十分有限。因此，建议不断完善社工帮扶的工作机制，既要以制度化、规范化、体系化形式将社会工作纳入易地扶贫搬迁领域的工作体系中，又要针对易地扶贫搬迁社区治理领域形成从国家到地方的政策制度安排，注重国家层面帮扶工作制度和地方层面政策制度的融合贯通，从而充分发挥社会工作介入易地扶贫搬迁社区的专业优势和价值。三是要进一步加强社工服务组织和社会工作者的能力建设。在社工服务组织能力建设方面，应加强组织内部的人员管理、项目管理、财务运作等方面的规范化程度，确保社工服务组织的可持续发展。在社会工作者的能力建设方面，不仅要强化社会工作者的专业服务理念、加强专业方法技巧的深入学习和有效运用，还要学习有关易地扶贫和乡村振兴的政策与知识，在更新知识储备的同时，系统了解易地扶贫搬迁社区治理的实践经验和成功案例，另外还要对搬迁社区的经济情况、生活方式、风俗习惯、本土资源做深度调查，了解搬迁群众的实际需求，强调社会工作方法的当地化、本土化，增强社工介入搬迁社区治理的灵活性和适应性。四是要明确社工"组织独立""第三方身份""桥梁"的角色定位，通过建立健全相关的政策法规，确定各帮扶主体在社区治理中的责任、权利和义务，厘清各帮扶主体的关系边界，明确各帮扶主体的角色定位，一定程度避免社工的行政化倾向，使社会工作"第三方身份"的优势得到充分发挥。

易地扶贫搬迁前半段"搬得出"的问题已经基本解决，但后半段"稳得住、能致富"的问题，尤其是易地扶贫搬迁社区治理这一关键任务，还面临诸多挑战和困难，因此更需要社会工作的介入。事实上，本章所总结出来的社工介入的角色身份、运行机制、行动窘境与行为面向，看似专门针对易地扶贫搬迁社区治理，其实对其他领域尤其是巩固脱贫攻坚成果与乡村振兴的有效衔接，也有重要的价值与启示，具体表现在：借此思路与方法，可以让社工介入乡村的工作方法更加专业化、服务渠道更加多元化、工作模式更加本土化、实践领域更加丰富化。由此，展望未来，社工介入反贫困治理与乡村振兴会呈现如下趋势：一是越来越关注介入后的合作型治理；二是愈发重视社工介入在乡村内源型发展中的作用；三是更加强调社工介入后的赋权增能问题。故而，社工对未来乡村建设与乡村振兴的介入，一方面应在完善顶层设计、提高认同度的基础上，注重社会工作定位清晰化、服务专业化、方法本土化、模式灵活化，利用社工促进乡村治理体系建设，最大限度推动乡村可持续发展；另一方面社工服务内容突出关注乡村的"精气神"，带动群众除陋习、树新风，促进良好习惯养成，有效提升文明程度，积极引导农民转市民转变；此外，应在凝练"十三五"时期东部社工对西部帮扶智慧的基础上，对帮扶的制度路径、文化路径、组织路径、技术路径、人才路径、协同路径等进行优化，构建科学合理的东西部协作社工帮扶体系，为巩固脱贫攻坚成果、全面开展乡村振兴、实现农村农业现代化提供社工视角的参考。

从中国国情即政治制度、经济发展水平，社会结构、城乡人口结构现实出发，从中国建设国家治理体系与治理能力现代化、强化基层治理的需求出发，以解决相对贫困长效机制为核心任务的社区协同行动，贫困治理必然需要与基层治理有机结合。其包含的内容也必然包括支持服务型基层党组织建设，促进社区善治，完善社区服务、发展社区经济、建设社区福利与社区初级保障体系等内容。相关领域的工作推进，必然要解决社区团结、社区合作与社区集体行动问题。具体而言，社会工作者以协商民主方式，在社区层面推动社区发展共识、组织共识和行动共识，并在社区共识的基础上，推动社区层面的共同行动，并解决共同行动的成本公平分担问题，支持社区行动成果的公平分享机制建设，从而实现社区福利生产、社区贫困治理、社区成员约束的共同参与治理机制。相关工作是社区治理能力、经济能力、福利能力、文化能力、环境能力、社会资本能力为主要内容的社区能力系统建设的重要实现策略。需要对前述内容进行系统化整理，并支持相关经验在更宽广的范围内应用，得到不断的修正和完善。

第八章　志智双扶：搬迁移民社会融入内力探讨

2020年是脱贫攻坚收官之年。此后，脱贫攻坚的重心将从消除绝对贫困转向解决相对贫困。尽管如此，精准扶贫阶段存在的脱贫成效不稳定、部分贫困群众"等靠要"思想突出与脱贫内生动力不足、帮扶工作中简单给钱给物等问题仍然会存在，部分搬迁农户"不愿脱贫、不能脱贫和不信脱贫"的"三不心理"仍是制约脱贫成效的主要因素。就如习近平总书记指出的，贫困地区发展要靠内生动力，如果凭空救济出一个新村，简单改变村容村貌，内在活力不行，劳动力不能回流，没有经济上的可持续来源，这个地方下一步发展还是有问题。① 为此，他多次在深度贫困地区脱贫攻坚座谈会上强调，深度贫困地区可持续生计的关键是培养搬迁农户的内生动力，解决搬迁农户的知识问题、思想问题和认知问题，帮助搬迁农户从被动的"要我脱贫"变为主动的"我要脱贫"，所以提出了"扶贫先扶志，扶贫必扶智"的"扶志扶智"（以下简称"志智双扶"）理念。习近平总书记把理念的更新和思路的转变作为引领扶贫开发工作的前提与关键环节，具有很强的针对性、指导性和前瞻性。故此，本章特提出"志智双扶能否有效激发搬迁农户社会融入的内生动力"这一主题。

"志智双扶"是指针对搬迁农户"不愿脱贫、不信脱贫、不能脱贫"的"三不心理"，以及搬迁农户的"等靠要"思想，采取多种手段帮助搬迁农户"立志气、卖力气与强底气"，建立可持续发展意愿、可持续发展预期与可持续发展行动的过程。其中，扶志是指激发搬迁农户

---

① 习近平：《做焦裕禄式的县委书记》，中央文献出版社2015年版，第17—18页。

的思想、观念、信心、勇气与斗志,使搬迁农户改变传统的"等靠要"思想,从内因出发,使其树立脱贫的信心和战胜贫困的斗志;扶智是指提升搬迁农户的思维、智慧、知识与技能,能力的提升代表着贫困对象拥有摆脱贫困的实质性机会。实施"志智双扶",要智随志走、志以智强,这样才能激发活力,形成合力。之所以提出"志智双扶能够激发搬迁农户社会融入的内生动力",因为贫困并不仅仅体现为物质上的缺乏,思想文化、精神意志、人际关系等各类有形与无形资源的短缺都是贫困,而"志智双扶"对于解决这些问题具有明显的优势。正因如此,早在 2018 年,国务院扶贫办等 13 个部门就联合下发了《关于开展扶贫扶志行动的意见》,明确规定要通过制度建设、教育培训、心理疏导、互助救济等方式来培育搬迁农户的内生动力,有效克服他们可能存在的"争当贫困户"的现象。

考虑靠搬迁农户社会融入的核心在于:一是搬迁农户自身没有改变意愿,因缺乏行动预期、行动能力,而不想、不能通过行动来改变搬迁后的生活状态;二是搬迁农户本身因政府政策、社会环境、资源状况、社会支持等原因,虽然努力但无法采取改善、提升自身生活质量的行动。所以,搬迁农户社会融入的核心,是要解决政策、资源、机会问题,以及搬迁农户的行动意愿、行动预期、行动能力、行动机制问题。由于扶志主要是扶思想、扶信心,扶智主要是扶思路、扶技能,前者关涉个体心理即可持续发展意愿,后者关涉个体能力即可持续发展行动,二者共同解决的是搬迁农户的"可持续发展意愿、可持续发展预期和脱贫能力"问题,且这些问题除与个体因素有关之外,还与家庭状况、社区资源、社会支持有关。因此,本章拟从影响搬迁农户心理与行为的微观、中观与宏观因素出发,将促进搬迁农户社会融入的"志智双扶"手段界定为"个体培育、家庭导引、社区协同和社会支持"。

进一步,从人的全面发展来看,"志智双扶"的最终目标是培育脱贫群体的现代性。正如米格代尔所言,人们知道的新生事物越多,他们接受新生活模式的可能性就越大[①]。在社会科学领域,"现代性"的含

---

① [美]米格代尔:《农民、政治与革命》,李玉琪、袁宁译,中央编译出版社 1996 年版,第 19 页。

义一直模糊不清，它是一个与"传统性"相对应使用的概念。本书关注的"现代性"，是一个社会中的个人所具有的与传统相对应的现代属性。具有现代性的个人常常表现为见多识广、积极参与，具有明显的个人效能感，具有独立性和自主性，乐意接受新观念和新经验。① 简言之，一个具备了现代素质或现代性的人应该具有一整套能够在现代社会中比较顺利地顺应生活的价值观、生活态度和社会行为模式，进而更好地融入社会。一如英格尔斯所指出："一个国家，只有当它的人民是现代人，它的国民从心理和行为上都转变为现代的人格，这样的国家才可真正称之为现代化的国家。"② 这正是"志智双扶"的主要目的。

当然，"志智双扶"之所以可以促进搬迁农户现代性的培育，是因为扶志可以让搬迁农户树立志气、增强信心、更新观念、转变思想，扶智可以增加搬迁农户的智慧、知识与技能，二者相加，可以让搬迁农户以更加积极、开放、包容的心态接受新生事物，增加社会流动，摆脱土地束缚，进而获得丰富的社会阅历，降低行为保守性和心理封闭性，增强自我依赖和自我效能感，这些特征恰恰是英格尔斯笔下现代性个体的表现。"志智双扶"促进搬迁农户社会融入的过程如图8—1所示。

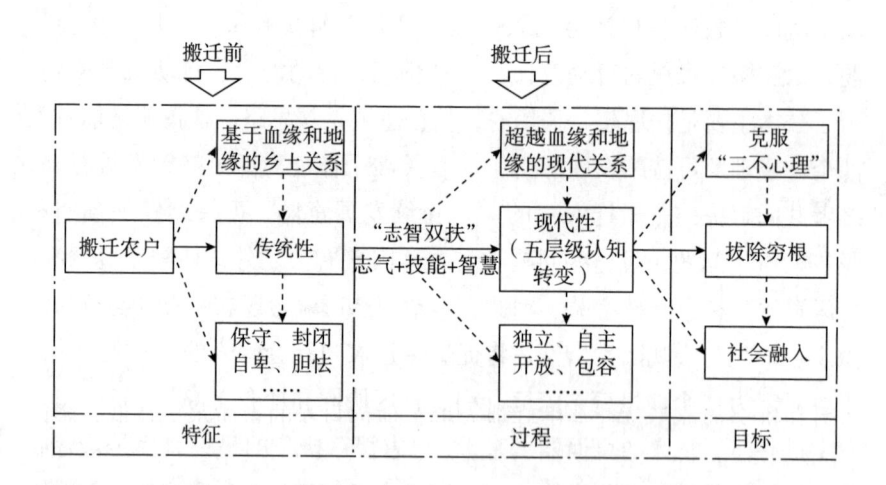

图8—1 "志智双扶"促进搬迁农户社会融入的过程

---

① ［美］英格尔斯：《人的现代化》，殷陆军译，四川人民出版社1985年版，第22—36页。
② ［美］英格尔斯：《人的现代化》，殷陆君译，四川人民出版社1985年版，第8页。

进一步，衡量贫困地区高质量脱贫最重要的指标是实现稳定脱贫，表现为贫困群众有主动脱贫的意愿、能力与行动。[①] 事实上，只有开展"志智双扶"，才能培育脱贫户的内生动力，激发其参与脱贫致富的信心与决心。就像习近平总书记指出的，贫困地区的发展靠的是内生动力。[②] 而要培育贫困户的内生动力，"志智双扶"必不可少，但现有的研究，仅仅关注个体层面的"志智双扶"长效机制，如构建心理服务体系、进行教育帮扶、开展技能培训等，鲜有关注到中观和宏观社会因素对"志智双扶"的影响。事实上，如果从发端于 20 世纪 90 年代、旨在有效解决治理碎片化和跨部门合作难题的整体性治理理论出发，相对贫困"志智双扶"长效机制的建立，需要从"协调"与"整合"两个核心概念出发，创造不同主体合作参与志智双扶的可能性，整合不同参与者的权利、义务与责任，因此，就应按照微观、中观与宏观相结合的研究思路，从个体、家庭、社区、社会四个层面出发，建立相对贫困"志智双扶"的"个体培育机制、家庭导引机制、社区协作机制、社会支持机制"。其中，从个体层面建立"志智双扶"长效机制，需要从心理、认知、教育与培训等手段入手；从家庭层面建立"志智双扶"长效机制，应该从家庭风气与家庭教育、家庭福利与家庭政策、家庭资源与家庭能力三个方面入手；从社区层面建立"志智双扶"长效机制，就应该考虑达成社区共识、构建社区服务、开展社区合作等问题；从社会的角度来构建"志智双扶"的长效机制，建议从社会福利、社会服务、社会网络三个方面来着手。

个体内生动力是改变贫困现状的内因，主要体现在能力、思想、信心、心态等方面。因为，首先，贫困不仅是收入和支出水平低下，也是人的发展能力低下，这种贫困使穷人处于脆弱、无话语权、无权无势的依赖状态，进而促使他们愈加地听天由命[③]。目前，脱贫户创造收入的能力和机会远远不及社会中其他人群，他们自身的素质水平较低，难以

[①] 檀学文，白描：《论高质量脱贫的内涵、实施难点及进路》，《新疆师范大学学报》（哲学社会科学版）2021 年第 2 期。

[②] 中共中央党史和文献研究院编：《习近平扶贫论述摘编》，中央文献出版社 2018 年版，第 135 页。

[③] 汪三贵，曾小溪：《后 2020 贫困问题初探》，《河海大学学报》（哲学社会科学版）2018 年第 2 期。

在市场竞争中取得胜利,从而丧失了机会来改变自己。他们缺乏能力和机会去提高自身的知识、技能、技术,而现代社会的劳动力市场需求越来越倾向于高素质、知识型、技术型的综合性人才,这种匮乏的人力资本难以支持他们找到更好的就业条件,甚至无法就业。这种能力上的贫困,使得脱贫户在生活中处处碰壁,久而久之,就可能对未来丧失希望,变得被动和安于现状。其次,部分脱贫户仍然存在思想上的懒散现象,认为巩固脱贫攻坚成果是政府的事,被动脱贫,这在一定程度上造就了脱贫户的思想懒散行为。再次,脱贫户抗风险能力差、脱贫信心不足。受眼界、能力等主观因素的制约,脱贫户无力应对市场经济的风险,进而灰心丧气,失去对美好生活的追求。脱贫户的这种信心不足会导致其在政府的帮扶脱贫后又返贫,如实施易地扶贫搬迁后,部分搬迁脱贫户对国家的政策仍然持观望态度,没有信心创业,抗风险能力差;部分脱贫户在实际生活中多次碰壁就破罐子破摔,拒绝就业。最后,不懂得感恩。当下减贫工作开展中存在少数脱贫户"不自强、不感恩",抱着"我是穷人我怕谁"的心态,主动脱贫意识不强,甚至有"碰瓷"政府现象的发生。由此,按照"四维一体"的新模式,"志智双扶"的优化路径应按照如下的思路来展开。

一 叠加赋能:"志智双扶"个体培育路径

鉴于农民主体性在减贫场域的表现主要是"去依附""知我""守原则"以及"和谐共处"[①],因而巩固拓展脱贫攻坚成果的要旨和着力点应该是提高脱贫户"自我实现"的内生能力。只有提高脱贫户自身的发展能力,才有可能进一步实现后续各方面的机会平等,"志智双扶"是提高个体内生能力的关键途径。美国学者卡尔·罗杰斯关于"人本主义"的一系列观点,着重体现在其对"自我"概念和"人格"完善及养成的详细阐释当中。在罗杰斯看来,个体作为一个完整的有机体而存在,是所有生命体验的"发源地",或者称之为"起点",并且

---

① 苏志豪,徐卫周:《塑造农民主体性:2020 后走出扶贫"内卷化"困境的路径选择》,《现代经济探讨》2020 年第 8 期。

在"自我实现"这一需求倾向的驱使下逐步取得成长和发展,其最终的结果是扩充及实现"自我"。这说明,只有提高了贫困人口自身相应的发展能力,才有可能进一步实现后续各方面的机会平等。所以,由此看来,解决贫困的要旨和着力点应该是提高贫困个体"自我实现"的内生能力。"志智双扶"是提高个体内生能力的关键途径。一般而言,"志智双扶"的举措,与心理疏导、教育扶贫、技能培训分不开,也与产业发展、就业帮扶有关,它们会共同促进个体由传统性向现代性迈进。因此,从英格尔斯的现代性理论、阿马蒂亚·森的能力贫困理论、舒尔茨的人力资本理论、世界银行的贫困认知税理论出发,贫困不仅是物质的贫困,还是思想观念、行动能力、话语体系的贫困,贫困户科学文化素质不高,他们往往缺乏一技之长,难以应对现代化市场经济体系的风险挑战,更难以做出适应市场化的积极改革,应该从个体层面根据他们实际情况进行相应的培育,激发他们自身的内生动力,方可最终改变现状,因此,从心理调适、文化教育、技能培训机制三个方面入手,探究相对贫困人口"志智双扶"的个体培育机制,具有重要价值。

一是心理赋能。贫困感知和生产发展意识对发展能力提升效果存在显著主效应。[1] 这说明,为脱贫户心理赋能,增加脱贫户稳定脱贫的自主性、提升其劳动效能和明确劳动意义,具有重要的价值。心理赋能即心理帮扶,赋能的对象是脱贫后的心理依赖者。心理依赖是指受内外因素的影响,社会中的某些群体或个人的思想观念、价值取向、思维方式和行为模式,落后于主流社会的一种心理状态。[2] 作为一个整体概念,心理赋能能够起到显著中介作用的是"自主性、效能感、工作意义"[3],因而需要从政策引导、意识觉醒、认知转变、示范带动、平台搭建等维度构建以培育农民主体性为内核的心理服务体系。

二是知识赋能。知识赋能要靠外界输入而非内心顿悟,知识赋能最主要的方式是教育,包括中小学教育、职业教育、高等教育等,也包括

---

[1] 杨海蕾,吕德宏:《贫困农户脱贫意识对其发展能力提升效果影响分析——扶贫小额贷款支持下的交互效应与调节效应检验》,《武汉金融》2020年第7期。

[2] 庞洪伟,巩艳红:《如何逃脱贫困?——基于贫困心理文献的视角》,《湖北社会科学》2018年第5期。

[3] 任格,崔遵康,刘平青:《心理赋能视角下新生代员工工作投入行为研究——一个跨层中介模型》,《科技与经济》2020年第3期。

管理培训与技术培训。研究表明，与普通农户一样，脱贫户接受劳动技能培训后，掌握一门以上农村实用技术，综合素质得以提高，人力资本存量增加，从而可以促进农业技术进步和劳动生产率不断增长。[①] 而部分学员受训后在农业领域创业或扩大生产规模，能够取得良好的经济效益。不少学员还在扩大生产过程中带动周边农户可持续发展，是农村致富带头人，这是典型的知识赋能。同时，技术可以赋予个体更多权能，能够推动个体能力向群体能力的横向迁移，知识赋能可以带动技术赋能，进而推动脱贫户的阶层流动与自我实现。[②]

三是培训赋能。培训可以拓展脱贫户的信息视野，助推其成长为有科技素质、有职业技能、有经营能力的新型农民。加强脱贫户的技能培训，授之以渔，让其掌握更多的种植、养殖、加工等技术，是提高脱贫户文化水平、科学素养与致富能力的关键。也唯有如此，内生动力的激发和"志智双扶"的开展才有稳固的载体。但是，脱贫户参与培训的积极性不高，培训水平较低，建议从以下几个方面进行改进：第一，应区分层次，有重点、多形式开展培训。根据不同群体的诉求与特点，采取不同的培训方式。例如，对于年轻的脱贫户，着重于进行思维培训、知识培训和技能培训；对于年老的脱贫户，主要是政策宣传与文件解释。同时，通过专家下社区、文化进社区、劳务派遣等方式，通过职业教育、农技推广、远程教育等手段，开展对脱贫户的专业、技能、知识与就业等多种形式的培训。第二，应开展精准培训服务，扶贫先扶智。为进一步提升农村劳动人口的科学文化素质，应精准培养一批有文化、懂技术、会经营、善管理的脱贫户，全方位增加他们的收入，增强其可持续发展能力。第三，应创新培训模式，加强组织管理。建议采取集中讲授、现场教学与实地参观等并行的培训模式，让脱贫户到已经发展起来的地区，亲眼看看现代化的农业、美丽的乡村、富裕起来的农民，听听成功脱贫户讲奋斗历程和发展经验，帮助开眼界、拓思路、提素质。第四，应将培训与产业相结合，带动产业快速发展。

---

① 魏毅，彭珏：《"授人以渔"：赋能式扶贫开发效果分析——基于重庆市"雨露计划"培训学员的回访》，《农村经济》2012年第2期。

② 李俊清，祁志伟：《自媒体赋能语境下个体参与贫困治理的动因、方式与成效》，《公共管理学报》2020年第3期。

二 能力建设:"志智双扶"家庭导引方式

家庭是人类社会的基本单位,家庭功能的正常发挥是人类社会发展的重要前提之一。阿马蒂亚·森(Amartya Kumar Sen)从人的可行能力视角将贫困界定为:人们创造收入、维持正常生活和参与社会活动的可行能力的剥夺。[①] 具体而言,它既包含选择机会与选择能力的缺乏,也包括选择权利的缺乏。[②] 家庭发展的困境不仅是由于收入贫困,更多是机会与权利的缺失所导致的可行能力贫困,而家庭可行能力贫困的主要原因是工具性自由的缺失。家庭发展能力是后脱贫时代脱贫户稳定脱贫的关键议题,即使是已经步入中等收入水平的家庭也面临着家庭发展能力问题。家庭发展能力是家庭凭借所获取的资源满足每一位家庭成员生活与发展需要的能力,主要包括支持、经济、学习、社会交往与风险应对5个方面的能力。[③] 而脱贫家庭更容易出现家庭变迁、家庭功能弱化、家庭需求与家庭功能对应结构失衡、家庭功能供求的自我均衡机制失灵等问题,家庭能力建设比以往更加依赖外部的支持。家庭教育对脱贫户稳定脱贫具有重要意义,因为家庭教育在教育扶贫中处于主体地位,发挥着关键作用。当前我国脱贫家庭的资产拥有量较低,资产贫困率远高于收入贫困率,家庭户主的教育、就业以及家庭照顾的需求等对资产贫困状况具有显著的影响。[④] 故此,家庭教育可以推动脱贫地区形成"教育一个学生,带动一个家庭,影响整个社会"的良好效应。[⑤] 再加上,家庭教育功能正向现代化转化。人的现代化以及终身发展需要,与推进家庭教育现代化有莫大的关系,其主要体现在思想、体系、内

[①] Srinivasan T. N. and A. K. Sen, "Poverty and Famines: An Essay on Entitlement and Deprivation" *American Journal of Agricultural Economics*, Vol. 65, No. 1, 1983, pp. 200-208.

[②] Biondo, K. Del., "The Tyranny of Experts: Economists, Dictators, and the Forgotten Rights of the Poor" *European Journal of Development Research*, Vol. 27, No. 1, 2015, pp. 186-188.

[③] 吴帆,李建民:《家庭发展能力建设的政策路径分析》,《人口研究》2012年第4期。

[④] 邓锁:《城镇困难家庭的资产贫困与政策支持探析——基于2013年全国城镇困难家庭调查数据》,《社会科学》2016年第7期。

[⑤] 吴本健,罗玲,王蕾:《深度贫困民族地区的教育扶贫:机理与路径》,《西北民族研究》2019年第3期。

容、功能四个方面,"多元性、开放性、科学性、终身性"成为未来家庭教育功能转变和价值提升的主要特征。

进一步,家庭不仅仅是一种社会的组织方式,在历史变迁过程中,作为社会底蕴的家庭传统,随着社会格局、时代旋律的变更呈现出不同的面向,并在中国现代性进程的特定历史时期发挥着关键作用。从家庭角度出发,家庭的经济收入并不是最重要的考量标准,家庭功能的正常发挥才是关键,也即家庭困局在基层社群中,更具有帮扶的合法性。[①] 并且稳定脱贫是以家庭为基础进行建构的,减贫成效也是以家庭为单位、以家庭为准绳判定的。更为关键的是,家庭提供了指向稳定脱贫的情感与价值判断,只有以家庭为视角,我们才能理解稳定脱贫的艰巨性。这说明,家庭能力,尤其是家庭发展能力,对促进脱贫户稳定脱贫至关重要。

目前,脱贫家庭存在如下问题:一是家庭成员安于现状、不思进取问题;二是家庭成员就业意愿不强、就业能力不足问题;三是家庭资源缺乏、家庭发展能力不足等问题。针对脱贫家庭所存在的思想观念相对落后、脱贫内生动力不足及家庭资源匮乏等问题,应通过"志智双扶"来解决,通过"扶志"帮助脱贫家庭转变观念,树立正确的志向,意在思想、观念、风俗习惯、脱贫信心上帮扶,提高可持续生计的积极性,奠定培育脱贫户稳定脱贫内生动力的坚实基础;通过"扶智"意在对现存脱贫家庭资源匮乏、家庭发展能力不足等问题上重点帮扶,让脱贫家庭可以通过帮扶找到一条适合自家实情发展的可持续生计之路,从而促进脱贫家庭的稳定脱贫。具体而言,可以从以下方面来进行改进:

一是强化家庭风气引导。家风集中反映了家庭或家族在繁衍生息、薪火相传历史过程中形成的较为稳定的生活作风、价值导向和行为准则。家风是社会风气的重要组成部分,是道德养成的关键,是家庭建设、家庭教育成果的凝结与升华。习近平指出:"家风是一个家庭的精神内核,也是一个社会的价值缩影。良好家风和家庭美德正是社会主义核心价值观在现实生活中的直观体现"[②]。所以,家风有好坏之分,家

[①] 吴本健、罗玲、王蕾:《深度贫困民族地区的教育扶贫:机理与路径》,《西北民族研究》2019年第3期。

[②] 共产党员网:《习近平:家风是家庭的精神内核 也是社会的价值缩影》,2020年10月5日,news12371.cn/2018/05/08/ARTI1525T52121605566.shml。

风好,就能家道兴盛、和顺美满;家风差,难免殃及子孙、贻害社会,正所谓"积善之家,必有余庆;积不善之家,必有余殃"。关于家风的本质有三种不同的观点:一是综合说,认为"家风是作为伦理亲缘共同体的家庭在长期的家庭生活传承中,逐渐形成和积淀起来的日常生活方式、家庭风范和道德伦理品格";二是传统说,认为"家风是家庭的传统作风";三是文化说,认为"家风是家庭的一种文化";四是新时代说,认为家风是爱国爱家、相亲相爱、向上向善的社会主义核心价值观重要体现。

习近平总书记关于家风建设理论论述中,特构建了"家庭、家教、家风"三位一体的家风建设体系,并指出家庭为"基",是家风建设的基石,家风为"体",家教为"用",发挥利用好家庭教育对人的引导作用,充分发挥家风对社会风气的引领、净化作用,这些论述为本文提出的观点提供了良好的理论基础。因此,优化路径如图8—2所示,从政府、学校、社区、媒体、家庭"五位一体"出发,充分发挥政府主导、社区推动、学校支持、家庭参与、媒体引领的作用,构建家风建设的联动体系,发挥家风对脱贫家庭稳定脱贫的文化引领和建立价值规范的作用。

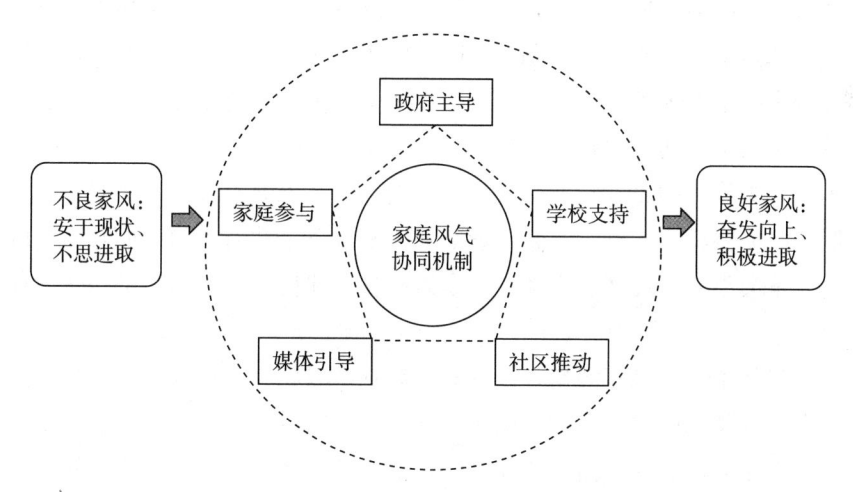

图8—2 促进搬迁农户社会融入的家庭风气优化路径

二是强调家庭政策供给。家庭政策是供给家庭福利的主要政策,对家庭政策的分析，也是对家庭福利的研究。家庭政策是国民收入再分配的重要渠道，是家庭安全的重要保障，是促进人口长期均衡发展与社会和谐的重要途径。家庭政策在一定程度上代表了一个国家的社会发展和国民福祉水平。如何建构家庭政策来保障脱贫家庭巩固拓展脱贫攻坚成果，比较有现实意义。目前，西方发达国家有以下几种类型家庭政策：第一是早期以福利制度为导向的家庭政策，为脱贫家庭及成员提供饮食、医疗、住房等基本保障，并覆盖到每一位公民，通过完善的福利制度对家庭的经济、情感及抵御风险功能的支持；第二是以现金补贴行为的家庭补贴和税收优惠政策，主要包括产假、生育补贴和工作保护，儿童看护和家庭事务等，通过这些来调节家庭经济支持水平，从而实现减轻家庭的经济负担来保障家庭功能的正常运转；而对特殊家庭（贫困、残疾、单亲等）采取的是家庭收入补贴和税收补贴，从而降低家庭贫困风险。

家庭政策应为家庭提供一个支持性的制度环境，改善家庭的微观结构，提高家庭的发展能力，增强家庭的抚幼和养老功能，提高家庭的福利水平。家庭政策的制定应该建立在家庭发展的基础上，支持和加强家庭的自有功能；应以扩展可行能力为导向，以适度普惠为家庭政策的价值取向，以多元参与构建家庭政策体，以转变观念来营造重视家庭发展的社会氛围。① 例如，可以针对不同类型、不同层次的脱贫家庭，制定支持家庭团聚政策、支持家庭—工作平衡政策、支持留守老人政策、支持和扶助家庭功能正常化的政策等，从而弥补脱贫家庭因病残、因学、因意外等导致的家庭功能弱化问题，确保脱贫家庭愿脱贫、能脱贫、可脱贫。需要注意的是，家庭政策的建构不仅仅是政府行为，而且需要政府、社会组织、社区、市场、家庭协同参与建构，才能形成网络化的保障体系。

三是聚焦家庭资源培育。家庭资源则是以姻缘、血缘关系为主形成的资源，是家庭成员所拥有的生产和生活资料的来源。家庭资源丰富程度决定家庭成员在生活、工作、学习、健康及社会交往等方面水平和质量。一个家庭可利用的资源越充足，则越有利于家庭及其成员的健康发

---

① 聂飞：《家庭发展的困境与政策调适——基于可行能力的视角》，《求实》2015年第6期。

展，如赵颖在研究中发现家庭资源减少直接对子女教育产生负面影响，而家庭内部风险的代际传递和外部教育体制的改革都在一定程度上放大了这种影响程度；① 比利时鲁汉大学的研究证实了，家庭资源在父母离异对参与学校生活的影响中起中介作用，具体路径是父母的离异事件影响了子女家庭资源的获得，进而对参与学校生活产生消极的影响；② 寇鑫通过研究发现家庭资源的获得可以提升夫妻双方对婚姻的满意度。③

家庭资源可分为内源性资源和外源性资源，内源性资源包括家庭成员之间的经济支持、家庭成员之间的情感支持、家庭环境中健康和教育管理、结构性支持；外源性资源主要包括家庭成员的社会关系支持、经济资源、文化资源、医疗资源等。家庭资源是脱贫户家庭能力发展的基础，是满足家庭成员生活、发展需要的关键。而脱贫家庭由于家庭资源匮乏导致家庭发展能力不足，家庭功能弱化，家庭成员可行能力的剥夺。因此，培育家庭资源是提高脱贫户家庭发展能力的前提，是确保脱贫家庭平等享有社会提供的医疗、教育、就业、工作及追求幸福的权利和机会，培育家庭资源是保障脱贫家庭巩固脱贫攻坚成果的关键。然而培育家庭资源是一项长期又有系统的工程，既需要家庭成员不断积极进取提升自身能力，逐渐增强资源积累的能力；又需要政府、社区等外部力量的参与和支持，共同帮助脱贫家庭积累资源方能持续长效。此外，通过构建脱贫地区农户家庭经济发展能力综合评价指数的分析模型来彰显其和稳定脱贫的关系，也比较重要。④

三 家园守护："志智双扶"社区协同手段

社区层面的团结和合作，是参与成本较低、参与预期相对明确、参与收益明显的农民组织形式，可以创造为脱贫户服务的机会，把自身发

---

① 赵颖：《员工下岗、家庭资源与子女教育》，《经济研究》2016 年第 5 期。
② 范兴华等：《流动儿童歧视知觉与社会文化适应：社会支持和社会认同的作用》，《心理学报》2012 年第 5 期。
③ 寇鑫：《工作和家庭资源、自我促进对婚姻满意度的影响——基于成对数据的分析》，硕士学位论文，陕西师范大学，2016 年。
④ 段塔丽：《农户家庭经济发展能力综合评价指标构建——基于陕西省安康地区农户调查》，《陕西师范大学学报》（哲学社会科学版）2014 年第 3 期。

展和巩固拓展脱贫攻坚成果结合起来；可以通过分担使得农业生产经营活动的技术、信息和市场成本可以承担；可以共同生产社区福利降低社区生计的脆弱性，支持社区生活价值；可以约束社区成员而实现农业小品牌建设，如何推进社区团结与合作，是解决脱贫户稳定脱贫的重要基础。从国际经验来看（以英国和美国为例），以社区为基础的"农村未来"计划融合了上述主要视角，在社区可持续发展的目标导向下关注产生脱贫户的多维因素，以及由穷人心理、行为与非正规经济环境等综合形成的贫困文化。因此，我们认为，可以通过社区协同来深度解决脱贫户的稳定脱贫，但目前社区共识、社区服务与社区合作等方面存在如下问题：

一是社区共识不足问题。国内外已经有少数学者通过研究，揭示了社区建设与贫困治理实效之间的实证关系。社区经济保障水平、社区凝聚力水平、社区赋权水平等社区能力越高，社区内脱贫户可持续生计的内生动力越强、脱贫成效越稳固。在精准扶贫阶段，国家的贫困治理重点是以个体、家庭为核心的转移支付式与开发式的保障兜底性扶贫，没有重视社区建设对贫困者在脱贫心理、教育、能力等方面产生的重大影响，疏忽了社区能力建设。所以，当前社区在对脱贫户稳定脱贫过程中存在的问题之一是：缺乏社区各个主体共同促进脱贫户稳定脱贫的共识。

国家与外部社会行动提供资源及机会，反贫困工作者提供能力建设与支持，并以此为杠杆，撬动脱贫户、搬迁社区/社区发展能力综合提升，并具有可续成长的空间，推动脱贫户、搬迁社区/社区成为反贫困行动的真正主体。然而，绝大多数的人都认为脱贫户可持续发展只是政府和脱贫户自己的事情，与社区内其他的居民、组织没有任何关系，但是根据社会互动效应分析理论，社区内居民对贫困的认识、对脱贫户的邻里关系等深刻影响着脱贫户的可持续发展意愿、可持续发展预期和可持续行动，所以社区缺乏对脱贫户稳定脱贫的共识将不利于社区治理实效的提升。

二是社区服务缺乏问题。资源、机会、能力是反贫困的支持三要素，对于社区而言，其自身的行动能力与资源问题是反贫困的主要支撑。但是，当前社区在促进脱贫户稳定脱贫中面临的另一问题是：缺乏与脱贫户需求有效对接的系统全面的社区服务，尤其是针对脱贫户需求提供的均等化的正式或非正式的社区服务。虽然目前在国内不少的搬迁地区，当地政府采取"项目外包"的形式在社区内提供了部分社区服务，但是相较于现代城市的社区管理，搬迁社区服务在服务对象、服务内容、服务形式等各方面尚处在起步阶段，较大部分的脱贫户基于年龄、疾病、突发事故等自然原因，再次返贫，更由于社区服务能力的弱化，得不到来自社区的低费用或免费的各项服务可能陷入持续返贫中。

三是社区能力脆弱问题。社会工作的核心关注是人，是人的安全、人的成长和发展、人的生活价值和生命意义。从社会工作的角度看，"贫"只是相关群体收入、财富、生活水平现状的描述，如相关群体愿意、能够通过自身行动来改变此种现状，则"贫穷"本身就不会是大的社会问题。2020年建成全面小康后，绝对贫困现象得以消除，但以脱贫户群体为代表的相对贫困区域、相对贫困群体还存在各种脆弱性，还面临各种脆弱环节，通过行动持续改善和提升生活水平的能力还有欠缺，所以，解决脱贫户稳定脱贫问题的关键，从社区行动的层面来看，就是消除其脆弱环节，降低其脆弱性，不断提升其行动能力的过程，解决巩固拓展脱贫攻坚成果的"能力脆弱性"问题。

社区是基层的社会治理单元，社区治理的成效关系到国家治理体系的完善和治理能力的提高，① 通过调整和优化基层治理机制来提高基层治理能力，是脱贫户稳定脱贫的重要着力点之一。因此，脱贫户的稳定脱贫需要政府组织主导，市场、社会等多方面治理主体参与，遵循以"系统开放性、整体协调性、多元协同性"为价值内核的协同治理思想。"在治理实践中，协同治理因为能产生协同效应，被认为是治理主体间最能形成合力、最为和谐的关系。② 社区协同治理是协同治理思想在社区层面的应用，它体现为社区内外多元利益主体在社区公共事务的管理和社区服务的供给中形成的合力。开展社区建设，共享资源，促进生产和就业，利用相关制度保障多方利益主体参与社区治理，促使彼此

---

① 姜振华：《社区协同治理视野中的"三社联动"：生成路径与互构性关系——基于北京市将台地区的探索》，《首都师范大学学报》（社会科学版）2019年第2期。

② 胡小君：《从分散治理到协同治理：社区治理多元主体及其关系构建》，《江汉论坛》2016年第4期。

利益相连，最终达到社区善治，这是构建脱贫户稳定脱贫的重要途径。因此，解决脱贫户稳定脱贫需要考虑出社区层面的影响因素，应从社区主体协作、社区资源共享、社区利益连接以及社区行动保障机制四方面入手。

一是构建促进"志智双扶"的社区主体协作机制。社区治理不仅需要关注政府、社会、市场以及民众等多元扶贫主体各自的参与情况，而且需要从整体上思考各主体如何形成同频共振以协调不同主体间复杂的权力关系，充分整合各方的信息和资源，以形成扶贫攻坚的"合力"①。将协同理论与参与式扶贫整合起来，在社区场域下，形成多元协同治贫视角，能够更具整体性和开放性地透视多元主体在场情境下的赋权性扶贫与内生性脱贫过程。② 这说明，保障社区主体间的平等参与，是激发内生动力的途径，也是"志智双扶"促进稳定脱贫的前提。显然，社区治理需要多重治理能力合作与协同。③ 这就需要进一步拓宽主体间的互利共享空间，挖掘与推动农村社区治理的政治空间、文化空间、价值空间，优化农村社区治理主体利益协同的共建环境，开展多元的脱贫户组织形式，创造社区精英为脱贫户服务的机会，把自身发展和稳定脱贫结合起来。④

二是构建促进"志智双扶"的社区资源共享机制。农村社区是一个多元主体共在的场域，它们拥有不同的资源禀赋、多样的价值取向和多元的利益诉求，⑤ 这使得社区内部以及社区间的组织资源、制度资源、信息资源以及文化资源等存在不平衡的状态，⑥ 从而导致片区的发展失衡。因此，从地方发展政策、社区自然资源与基础设施条件、脱贫户意识与文化传统、产业发展基础知识和技术、社区治理能力与治理水平、

---

① 周常春，刘剑锋，石振杰：《贫困县农村治理"内卷化"与参与式扶贫关系研究——来自云南扶贫调查的实证》，《公共管理学报》2016年第1期。
② 蒋晨光，褚松燕：《多元协同治贫与"志智双扶"机制创新研究——以河南省封丘县扶志扶智工作为例》，《河南大学学报》（社会科学版）2019年第3期。
③ 陈伟东，张继军：《社区治理社会化：多元要素协同、共生》，《社会科学家》2016年第8期。
④ 李婷婷：《协作治理：国内研究和域外进展综论》，《社会主义研究》2018年第3期。
⑤ 王东，王木森：《多元协同与多维吸纳：社区治理动力生成及其机制构建》，《青海社会科学》2019年第3期。
⑥ 叶良海：《农村社区公共资源的整合与共享》，《重庆社会科学》2016年第12期。

社区社会资本水平与组织化程度等维度展开，理顺社区协同在"志智双扶"领域的知识生产及分享机制，对促进脱贫户的稳定脱贫尤为重要。

三是构建促进"志智双扶"的社区利益联结机制。我国一直倡导党委领导、政府负责、社会协同、公众参与、法治保障的社会管理体制，但是长期以来，单一制的国家结构与官僚制的行政模式弱化了社会力量，企业与农民的自主性难以有效发挥，[1] 出现一些负面影响，如过度依赖行政路径与政府指导的产业扶贫项目，而地方政府忽视市场规律和运动式地推动产业结构调整。[2] 由于缺少脱贫户的社会性参与以及农村社区的公共平台，往往容易产生社区瞄准偏离、差距加大以及秩序紊乱等问题。[3] 因此，基层政府如何在科层运作体制下简政放权，释放企业活力，调动搬迁居民的积极性与主动性，统筹推进协同治理，逐渐推动了政府、企业和农户三者角色的嬗变，呈现出"政府—企业—农户"三者协同的良性结构框架，十分重要。[4] 可以想见的是，随着社区集体经济从无到有、由小变大，将来农村社区公共物品的供给、社区干部的工资以及社区弱势群体的福利保障等都可以从社区集体经济中出资，这可以形成"志智双扶"的社区利益联结机制，促进脱贫户稳定脱贫。

四是构建促进志智双扶的社区行动保障机制。建立社区行动保障机制，保障农村社区成员在稳定脱贫中的共同行动，具有重要的意义。社会生活的核心是社会利益，为了分配社会利益、协调社会关系就需要一种建构性的工具，而这种工具就是制度规范。[5] 政府是政策的制定者和执行者，通过制定社区政策进行利益分配，特别是制度机制的权责界

---

[1] 陆远权，蔡文波：《产业扶贫的多方协同治理研究——以重庆市 X 县为例》，《重庆社会科学》2020 年第 1 期。

[2] 贺雪峰：《精准扶贫首先要做到精准识别》，《第一财经日报》2015 年 11 月 16 日第 11 版。

[3] 孙兆霞：《脱嵌的产业扶贫——以贵州为案例》，《中共福建省委党校学报》2015 年第 3 期。

[4] 许汉泽，徐明强：《再造新集体经济：从"产业扶贫"到"产业兴旺"的路径探索——对 H 县"三个一"产业扶贫模式的考察》，《南京农业大学学报》（社会科学版）2020 年第 4 期。

[5] 王东，王木森：《多元协同与多维吸纳：社区治理动力生成及其机制构建》，《青海社会科学》2019 年第 3 期。

分，能够调动农村社区主体参与社区治理①的积极性。因此，制度的激励"使得行动者可以自主做出判断，也就是说行动者是被'嵌入'在制度中并被其创造和指引的"②。故而，在农村社区治理实践中，从组织、制度、服务、技术等角度来保障脱贫户的共识行动，对促进其稳定脱贫具有重要的价值。

四　构建安全网："志智双扶"社会支持叙事

能否有效地解决脱贫户稳定脱贫的社会支持问题，不仅事关中国的社会稳定和国家的长治久安，而且也关系到巩固脱贫攻坚成果是否有效。因此，只有建立多层次、立体化的促进脱贫户稳定脱贫的社会支持网络，才能化解政治风险，维护社会稳定，促进社会发展。

社会支持系统，也称为"社会关系网"，是20世纪70年代提出来的心理学专业词汇。索茨（Thoits）认为社会支持是重要他人如家庭成员、朋友、同事、亲属和邻居等为某个人所提供的帮助的功能，这些功能包括社会情感帮助、实际帮助和信息帮助。③我国关于社会支持的研究起步较晚，较早的研究成果发表于1990年，是阮丹青等关于天津城市居民社会网的分析。之后的研究逐渐多元与丰富，如老年人、流动农民、打工妹等群体社会支持网的研究。关于脱贫户社会支持网的研究较少，但也有一些重要观点，如脱贫户在其社会关系构成中所获得的资源主要是来自强关系中的血亲所提供的微弱的经济支持、生活物品支持和社交支持等。④

社会支持是国家、团体和个人组成的与个体有关联的关系网络⑤，并对支持对象进行相应社会供给和社会保障的一种方式，这种社会供给

---

① 王珏，何佳，包存宽：《社区参与环境治理：高效、平等、合作》，《环境经济》2018年第Z1期。
② 沈荣华，王扩建：《制度变迁中地方核心行动者的行动空间拓展与行为异化》，《南京师范大学报》（社会科学版）2011年第1期。
③ 王思斌主编：《社会工作概论（第三版）》，高等教育出版社2014年版，第311页。
④ 刘慧君：《移民搬迁中的社会支持机制与农村老年人的心理健康》，《人口与社会》2016年第3期。
⑤ 姜向群，郑研辉：《城市老年人的养老需求及其社会支持研究——基于辽宁省营口市的抽样调查》，《社会科学战线》2014年第5期。

既可以是心理上的支持与疏导，也可以是生活上的支持与供给，① 分为工具性支持、情感支持和认可支持。② 社会支持从性质上可以分为两类：一类为客观的、可见的或实际的支持，包括物质上的直接援助和社会网络、团体关系的存在和参与；另一类是主观的、体验到的情感上的支持，指个体在社会中受尊重、被支持、理解的情感体验和满意程度，与个体的主观感受密切相关。能否有效地解决相对贫困志智双扶的社会支持问题，不仅事关中国的社会稳定和国家的长治久安，而且也关系到相对贫困能否有效治理。因此，建立多层次、立体化的相对贫困志智双扶社会支持网络，既要有政府的政策支持和制度保护，又要能够有效发挥社区服务和"第三部门"的积极作用，才能从根本上"志智双扶"的社会支持问题，从而化解政治风险，维护社会稳定，促进社会发展。例如，有研究指出，脱贫户从个体社会支持网络中获得的资源，能够有效支撑其基本生活，它们与社会保障制度一起，构筑成社会安全网，从而改变脱贫户的认知与思维、激发脱贫户的内生动力、增强脱贫户的发展能力、净化脱贫户的家庭环境，使其做出彻底改变生活的意愿和行为。③ 基于此，此处从"社会资本培育、社会网络支持、社会政策优化"等方面来探讨"志智双扶"的长效机制。

一是社会资本培育。社会资本是实存或者潜在的资源复合体，④ 可以作为人际互动过程中而存在的信任、合作、共享、互惠等资源形式时，能够为使用者实现目标提供便利、带来收益⑤，是人与人之间的关系和社会结构中衍生出来的社会网络、民间参与和普遍信任的范式，⑥

---

① 陈成文：《论可持续发展视野中的农村社会支持》，《中国人口·资源与环境》2000年第4期。

② La Rocco, James M., James S. House and John RP French Jr., "Social Support, Occupational Stress, and Health" *Journal of Health and Social Behavior*, Vol. 78, No. 2, 1980, pp. 202 – 218.

③ 谢治菊：《人类认知五层级与生态移民社会适应探讨——基于HP村的实证调查》，《吉首大学学报》（社会科学版）2018年第3期。

④ Richardson, John G., "Handbook of Theory and Research for the Sociology of Education." *Contemporary Sociology*, Vol. 16, No. 6, 1986, p. ii.

⑤ 周红云：《社会资本及其在中国的研究与应用》，《经济社会体制比较》2004年第2期。

⑥ 林南：《社会资本：关于社会结构与行动的理论》，上海人民出版社2005年版，第19页。

是一种制度化的关系网络，具体可以表现为社会网络、信任、合作（互惠）、参与、共享等。① 一个地区或国家如果拥有较多社会资本（较紧密的社会网络和公民联系），就能在面临贫困和经济脆弱时处于更有利的地位，② 从对贫困解释的理论上可以将社会资本的来源归结为一种支持性的网络关系，通过它人们可以达到减少治理贫困所要付出的成本，也就是节省没有它缓解贫困必须多使用的资源（包括物质的、人力的资源）；③ 它可以转化为脱贫户所需要的社会关系网络中各种资源帮助，减少他获取脱贫机会所需付出的成本，这样也就相当于让他得到了某种程度的保障。④

二是社会网络支持。社会网络是相互联系的社会行动者结成稳定的关系结构，而社会资本是存在于社会网络和社会组织中的能够为拥有它的主体带来收益的一种能力，这种能力是潜在性的，对外体现为一种社会关系。⑤ 社会网络对弱势群体起着关键的作用，特别是劳动力流动的方面，如在下岗职工寻求职业或其他资源的过程中发挥着提供就业信息、信誉保障、经济活动中的庇护和资金帮助等功能，关系网络是下岗职工再就业的一条主要途径。⑥ 他们依赖族人和同辈，建立起自己的社会网络，为进入移居地以及以后的生存和发展奠定了基础，族亲、朋友和乡邻成为他们社会网络的重要来源，为他们流动和迁移、就业和融资以及情感沟通提供了支持。⑦ 可见，良好的社会网络可以在很大程度帮脱贫群体重新融入社会生活，提升他们的生活质量。

三是社会政策优化。"志智双扶"的长效保障机制，主要包括健全的保障体系、完善的政策体制、持续的增收机制、均等的公共服务与丰

---

① 王朝明，郭红娟：《社会资本视阈下城市贫困家庭的社会支持网络分析——来自四川省农村社区的经验证据》，《天府新论》2010年第1期。
② ［美］迈克尔·武考克：《社会资本与经济发展：一种理论综合与政策构架》，载李惠斌、杨雪冬主编《社会资本与社会发展》，社会科学文献出版社2000年版，第263页。
③ 黄宁莺：《社会资本视域中的女性贫困问题》，《福建师范大学学报》（哲学社会科学版）2008年第6期。
④ 卜长莉：《社会资本与社会和谐》，社会科学文献出版社2005年版，第78页。
⑤ 张文宏：《中国社会网络与社会资本30年（上）》，《江海学刊》2011年第2期。
⑥ 边燕杰：《城市居民社会资本的来源及作用：网络观点与调查发现》，《中国社会科学》2004年第3期。
⑦ 单菁菁：《农民工的社会网络变迁》，《城市问题》2007年第4期。

富的社会网络等，这些内容也是社会支持体系的重要构成。因此，从社会支持理论出发，将相对贫困"志智双扶"的长效保障机制界定为"社会支持体系"，有助于从城乡一体化的背景来理解"志智双扶"的保障举措。同时，贫困群体获得的社会支持很弱，强关系在贫困群体的社会支持网中发挥着重要作用，除此之外几乎没有任何其他的社会资源，贫困群体很难通过社会交换建立社会关系，因此通过培育民众的社会资本、建构良好的社会网络关系、制定相应的政策保障制度以及构建完备的社会服务体系，从而由外而内改善贫困群体的社会关系构成，将弱关系带入贫困群体的社会支持网，这是构建"志智双扶"模式的根本保障。此外，社会支持是人们健康生活的重要保障，当个体处于逆境之中，良好的社会支持系统可以给他们力量和信心；当处于顺境之中，社会支持可以提供快乐和充实。也即，社会支持能够为个体提供度过困难和抓住机会的勇气与能力。社会支持系统主要分为政策支持、资源支持、关系支持、组织支持与服务支持，无论是哪种支持，都与"志智双扶"的志气需求、心理需求、能力需求与智慧需求等吻合，因此能够保障"志智双扶"模式的有效开展。

第九章　空间再生产：搬迁移民社会融入路径优化

易地扶贫搬迁的最终目的是提升搬迁农户的经济状况，改善其生活条件与生活模式，让农户从农村农耕畜牧到城市生产生活，为村民向市民转变提供了契机。本书通过对以贵州为主的西部省份易地搬迁农户社会融入的研究，为全国易地扶贫搬迁社区治理提供了如下的经验借鉴。

一是易地扶贫搬迁为农户身份转变提供了机会。其一，易地扶贫搬迁，改变了搬迁农户的生产生活方式，转变了其身份。搬迁后，农户的收入更加稳定，抗灾能力更强，居民收入受自然因素影响更小，这在一定程度上保证了搬迁农户生产生活的稳定性，使他们的生活水平大幅度提升，生活品质有质的飞跃。换言之，易地扶贫搬迁让搬迁农户有了一次改变人生的机会。其二，搬迁农户的社群关系发生了变化，从原有的熟人社会向半熟人社会更迭，这种更迭让社交网络内的人员组成从单一化向多元化发展，对搬迁农户的思想进步与观念转变起着积极作用。其三，随着时间的推移，易地扶贫搬迁社区的管理模式将朝着现代化、数字化、协同化、多元化、精细化方向迈进。

二是大数据技术对易地扶贫搬迁农户的社会融入有积极影响。大数据技术的介入解决了易地扶贫搬迁农户身份认同困难的问题，这些身份认同问题，主要表现为生计可持续保障欠缺、社会网络重塑困难、运动式治理与常规化社区管理不相匹配三个方面。通过大数据技术的介入，搬迁农户实现了就业培训精准化、心理帮扶科学化、服务资源智能化。

三是搬迁农户的社会融入需要较长过程。社会融入个体层面的体现是其个人的身份认同与归属感,但真正的社会融入还体现在迁入地原住居民对于外来人员的认同与接纳,这是一个长期的过程。搬迁后,是否能够有效融入当地社会,还需要时间的检验。毕竟,在国家层面,2016年"十三五"规划出台易地扶贫搬迁相关文件,2017年第一批易地扶贫搬迁农户实现安置,安置后距今不足五年时间,他们是否能够以及在多大程度上融入社会,还需要进一步检验。

四是生活政治理论对于搬迁农户社会融入有借鉴意义。将生活政治理论应用于易地扶贫搬迁农户研究,是对易地扶贫搬迁农户生活方式变化、生活环境改变、生活机会拓展的深化。毕竟,说到底,易地扶贫搬迁是搬迁农户身体、伦理、自我、认同的一场变迁,而这四点是典型的生活政治探究的内容。

尽管有上述借鉴,面对搬迁农户社会融入的种种困难,还是需要从以下几个方面上优化改进。

一 生计空间再生产:夯实经济基础

生计是指人们为了谋生所需要的一定资本。可持续生计,是指人们在用一定的资本维系生活时,有能力应对外在压力与环境变化,能够保证当前和未来的能力与资本不受重创。对于易地扶贫搬迁农户的可持续生计而言,应重视外部环境的可持续支持与内部环境的可持续供给两方面。

1. 进一步强化可持续生计的技术支持

易地扶贫搬迁农户生计相对脆弱主要表现在对市场的抗风险能力较差。为解决这些问题,需要丰富搬迁农户的收入多样性,提升易地扶贫搬迁农户的市场适应能力与劳动资本能力,从而增加易地扶贫搬迁农户生计的可持续性。对于生计资本的风险抵御能力而言,生计组成的多元化程度与抗风险能力成正比。也就是说,生产生活方式的组合多样性与抗风险能力成正比,即单一的生产方式抗风险能力较弱。因此,为有效规避或分散市场变化引致的系统风险,必须组合优化不同类型的生计资本,实施多元化战略,如组合社会资本与金融资本、组合自然资本与物质资本等。① 优化组合不同类型的生计资本，就需要根据易地扶贫搬迁农户的劳动力特征，进行与其相匹配的就业岗位筛选、就业培训，并以家庭为单位进行劳动力分析，提升家庭整体抗风险能力，以此应对不同商品市场波动所带来的系统风险，这就对大数据治理提出了更高的要求。大数据为社区建设提供了更加便捷、更加有效的管理方式。传统的社区管理面临着文书任务过多、信息更新不及时、社区管理与问题产生速度不匹配等问题，大数据技术可以化解此类问题。

在宏观层面，随着大数据技术的广泛运用，政府治理正在逐渐走向集成化、规范化、标准化、精准化，这就要求建立功能完备的大数据平台。完备的大数据平台能够把涉及政务服务的证件数据集成化，将信息资源目录与政务服务信息完善和优化，并且能够整合全国的数据共享交换平台，从而实现政务信息资源的跨部门跨层级跨区域的互联互通与协作共享。另外，依据大数据技术建成更加透明公平的数据标准体系，有利于实现政务服务从申请到审批的服务标准化与监管标准化，以此提供更加高效、优质便民的公共管理体系。以大数据技术能够实现政务服务线上线下相融合为基础，在大数据政务技术建设完成之外，还需要降低服务门槛，优化服务清单，简化服务环节，做好个性化精准推送服务，才能够在真正意义上，实现大数据管理。② 但大数据技术的有效实施，其中重要的一点是利用大数据技术实现政务管理协同化，就要建设一体化的服务模式，破除"信息孤岛"，信息共享与协同运作。对于易地扶贫搬迁农户的可持续生计而言，大数据平台的建设与大数据政务体系的优化是可持续生计信息化、数据化、网络化的基石，关系着搬迁社区农户的就业与生产问题。

同时，要使得大数据平台进一步发挥有效作用，还要做到以下几点：一是保证数据平台信息更新及时。数据更新的及时，可以有效地促使社区管理更为精准，就业信息的及时更新与社区居民重大生产生活变化的相关信息统计，是保障易地扶贫搬迁社区稳定的重要因素。通过对

---

① 汪磊，汪霞：《易地扶贫搬迁前后农户生计资本演化及其对增收的贡献度分析——基于贵州省的调查研究》，《探索》2016 年第 6 期。
② 陈潭，邓伟：《大数据驱动"互联网+政务服务"模式创新》，《中国行政管理》2016 年第 7 期。

社区居民的就业信息的跟踪，确保搬迁农户的收入稳定性，若出现失业问题社区可以及时介入，并通过大数据系统，及时解决就业问题。二是构建互联互通的数据平台，打破数据孤岛，虽然易地扶贫搬迁社区的大数据平台数据量有限，但是大数据平台真正的意义应该是通过大数据技术连接到更为广阔的数据系统，构建到互通协作的数据平台，这可以极大程度地减少搬迁社区不必要的文职工作，对再就业人员与用工所需进行有效匹配，从而实现劳动力的有效利用，进而进一步确保搬迁农户的可持续生计。

2. 进一步利用大数据技术拓展搬迁农户的生活空间

2020年3月6日，习近平总书记《在决战决胜脱贫攻坚座谈会上的讲话》中指出，要加快建立防止返贫监测和帮扶机制对脱贫不稳定户边缘易致贫户以及因疫情或其他原因收入骤减或支出骤增户加强监测，提前采取针对性的帮扶措施，不能等他们返贫再补救。[①]。在易地扶贫搬迁后续管理中，这一机制有技术路径，也有制度路径，本章探讨的就是建立该机制的技术路径，即通过大数据空间再生产来达成建立易地扶贫搬迁社区长效治理机制之目的。当然，建立的易地扶贫搬迁后续管理大数据平台之所以成功，与大数据驱动的空间再生产不无关系，并使得重构的空间具有生活性、社会性与政治性。生活性，是指再生产的社区空间可以为搬迁农户的生产、生活、生计提供基础与保障；社会性，意指社区空间里再生产的社会关系以及由此带来的社会情境；[②] 当然，再生产的空间也具备政治性，这一方面是空间的本身属性，另一方面也意味着空间的权力象征。[③] 正所谓"空间是政治性的、意识形态性的，是一种完全充斥着意识形态的表现"[④]。正是由于大数据驱动的易地扶贫搬迁社区具有生活性、社会性与政治性，因此其所表现出来的空间形态，更多的是一种生活空间形态。生活空间与生活政治密切相关。与关注宏大叙事的解放政治不同，生活政治将生态、身体、自我及其认

---

① 习近平：《在决战决胜脱贫攻坚座谈会上的讲话》，《党建》2020年第4期。
② [法]列斐伏尔：《空间：社会产物与使用价值》，刘怀玉译，参见包亚明主编《现代性与空间的生产》，上海教育出版社2003年版，第48页。
③ [法]亨利·勒菲弗：《空间与政治》，李春译，上海人民出版社2008年版，第46页。
④ 王贵楼：《当代空间政治理论的主导逻辑与"一带一路"倡议的内在契合》，《教学与研究》2018年第6期。

同、生活方式等微观问题与国家权力、政府政策联系起来，希望通过权力配置与制度设计，让形形色色的人从社会压力中解放出来。① 生活政治是关于生活方式的政治，这种政治在制度反射的语境中运作，关注人的道德与生存问题，强调超越匮乏型经济、对话民主、生命伦理以及非暴力化社会等方面。② 按此逻辑，无论是大数据重构搬迁农户的生计空间、服务空间还是心理空间，都与搬迁农户的身体、伦理、自我、认同等生活方式有关，因此是典型的生活政治空间。但是，这一空间并不意味着消灭贫穷、实现共同富裕、维护公平正义的解放政治空间不存在了，仅仅代表对解放政治空间的补充和政治生活化的期盼。

3. 进一步利用大数据技术开展搬迁农户生计政策供给

易地扶贫搬迁政策能否顺利实现其预期目标，关键在于能否为易地搬迁人口重新架构并拓展他们的生计空间，并使生存资本能够可持续发展，稳定提升其生计输出。而生计输出的结果，在很大程度上受政策供给的影响，因此政府相关政策的制定与实施成了至关重要、不可或缺的一环。为此，提出如下三条措施以供参考。

第一，合理解决土地资源问题，妥善运用闲置资源。对于易地搬迁农户土地荒废问题，政府应利用大数据技术进行统计、分析与利用，从实际出发，鼓励农户进行承包或者组织进行规模化、产业化的耕作。与此同时，拓宽居民的收入渠道，减少对传统务工、务农等收入渠道的依赖，从而增强其应对抵御生活风险的能力，实现稳固脱贫。

第二，组织居民接受技术培训，提升受教育水平。政府应积极组织基层开展教育活动，呼吁居民接受培训，利用大数据技术提升搬迁农户的基本素质和技术技能，提高劳动力的整体质量，增强当地的人力资本。同时，教育也有助于转变贫困户的思想，以"扶智"和"扶志"为前提和抓手，使易地搬迁人口自觉了解相关政策，引导他们内生出脱贫的动力，巩固脱贫攻坚成果。

第三，完善社会保障体系，切实发挥兜底作用。在搬迁居民收入没有太大改变的情况下，支出有了显著的提升，易地搬迁带来的不仅是聚

---

① 胡颖峰：《论吉登斯的生活政治观》，《社会科学辑刊》2009年第4期。
② [英] 安东尼·吉登斯：《亲密关系的变革——现代社会中的性、爱和爱欲》，陈永国、汪民安等译，社会科学文献出版社2001年版，第251页。

集后更好的生活条件，也为居民带来了更大的生活压力。在此基础上，需要利用大数据平台完善社会保障体系，加强对无劳动力家庭、留守儿童、残疾人士等群体的精准匹配与救助，为他们提供温暖，提高其抵御脆弱性背景冲击的能力，解决他们的后顾之忧，避免居民因重大困难或疾病的冲击而导致返贫。①

二 心理空间再生产：强化社区认同

长期以来，人们都比较注重物质层面的扶贫绩效，关注物质资源的投入，鲜有对心理和精神层面的贫困予以关注。其实，贫困不仅仅意味着物质匮乏，还与贫困主体的主观认知和思维模式有关。② 因此，贫困的问题，归根结底是关于人的问题，其最终目的是促进人的自我发展和综合素质的提升。因此，尽管无论从理论还是实践来看，现有的扶贫工作虽取得了巨大的成效，但在心理扶贫和精神扶贫的问题上还缺乏关注。一般认为，心理是精神的基础和表征，面临脱贫攻坚"最后一公里"的难题，做好搬迁农户的思想工作，激发其脱贫的内生动力，培育其健康心理，减少其心理依赖，不仅是精神扶贫的迫切要求，更是让扶贫效果事半功倍的重要手段，对贫困人口的可持续发展，尤其是2020年以后的返贫防治，具有重要的价值。

1. 社区认同的多元探索

文化是指社会成员所获得的知识、信仰、艺术、法律、道德、习俗及其他能力与习惯的综合体。③ 在社会文化转型的背景下，我们看到了一些地区的群众不得不面临离土又离乡带来的阵痛，并在政府应对现实需求滞后的情况下承受困难，甚至因为居住空间的改变使原本的族群边界正在重组，改变了贫困群众的既有生活形态。④ 易地扶贫搬迁农户从

---

① 严小龙，蒲俊帆：《易地扶贫搬迁的可持续性生计检视——以吐祥镇大河村为例》，《半月谈》2020年第20期。
② 高考，年旻：《融入贫困人群心理特征的精准扶贫研究》，《光明日报》2016年4月6日第15版。
③ 徐光兴，肖三蓉：《文化适应的心理学研究》，《江西社会科学》2009年第4期。
④ 周恩宇，卯丹等：《易地扶贫搬迁的实践及其后果——一项社会文化转型视角的分析》，《中国农业大学学报》（社会科学版）2017年第2期。

农村搬迁到城市,他们面临的是文化环境的彻头彻尾的变化以及面对新环境的手足无措。这种无措不能表明其学习能力的不足,而仅仅是因为这些技能未能包含在其以往的濡化过程之中。正如费孝通在《论文字下乡》中论及的,乡下人进了城不懂得交通规则,就和城里人到了农村五谷不分一样。① 在搬迁农户们遭遇的种种文化不适中,时间观和空间感的冲突得到凸显。② 对于文化的认同,搬迁农户会受到政策、经济、社会交往、个人心态以及年龄、文化程度等因素的影响。实现心理空间的重塑,需要打破易地扶贫搬迁农户与新环境的时间观与空间观壁垒,这需要多种渠道共同发力,疏通并构建适宜易的扶贫搬迁社区发展的文化体系,具体来说,要推动搬迁农户的文化认同。政策传递对于组织建设意义重大,它是串联起组织体系各环节的重要链条。对于易地扶贫搬迁社区而言,政策传递不仅起到连接作用,还是易地扶贫搬迁社区可以长效发展的重要基石。群众只有了解上级政策才能理解基层干部日常工作,基层管理才能透明,干群关系才能紧密,而这也是和谐社会关系构建的必要条件。确保政策执行全覆盖,保证易地扶贫搬迁农户享受应有的政策权利,督促搬迁农户履行应尽义务,敦促搬迁农户感受新环境的变化。同时,清晰的自我认知与社区管理可以提高易地扶贫搬迁农户的自我认同感、在新环境中的被需要感,有助于摒除由于环境变迁所导致的无所适从与身份飘浮,进而构建独特的适宜的社区文化环境。

2. 重塑搬迁农户的心理归属

国家规划搬迁农户安置点体现了政府的空间治理策略,政府通过权力实现对搬迁农户居住空间的控制与改造,其过程充满了各种力量的冲突和妥协。③ 在种种纷杂与变动之中,寻找一个变化之中的平衡点与稳定点,至关重要。研究发现,易地扶贫搬迁农户心理不适应的主要原因是由于传统的社会关系网络破裂,而形成新的社会网络存在一定困难,

---

① 费孝通:《乡土中国》,人民出版社2008年版,第56页。
② 方静文:《时空穿行——易地扶贫搬迁中的文化适应》,《贵州民族研究》2019年第10期。
③ 许佳君,郑娜娜:《易地搬迁移民社区空间再造与社会融入——基于陕西省西乡县的田野考察》,《南京农业大学学报》(社会科学版)2019年第1期。

这主要包括生活方式、语言、环境、思想观念等多方面的不适应。[①] 为解决这些问题需要从政府作用、经济发展与搬迁农户本身三个角度共同重塑，使得群众心理有更强的归属感。

第一，发挥经济作用，减缓公共空间骤变产生的冲击力。"经济基础决定上层建筑"这句话不仅适用于国家发展社会体系建设，对于个人的微观发展而言，亦是如此。经济发展是立足的根本，是生活的保障之基。经济发展对于个体心理的影响，是直观的、显现的、波及范围最广的，是能够给予易地扶贫搬迁居民心理安全感的重要因素。对于从贫困地区搬迁到城市的人们而言，心理不适应往往是从经济因素开始的。换言之，从小农经济到市场经济的转换，是他们环境变迁最直白的感受。解决这种心理不适应就需抓住经济转变这一根本施力点对症下药。为实现这一目标，要保证产业发展，配套后续产业，完善经济保障。

第二，稳固顶层设计，为可持续发展提供坚实政策框架。有学者指出，在相对落后地区，即使居民有较高的搬迁意愿，但是自身力量难以达成搬迁目标，还需要政府介入，对准着力点，在政策方面发力，才能在易地扶贫搬迁社区长效发展上起积极作用。[②] 为此，首先要做到政府层面对易地扶贫搬迁农户的全面接受与全面认同，这种接受与认同需要时间磨合，但磨合的方式必须快速而有效，政府应当采取有效措施。由于易地扶贫搬迁农户的人员组成较为复杂，政府还需要将普惠的易地扶贫搬迁优惠政策与特殊政策相结合，让搬迁农户在接受帮扶中增强社区认同。

第三，搬迁农户本身要提高素质，要跟得上环境的变化。由于搬迁农户的生产空间、生活空间和关系空间都发生了改变，故而其心理认同需要在新的空间结构下进行空间适应。[③] 搬迁农户本身的主动性主要体现在生产空间的转变、生活空间的融入和关系空间的变革上，其中最能

[①] 王金涛，陈琪：《动员力度、心理聚合与搬迁绩效——以陇中某地易地搬迁为例》，《中国行政管理》2016年第9期。

[②] 施国庆，周君璧：《西部山区农民易地扶贫搬迁意愿的影响因素》，《河海大学学报》（哲学社会科学版）2018年第2期。

[③] 丁波：《新主体陌生人社区：民族地区易地扶贫搬迁社区的空间重构》，《广西民族研究》2020年第1期。

够发挥主观能动性的是关系空间的融入。无论是新阶段的社群网络，还是搬迁前的熟人社会，都是中国传统社会关系网络的一个重要构成部分。行动者之间的连接关系在易地扶贫搬迁社区发挥着重要作用。但是随着关系的转变，易地扶贫搬迁农户面临的是从农村紧密型的熟人关系转变为松散型的半熟人关系，并且呈现出无主体半熟人社会的状态。①如果放任这种状态发展，将会使整个空间结构和空间关系向陌生化、间隔化方向发展。为解决这种状态，社区建立了便于沟通和交流的社区活动中心，大力倡导搬迁农户积极参与；搬迁农户也应该提高积极性，主动参与，破除新环境下的交流隔阂，提高自己的生活多元性和社交多彩化。

3. 重构搬迁社区心理服务体系

构建基本公共服务体系、文化服务体系、社区治理体系、基层党建体系、培训和就业服务体系"五个体系"固然重要，但心理服务体系的重构也不可忽视。因为，将心理因素融入搬迁过程中，可让搬迁的效果事半功倍。因此，建议在继续坚持"五个体系"的基础上，构建行之有效的心理服务体系，对搬迁农户进行心理服务。

第一，将心理服务纳入顶层设计，制定心理服务考评体系。在脱贫攻坚进程中，各级政府部门都非常注重扶志的重要作用，反复强调扶贫先扶志，致力于激活贫困户主动脱贫的内生动力，激发贫困人口"我要脱贫"的迫切愿望。可以说，在各级政府的努力下，贫困户积极、主动脱贫的良好格局正在形成，但也有小部分人还存在"等靠要"的依赖心理。要从根源上破除这种心理，就应将心理服务纳入脱贫攻坚总体规划。其实，将心理服务纳入顶层设计，是践行"物质文明与精神文明"两手抓、两手都要硬的重要举措。为此，各地应结合省情实际，将心理服务作为与"五个体系"并驾齐驱的治理方式，提出心理服务的目标、任务和要求，形成系统方案，给予心理服务充足的政策依据，将心理服务编入易地扶贫搬迁专项工作规划，给予专门的财政支持。制定心理服务考评体系，明确考评目标、标准、内容和方式，将其纳入干

---

① 田鹏，陈绍军：《"无主体半熟人社会"：新型城镇化进程中农民集中居住行为研究——以江苏省镇江市平昌新城为例》，《人口与经济》2016年第4期。

部日常考核的范畴，引导基层干部高度重视易地扶贫搬迁农户的心理服务工作。

第二，积极发挥社工人员作用，建设心理服务人才队伍。易地扶贫搬迁后，虽然各地政府都开展了就业服务培训，但因各种原因，部分搬迁农户可持续生计问题仍然没有得到有效解决。再加上自身理解的偏差，部分搬迁农户习惯了国家支持和资金扶持，面对不能有效解决自己生计问题的尴尬，有些可能会产生不愿脱贫、不能脱贫和不信脱贫的心理。为此，可积极发挥社工人员的作用，对其进行心理疏导。事实上，作为资源的链接者、服务的供给者和效果的评估者，社工人员在提升搬迁农户能力、疏导搬迁农户心理方面，能发挥重要的作用。尽管2019年以来，部分省份已印发相关文件，明确要求加快推进社会工作专业人才队伍建设。但是，由于社工人员精准扶贫知识、心理服务知识和反贫困经验不足，他们直接参与服务的效果并不好，建议通过培训教育、参与观察、社会实践等方式，更新他们的知识储备，使他们系统掌握易地扶贫搬迁的有关政策和背景，了解搬迁农户的生活方式、语言和文化，熟知搬迁农户的心理需求和生活需要，促进社工人员在易地扶贫搬迁领域的本土化。同时，可充分利用社会资源，吸收来自学校、医疗机构、心理咨询机构的专业人才作为志愿者，充实到搬迁社区的一线工作队伍。此外，应整合力量、制定政策，吸引社会工作、心理学、教育学等相关专业背景的大学生到搬迁社区就业。或对基层工作人员、一线教师、帮扶干部进行心理服务技能培训，让他们也成为搬迁社区的兼职心理服务咨询师。通过多种举措，建设本土心理服务人才队伍。

第三，培育心理服务企业，健全心理服务机制。易地扶贫搬迁社区的心理服务工作虽由政府主导，但单靠政府的力量是不能有效解决的，应在有效整合社会资源、广泛动员社会力量的基础上，合理引入市场机制。因此，为纠正社工人员或心理咨询志愿者可能造成的偏差，政府可通过购买服务的方式，建立社会心理服务公司或事务所，实现供给侧改革，定期对搬迁农户进行多种形式的心理疏导与心态监测。健全心理服务宣传引导机制，将搬迁社区的心理服务与媒体传播结合起来，通过开设公益类专题栏目，或举办励志报告会、先进人物宣讲会、感恩宣讲会，营造良好的社区氛围，促进社区融合，增进搬迁农户对易地扶贫搬迁的理解，破除搬迁农户的封闭和排斥心理。创新心理服务管理机制，严格准入条件，强化心理服务风险预警与处理能力，重点培育搬迁农户自强不息、积极向上、乐观开朗的健康心态，激发搬迁农户脱贫致富的内生动力。健全搬迁农户的利益表达机制，完善搬迁点的社区公开制度，使搬迁农户享有知情权、参与权、管理权和监督权，不断增强他们利益表达的能力和机会，确定搬迁农户在社区建设中的主人翁地位。

第四，建设心理服务平台，加大心理服务投入。易地扶贫搬迁农户大都来自偏远的农村，往往更容易产生乡土情结，怀念原有的生活环境和生产方式，对新环境产生一定排斥心理。这种排斥会让部分搬迁农户形成应激性抵触心理，不去主动适应因搬迁而带来的生产生活方式变迁。通过构建心理服务平台，加大心理服务投入，可以更好地帮助搬迁农户适应社区生活。为此，一是应构建大数据心理服务平台，为搬迁社区心理服务提供线上支持和专业资源，搭建展示平台，促进学习交流，助力心理服务工作成果量化评估。二是加大财政支持力度，可建立专门的心理服务工作室，整合多元社会力量以专职或兼职的身份到工作室工作，将搬迁农户的心理保健纳入基本医疗保健范畴，定期开展心理健康普查。三是创新社区管理模式，按照搬迁安置点的规模大小，对搬迁社区进行分类管理，分别在集中安置点设立独立型、融合型、挂靠型移民社区，确保搬迁后服务群众有机构、有组织、有人员、有经费、有场所，克服搬迁农户的不适应心理。四是切实保障搬迁农户的合法权益。易地扶贫搬迁后，搬迁农户开始由农民向居民过渡，附着在身份上的权益随之也必然发生一些变化。为此，可采用"一证变两证"，即原户籍证管理土地和林地、社区居住证管理住房和人的做法，保障搬迁农户在原集体耕地、林地承包等方面的相关权益，以及增强农户在新安置区的身份认同，确保搬迁群众在新移民安置社区平等地享有基本公共服务，切实提高其认同感，使其"稳得住"。

第五，强化社区心理融合，开展心理文化建设。易地扶贫搬迁打破了搬迁农户传统思维中熟人社会的文化观念，虽然搬迁的行为属于自愿，但搬迁后，城市原子化的邻里关系和个性化的人际关系，可能会使部分搬迁农户有孤独感，认为自己是外乡人，进而产生焦虑情绪。为此，应在加大移民社区文体娱乐等公共服务设施建设的基础上，结合搬迁农户的风俗习惯，经常组织开展一些群众性文化活动，引导搬迁农户积极参与，加深搬迁农户之间以及搬迁农户与当地居民之间的交流与了解，强化搬迁社区内外的心理融合。同时，建议通过"文化下乡""结对子"等惠民活动，为易地扶贫搬迁农户提供图书、展览、演出等流动文化服务，帮助其形成健康的思想观念，营造劳动光荣的环境氛围，树立自力更生的生活理念。此外，建议设计合理的奖惩机制。对于部分有劳动能力但习惯"等、靠、要"的搬迁农户，一方面可通过教育鼓励他们参加劳动；另一方面可探索把低保资金和其他政策补贴，用以奖代补的方式发给他们，通过"有偿的奖惩机制"改变他们不劳而获的心态。最后，应强化典型示范和扶志教育。通过典型人物的"传、帮、带"，凝聚搬迁农户向心力，形成"志智双扶"的良好氛围，增强搬迁农户干事、创业的自我造血功能；建好用好搬迁点的宣传栏、微信群、移动客户端等信息平台，发挥搬迁点干部和驻村工作队贴近搬迁农户的优势，组织党员干部、技术人员、致富带头人脱贫模范等开展讲习，提高扶志教育的针对性、便捷性和有效性，建设良好的心理文化。

三 服务空间再生产：重塑社区文化

由于易地扶贫搬迁是行政主导型的空间迁移，是区别于农村社区与搬迁社区的"过渡型"社区，是以带领搬迁农户脱贫致富为主的"第三社区"，因此在搬迁的初期，生计转型、关系重构与服务重建是重中之重，需要政府强力推动、社会多元支持来进行社区营造。[①] 这就要求从以下几方面着手，完善相关体制机制。

1. 进一步解放思想观念，完善服务资源供给机制

一是进一步完善基层例会工作机制。为了更好地促进搬迁社区工作的有序开展，只要没有特殊情况，建议每周都召开社区工作例会，对上一周的工作情况进行总结，对存在的问题进行研判，并安排部署下一步工作。社区形成的这种例会工作机制，能及时提炼工作中好的经验以及

---

① 王蒙：《后搬迁时代易地扶贫搬迁如何实现长效减贫？——基于社区营造视角》，《西北农林科技大学学报》（社会科学版）2019年第6期。

总结工作中存在的不足,对下一步工作的开展具有重要的促进作用。

二是进一步优化楼栋管理机制。社区制定楼栋长职责管理办法,通过楼栋党建示范岗创建,把松散的、动态的楼道居民凝聚成一个整体,建议开展"认养"花草树木、"认管"公共设施、"认帮"困难群众、"认领"贫困学生、"认捐"社区事业等"五认共管"活动,实现党员亮身份、认岗位、许承诺,鼓励楼栋网格员、志愿者、群众认岗入队,共同参与社区楼栋管理,推动美好家园建设。

三是进一步探索党员管理机制。实施"三心工程",建议以"唤心""暖心""连心"工程增党性、聚党心、增信心,使党员主动回归党内生活,倾听群众心声、回应群众关切问题,积极为社区党建工作建言献策。施行党员积分管理办法,落实党员"四式"管理,即对流动党员实行"风筝式"管理,对老党员实行"访谈式"管理,对骨干党员实行"图表式"管理,对在职党员实行"组团式"管理,强化结果运用。

四是进一步开展素质提升机制。依托"支部论坛",围绕社区中心工作和重点工作,倡导每名社区干部亲自主持一次会议、调解一场纠纷、撰写一篇材料,做好一次解说,搞好一场活动,办好一次服务,在参与中感悟和提升自身素养与业务能力。

五是进一步健全容错纠错机制。为调动干部改革创新、攻坚克难的积极性,社区应结合实际,建立健全容错纠错机制,支持保护干部恪尽职守、勇于担当作为,营造干事创业、宽容失误的良好环境。具体而言,就是指干部在改革创新、干事创业、履职担当过程中,如果出现了失误、错误或者过失,但未谋取私利,又符合政策和法律规定,且无主观故意、能主动纠错的情况,可对其免除相关责任或从轻、减轻处理,这样就给社区干部吃下了一颗"定心丸",大大地激发了社区干部干事创业的激情。

2. 进一步厘清社区责任,完善社区教育供给体系

提高易地扶贫安置点办学条件、提升办学质量具有非常重要的政治意义与战略定位。首先,提高安置点办学质量尤其是办好学能真正确保搬迁群众"搬得出、稳得住、能致富"。在走访调研中,搬迁安置点群众认为"读书不嫌近,看病不嫌远",老百姓认为真正让其留下来的原

因中,搬迁安置点办学占了主要原因。否则,农村得到和城市一样的教育资源则需到城镇租房或者买房,易地扶贫搬迁农户大部分不具有这个条件。其次,提高安置点办学质量,是推进城乡教育均等化的具体举措。易地是手段,脱贫是目的,易地扶贫搬迁安置点办学,能从根本上阻断教育代际贫困之路,某种程度实现了城乡教育机会均等化。最后,提高安置点办学质量是巩固脱贫成果,也是乡村振兴的具体实现的载体。如何巩固脱贫成果,实现脱贫攻坚向乡村振兴的有效衔接,教育的基础性、先导性和根本性作用不可小觑。为此,需要做到以下几点:

第一,进一步抓好办学资金保障工作。一是争取中央财政支持,将易地扶贫搬迁安置点办学纳入中央转移支付体系,真正保障办学经费的落实。二是在省级层面设立配套学校办学专项资金,在易地扶贫专项资金中剥离出办学经费,由省教育厅、发改委及财政厅具体实施。三是地方财政加大对易地扶贫搬迁安置点学校经费投入力度,将办学投入作为重点投入及倾斜方向,预算经费纳入同级人大年度经费预算。四是多措并举拓宽融资渠道,如利用东西部协作争取资金,争取对口帮扶城市学校及政府的支持。同时,学校积极申报专项资金及基地,以积极争取专项基金带动学生发展相关兴趣爱好。

第二,进一步解决办学教师编制难题。一是易地扶贫搬迁安置点师资应以全市来进行统筹,县区具体负责方式。通过地州市教育系统及编办统筹,最大限度化解教师编制各县区不一问题。实行编随事走,教师编制在全市范围调拨。这样避免了学校间教师配备不均的问题。二是各易地扶贫搬迁安置点学校在建校之初就应将编制配备齐全。三是教师编制应由各学校申报而非由教育局根据自身情况安排,否则会导致学校教师在某些专业过剩现象发生。四是教师选派应由学校申报所缺师资后进行招考或遴选,而非通过交流挂职方式补充,交流挂职来的教师年龄偏大或者不好管理,造成学校教师队伍涣散。

第三,进一步强化教学基础设施建设。一是部分学校是在赶进度中修建的,有些耗时一年多,有些才几个月就完工,且修建在边施工边教学中进行,导致学校建筑质量较差,基础设施不完善现象,要加大维护力度。二是部分学校是县级政府接到易地扶贫搬迁任务后修建,使原本不宽裕的县级财政仅拨付有修建学校框架经费,留下了后期基础设施需逐步完善空间，因此，需要县级财政按照原有计划持续加大投入力度。三是可寻求相关企业帮扶及爱心人士帮助。如设立爱心人士或者企业冠名修建。四是争取对口帮扶城市学校帮助完善学校基础设施等多渠道。

第四，进一步优化随迁子女就近入学体系。按照相关要求，做好安置点学校的配齐建设工作，确保随迁子女有学上、有书读，具体来说：一是及时统筹义务教育资源，保障随迁子女就近及时入学。二是将易地扶贫搬迁安置点学校设置成镇中心校，由其统筹安置点随迁子女入学。三是教育部门与扶贫及移民部门对接，确保随迁子女入学"搬迁一个、接收一个、安置一个"，做到其应收尽收。四是做好易地扶贫搬迁安置点学校配齐及建设工作。

第五，进一步加大地州本科院校领办力度。一是将领办工作纳入贵州省教育厅加快绩效目标考核指标，确保领办工作开展到位。二是地州本科院校真正融入领办学校工作中，如学校派出领办人员进入安置点学校班子成员，真正将领办工作开展起来。三是领办工作按照安置点学校需求对教育理念培养、师资培训、师德师风的培训、科研提升方面进行引领。四是地州对领办工作进行统筹，如从人员选派、部门统筹、资金保障方面进行市级层面承揽，真正实现领办有抓手、有效果。

3. 进一步开展社区建设，扩大社区服务供给容量

社区能力主要包含：一是社区聚合能力（社区凝聚力），其主要表现形式就在于社区邻里关系的团结互助合作程度；二是社区经济发展能力。要实现对社区内搬迁农户的社会融入，使其可持续稳固脱贫，其中的一个关键问题还在于帮助其实现稳定就业，这就需要为其提供可行的就业工作岗位。就业工作岗位的提供关键还在于社区经济发展能力；三是社区综合服务能力。一个社区能够依据居民的内在需求，直接为其提供的服务内容及服务质量标志着一个国家的现代治理能力和水平。社区能够让搬迁农户公平、平等地享受社区提供的基础性需求服务、发展性需求服务、特殊性需求服务等，这能对搬迁农户的心理和情感产生巨大的积极影响，增强他们的获得感、幸福感、尊严感，从而激发其可持续发展的内生动力。因此，要充分发挥社区对搬迁农户社会融入的引领主导作用，同时激发社区整体和搬迁农户个体的双重发展动力，就必须解决社区协同当前存在的主要问题，首先构建和完善社区协同促进搬迁农

户社会融入的路径。

第一，构建社区共识机制。社区共识形成的关键在于如何让社区每一层级的多元主体自愿主动地冲破市场自由主义和个人主义、功利主义的藩篱，主动选择包含着利己主义的利他主义，愿意彼此之间平等互助，为此，应发展新型社区集体经济。经济基础决定上层建筑。社区集体经济是社区共识、社区聚合能力形成的物质基础。同时，构建公平正义的社区利益分配机制。从心理学角度看，贫困与不平等是交织在一起的，而促成二者交织的力量正是社会比较。当贫困者在社区内没有被平等对待，没有公平参与社区内的利益或服务分配机制，则更易滋生贫困者的被剥夺感和被排斥感，不利于贫困者脱贫内生动力的激发。大力宣传社区的脱贫典型，对社区居民进行正面教育和引导，形成促进社区"搬迁农户社会融入"的文化传统。

第二，完善社区服务机制。针对社区居民的不同需要诉求，社区能够为居民提供何种程度和水平的服务内容，获得居民何种程度的认可和支持，彰显了一个国家的现代治理能力和水平。居民的服务诉求，大致分为三类，第一类是基础性服务需求，是指绝大多数普通居民的社会文化生活、居住环境条件、安全保障等方面的基本需要。第二类是特殊性服务需求，是指部分居民因为经济社会地位和其他特殊因素形成的需求，这类需求的满足大多依赖比基础性需求更高的条件，比如贫困者自主脱贫需要的专业知识和技能培训、就业指导服务等。第三类是专业性服务需求，是指这类需求的满足依赖较为专业的供给方式，比如高龄失能老人的陪护、特殊人群（精神病人、残疾人、重病患者）的陪护和心理疏导、留守儿童的教育和心理疏导。贫困者群体需要社区为其提供以上三类需求服务。社区服务机制的建设要照顾上述三种需求，所以服务机制主要围绕"社区生态服务、社区行政服务、社区公共服务"三大类型而展开。

第三，强化社区合作机制。社区协同的根本任务在于把社区内的贫困者等困难群体合法有序地组织起来，直接参与社区行动，争取被剥夺的权利和利益，解决困扰他们生存发展的具体问题。社区行动是贫困者等困难群体为自己"发声"、与现实因各种因素所造成的不公平性的"博弈"，是贫困者自我意识和主体性的觉醒与成长。贫困者在社会行动中得到了锻炼,重塑了他们的形象和心态,唤醒了他们的政治意识和权利意识,促使社区的其他层级主体更加关注和尊重他们的利益诉求,推动社区全面进步。

四 资源空间再生产:加速社区融合

易地扶贫搬迁的人数多、规模大、时间短、任务紧、涉及面广,是典型的"运动式搬迁",但搬迁后采取的却是管理模式常规化、管理机构常规化、管理经费常规化、管理内容常规化的"常规化治理",这让社区的归口管理与属地管理有冲突、职能设置与人员配备不相符、生存资金与运转资金显瓶颈、心理需求与融入需要被忽视,进而引发移民生计空间不足、服务空间缺失、心理空间断裂等治理困境。应采用超常规的资源整合手段,对搬迁农户的生计空间、服务空间和心理空间进行再造。具体来说,一是技术路径,用大数据平台数据庞大、信息对称、追踪及时等优势,重塑搬迁农户的生存空间;二是制度路径,通过政府的强力推动、社会的多元支持和志愿者的整合服务,培育搬迁农户的"造血"功能,帮助搬迁农户顺利度过适应期,促进搬迁农户的社会融入。

已有研究显示,"常规化治理"是导致易地扶贫搬迁社区出现治理困境的现实根源。[①] 因为从目标、对象和手段来看,易地扶贫搬迁是清晰化的任务,目标是在2020年实现1200万人的搬迁,对象是"一方水土不能养一方人"地区的建档立卡贫困户,手段是以集中安置为主。但是,由于时间紧、任务重,以及个体能力和外部环境的影响,执行主体在执行政策的过程中,会产生歧义性理解、竞争性诠释和变通性执行,进而将清晰化的行政任务变成模糊性问责。之所以如此,是受易地扶贫搬迁工作以下两个特征的影响:一是流动治理。易地扶贫搬迁工作分为上下两个阶段,具有明显的时间顺序连接,上阶段是"搬得出",下阶段是"稳得住",这两个阶段分属不同的责任主体,但他们共同作

---

① 谢治菊:《易地扶贫搬迁社区治理困境与对策建议》,《人民论坛·学术前沿》2021年第15期。

用于搬迁工作，所以即使效果不理想，也不好清晰地判断责任归属，进而让问责的模糊性增加。例如，移民说政府对政策的宣传不到位，但到底是哪个阶段的宣传不到位，很多人是说不清楚的，只是一个笼统的印象，除非有确凿的证据，否则上级政府是没办法问责的。二是跨域治理。易地扶贫搬迁是将贫困户从生态环境恶劣的地区搬出来，这意味着治理过程存在空间结构的转换。也即，易地扶贫搬迁工作在空间上处于不同主体边界的边缘区域，前半段属于原来的乡镇政府管理，后半段属于搬迁社区的管理，这也会导致归责困难，容易产生"公地悲剧"。受流动治理与跨域治理的双重影响，易地扶贫搬迁工作的归责问题变得更加模糊。正所谓"治理目标越模糊，留有的解释空间越多，责任被推脱的概率也越大"[1]。由于责任归属模糊，因此无论哪个阶段的政策执行主体，都更愿意对问题型和数量型公共行政任务投入更多的精力，如更青睐于对搬迁人数和搬迁时间进行落实，因为这两个任务是靠底线管理和排名管理来考核的。而对于搬迁社区的管理，除有硬性要求的劳动力家庭"一家一就业"的就业服务体系外，其余的管理内容如公共服务、心理服务、文化服务、党建引领、治理体系等，都属于软性管理任务，主要靠创新管理和痕迹管理来予以推进。在此逻辑下，"常规化治理"必将呈现两个特征：一是前期注重所有符合条件的搬迁对象是否按时搬出；二是后期注重是否实现了有劳动力搬迁家庭"至少一人就业"的目标。至于是怎么搬迁出来的，搬迁后是否适应，则不是当时这项任务要关注的重点。由此，当以指标化、排名化、数据化为特征的"运动式搬迁"遭遇以形式化、痕迹化、常态化为特征的"常规化治理"，社区治理的困境必然产生。

既然如此，该如何来摆脱困境呢？超常规的资源配置是关键。超常规资源整合的理论基础是社会整合理论。社会整合理论起源于涂尔干的"社会团结"，形成于帕森斯的结构功能主义框架中，经过洛克伍德的"系统/社会"整合二分理论、卢曼的"系统自为"社会整合理论、哈

---

[1] 李利文：《模糊性公共行政责任的清晰化运作——基于河长制、湖长制、街长制和院长制的分析》，《华中科技大学学报》（社会科学版）2019年第1期。

贝马斯的沟通整合理论、吉登斯的时空整合理论的发展①，已被作为社区治理的理论分析框架，散见于搬迁社区自治②、基层行动逻辑③、乡村模式变迁④中。社会整合的正向衡量指标是"团结、忠诚、适应、认同"，这与易地扶贫搬迁社区治理需努力的方向相吻合。根据第一部分的综述，社会资本、社会文化、多中心主体、空间再造等是影响易地扶贫搬迁社区治理的重要因素，也是基本理论，这些理论的叠加正好表征基层社区资源的整合。故此，以社会整合理论为基础的超常规资源整合，意指参与易地扶贫搬迁社区治理的各级各类主体，以超常规的方式与手段整合社区治理资源，实现社区治理效能最大化的过程。在实践中，超常规资源整合往往有两种路径——制度路径和技术路径，前者强调资源优化，后者着重顶层设计。由于技术能为顶层设计提供精准化的信息与精确化的服务，所以T县的做法是先用技术路径，即探索用大数据平台来重构搬迁农户的空间。2018年8月，T县建立了易地扶贫搬迁大数据平台。该平台是易地扶贫搬迁后续管理和帮扶平台，旨在对易地扶贫搬迁农户从哪里来、住哪里、干什么工作等，提供可追溯、可分析的大数据管理平台，从而达到搬迁社区服务管理工作"底数清、情况明、服务优、效果好"之目的，确保搬迁农户能够"搬得出、稳得住、能致富"。该平台力争通过就业帮扶的精准化、服务供给的精细化和心理服务的科学化来超常规整合有限的治理资源，实现搬迁农户生计空间、服务空间和心理空间的重构，目前已取得较好的成效。例如，已利用大数据平台数据庞大、信息对称、追踪及时等优势，根据搬迁农户的需求提供有针对性的培训和推荐，基本实现了有劳动力家庭"至少一人就业"的目标；再如，通过数据汇聚和数据开放，革除了社区服务供给中信息不对称、需求错位等弊端，实现了服务供给的差异化、个

---

① 吴晓林：《社会整合理论的起源与发展：国外研究的考察》，《国外理论动态》2013年第2期。
② 刘筬，刘倪：《社会整合理论视角下城市基层治理运行逻辑研究——以北京市"街乡吹哨、部门报到"实践为例》，《四川行政学院学报》2020年第5期。
③ 卢学晖：《中国城市社区自治：政府主导的基层社会整合模式——基于国家自主性理论的视角》，《社会主义研究》2015年第3期。
④ 李增元：《乡村社会整合模式变迁：动因与演进逻辑——基于社会整合理论的分析框架》，《理论与改革》2009年第6期。

性化与便捷化,增强了服务方式的灵活性与主动性,让所有无劳动力或弱劳动力家庭纳入最低生活保障,实现政府兜底;又如,利用大数据平台精准掌握社区居民的思想意识和心理状况,然后有针对性地对重点人群的心理问题进行关注、对特殊人群的心理需求进行疏导、对可能引发的心理危机进行预警,实现了心理服务的科学化与规范化。经过这样的超常规整合,T县的搬迁农户治理呈现出良好的态势,正如某社区主任[①]所说:

"现在整个小区的变化还是比较大的,比如卫生环境,比刚开始搬过来时候强多了,现在居民看到地上有烟头,会觉得尴尬脸红,已经意识到这样做不好了。"

但是,由于前述T县的技术路径还处于探索阶段,准确地说是数据的建设阶段,不仅面临操作人员更换频繁、数据质量不稳的弊端,还没有打破"数据孤岛"、实现数据共享,平台的功能模块也存在缺陷,无法满足千变万化的需求。因此,要超常规整合治理资源,除完善技术路径的缺陷外,如加大对数据平台操作人员的业务素质培训,形成稳定的操作人员;不断优化和完善数据平台,适时调整平台功能。加大对数据信息的分析运用,发挥好数据平台对实际工作的指导作用。此外,还应该有超常规的制度设计,具体来说:一是做好超常规的顶层设计,创新后续管理制度模式,完善易地扶贫搬迁社区后续管理的体制机制与保障体系。二是成立超常规的组织机构如街道办事处,由县委常委兼街道办主任,统管所有的搬迁农户,这样能够高规格、及时地解决社区问题,化解社区矛盾,实现社区资源的整合与共享。三是拨付超常规的专项资金,对搬迁农户的办公经费、过渡经费、维护经费予以支持,鼓励社区干部大胆工作、精细服务。四是提供超常规的公共服务,拓宽就业渠道、优化培训体系,大力发展扶贫车间与引进优质企业,增加家门口就业的机会,保障搬迁农户的生计权,增强搬迁农户的归属感;尊重搬迁农户的风俗习惯,开展多种文化活动,在社区设置红白喜事操办点,人性化、制度化地解决搬迁农户因婚丧嫁娶所产生的经济负担和环境污染。五是鼓励超常规的社会力量参与社区治理,引导社会工作者、爱心

---

① 男,汉族,36岁,本科,党员,贵州T县某社区主任,访谈于2019年5月26日。

人士、社会组织到社区开展心理咨询、法律救助、行为矫正、政策宣传等志愿服务，呼吁全社会关注搬迁农户这一特殊群体。必要时，可整合全社会力量帮助搬迁农户中的特殊群体度过适应期。

需要指出的是，由于易地扶贫搬迁是行政主导型的空间迁移，是区别于农村社区与搬迁社区的"过渡型"社区，是以带领搬迁农户脱贫致富为主的"第三社区"，因此在搬迁的初期，生计转型、关系重构与服务重建是重中之重，这就需要政府强力推动、社会多元支持来进行社区营造。① 但随着时间的推移，当搬迁农户已完全适应当地社会、融入当地生活，具备自力更生的"造血"能力时，社区的治理也要由政府主导、社会支持转向居民自治。如此看来，上述提出的超常规制度设计是目前搬迁农户过渡型治理的权宜之计，不适用于所有的治理阶段。

当然，本书的研究也有一些局限，毕竟易地扶贫搬迁的时间不长，大部分在2020年12月才全部搬完，全国70%的易地扶贫搬迁社区建立还不到五年，对于社区治理模式，仅仅形成了初步的探索，是否能够持续发展还有待观察。同时，易地扶贫搬迁是阶段性的，但是易地扶贫搬迁农户的生活是长久性的，其所产生的意义是深远的，搬迁社区的建立对于搬迁城市的影响也是长远的，因此，现有的结论是否能够支撑长远的发展，还不得而知。再加上，社会融入具有长效性特征，不成熟案例的观察也许没有足够的说服力。另外，大数据助推易地扶贫搬迁社区社会融入的时间较短、案例较少、实践不够，更缺乏同地区在没有大数据技术介入情况下易地扶贫搬迁社区的治理情况对比，大数据对搬迁社区的影响程度，还不能完全体现。最后，本书使用了定性研究方法，但对于社会融入的认知缺乏观察数据与测量指标，难以得出更有启发性的结论。

---

① 王蒙：《后搬迁时代易地扶贫搬迁如何实现长效减贫？——基于社区营造视角》，《西北农林科技大学学报》（社会科学版）2019年第6期。

附件1　调查问卷

地点：_____省_____市（地区）_____县_____乡、镇_____村

时间：_____年_____月_____日，调查员_____

搬迁朋友：

您好！

问卷为匿名问卷，您的回答我们将会严格保密，不会对您和您的家庭造成任何负面影响，请您放心回答。感谢您抽出宝贵时间来协助我们完成此次问卷调查！您只需根据自己的实际情况，在每个问题所给的选项中选择适合的答案后打（√），或在_____中填写即可，谢谢！

贵州省社科规划重大招标课题组
2020年11月5日

第一部分　被调查者基本信息

A0　您是贫困户吗：1. 不是　2. 是

A1　您的性别：1. 女　2. 男

A2　您的年龄：_____岁

A3　您的民族：1. 少数民族（_____族）　2. 汉族

A4　您的婚姻状况：1. 未婚　2. 已婚　3. 丧偶　4. 离异

A5　您的文化程度：1. 文盲　2. 小学　3. 初中　4. 高中（中专）

及以上

A6　您的住民类型：1. 外来移民（指易地扶贫移民搬迁）　2. 原住居民

A7　您是否为户主：1. 否　2. 是

A8　您的家庭人口数：（以户籍为标准）_____人，其中18岁以下_____人、65岁以上_____人、劳动人口数_____人，总共是_____代人共同居住

A9　您的主要家庭年收入：打工收入_____元、农作物收入_____元、养殖收入_____元、政府补贴收入（粮食直补、各种惠农政策补贴）_____元、其他收入（低保、五保、捐赠、村集体分红等）_____元，合计_____元

A10　导致您家贫困的主要原因：1. 因病　2. 因学　3. 因残疾　4. 因缺劳动力　5. 因懒　6. 其他

A11　您了解国家精准扶贫的政策吗：1. 不了解（跳过A12）　2. 有点了解　3. 比较了解　4. 十分了解

A12　您主要是怎么知道精准扶贫政策的（单选）：
1. 村干部宣传的　2. 从电视、网络或广播知道的　3. 听别人说的　4. 扶贫干部告诉的

第二部分　身体融入

B1　您的健康状况：1. 不健康（患病或残疾）　2. 健康

B2　您家患重病、慢性疾病的人数有_____人

B3　您家有没有残疾人：1. 没有（如没有跳过B4）　2. 有（语言、肢体、智力、其他）

B4　家里如有残疾人，会影响其日常交往吗：1. 不影响　2. 影响

B5　您感觉自己的智力水平如何：1. 不正常　2. 正常

B6　您感觉自己的身体适应现在的生活节奏吗：1. 完全不适应　2. 不太适应　3. 基本适应　4. 完全适应

B7　您有没有饮酒习惯：1. 没有　2. 有（每天饮_____两）

B8　不干活时，您喜欢做些什么：1. 打牌　2. 抽烟、喝酒　3. 看

电视 4. 听收音机 5. 到处闲逛 6. 其他

B9 您有没有喝酒闹事的经历：1. 没有 2. 有（_____次/月）

B10 您的睡眠情况如何：1. 不正常（原因：_____） 2. 正常

B11 您和邻里经常走动吗：1. 从不走动 2. 偶尔走动 3. 经常走动 4. 天天走动

B12 您有没有参加过村庄集体事务（如有事喊去开会、商议事情等）：1. 没有 2. 有（约_____次/年）

B13 您一天大致的时间分配：干活_____小时，娱乐（聊天、打扑克、打麻将、闲逛等）_____小时，休息_____小时

第三部分 心理融入

C1 您对您的物质生活条件是否满意：1. 不满意 2. 满意

C2 您有羡慕别人有钱吗：1. 不羡慕 2. 羡慕

C3 您对脱贫是否有信心：1. 没信心 2. 有信心

C4 看到别人脱贫，您有什么想法：1. 羡慕 2. 渴望脱贫 3. 无所谓 4. 嫉恨

C5 如果给您介绍保安、保洁等工作，您愿意去尝试吗：1. 不愿意 2. 愿意

C6 您喜欢和什么样的人做朋友：1. 爱玩的 2. 不懒也不勤快 3. 干活勤快的 4. 有志向的

C7 扶贫过程中，让您免费出人出力，您愿意吗：1. 不愿意 2. 愿意

C8 您对帮助您的扶贫干部如何评价：1. 不满意 2. 满意

C9 您如何看待扶贫干部对您家的帮助：1. 感谢他们的帮助 2. 这是他们应该做的

C10 对于以下说法，有的人同意，有的人是不同意的，您是怎么看待的，请根据自身实际情况在相应的答案下打"√"

您的感受与体会	不同意	同意	您的感受与体会	不同意	同意
在陌生的地方我容易烦乱或觉得惊恐			我愿意参加无报酬的公益活动		

续表

您的感受与体会	不同意	同意	您的感受与体会	不同意	同意
我常常感觉到比较焦虑			我愿意去帮助其他需要帮助的人		
和人交往时我比较紧张			我认为自己努力比别人帮助更重要		
我常常有自卑感			我希望得到一份适合自己的工作		
我觉得我的生活没有意义			我并不想要隐瞒贫困户的身份		
我害怕与陌生人打交道			社会上比我有钱的人都比我努力		

第四部分　语言融入

D1　您喜欢的语言：1. 普通话　2. 本地方言（汉语）　3. 少数民族语言

D2　您平时用得较多的语言是：1. 普通话　2. 本地方言（汉语）　3. 少数民族语言

D3　您觉得有必要专门学习普通话吗：1. 没必要　2. 有必要

D4　您觉得普通话最能在哪些方面帮助您：1. 没啥可帮的　2. 生活　3. 工作　4. 娱乐

D5　您是否学会了普通话：1. 没学会　2. 学会了

D6　日常生活中，您是否遇到过语言方面的困难：1. 没遇到过　2. 遇到过（原因_____）

D7　如果您是说少数民族语言的同胞，平时与汉族同胞交流适应吗（不是跳过）：1. 不适应　2. 适应

D8　您用什么样的手机（不用手机或用老人机跳过D9、D10）：1. 不用手机　2. 老人机　3. 智能手机

D9　您会在微信、QQ上和别人聊天吗：1. 不会　2. 会

D10　您在微信或QQ上聊天时，经常用：1. 语音　2. 打字　3. 其他

D11　您是否能看懂网络、电视里的节目信息：1. 看不懂　2. 看得懂

D12　您是否知道政府的扶贫政策：1. 不知道　2. 知道（如"不知道"，请跳过D13）

D13　您是否理解政府的扶贫政策：1. 不理解　2. 理解

D14　您是否能读懂报纸、杂志或网络新闻：1. 读不懂　2. 能读懂

第五部分　思维融入

E1　您认为怎么可以快速脱贫：1. 靠政府救助　2. 靠别人帮助　3. 靠运气　4. 靠自己勤劳

E2　在以下帮助中，您最希望得到什么类型的帮助（单选）：

1. 物质帮助（如直接金钱救助）　2. 知识、技能方面能力提升的培训　3. 居住环境改善（如住房改善）　4. 精神、心理上帮助（如心理辅导）　5. 提供就业等能够创造财富的机会

E3　您家农副产品是如何消费的：1. 自己消费（如填此项，请跳过下一项）　2. 出售

E4　若是出售，是如何出售的：1. 自己去卖　2. 亲戚朋友购买　3. 亲戚朋友介绍售出　4. 线上销售

E5　假如您有钱了，最想做什么（单选）：

1. 买房、建房或改善已有住房　2. 买车　3. 买吃的　4. 搞投资　5. 存款　6. 买生产资料（如化肥）　7. 赌博　8. 其他_____

E6　如果村委会资助您家的孩子去读大学或研究生，您同意孩子去读吗：（家里没有适龄的孩子跳过）

1. 不愿意　2. 愿意　为什么：_____

E7　您愿意远离家乡外出打工吗：1. 不愿意　2. 愿意

E8　为了生活，您愿意干脏活累活吗：1. 不愿意　2. 愿意

E9　如果有好的产业扶贫，但是会比较辛苦，您愿意尝试吗：1. 不愿意　2. 愿意

E10　您更愿意自家单独发展还是大家一起抱团发展：1. 单独发展　2. 抱团发展

E11　您平时更喜欢关注哪方面的信息：1. 自身利益　2. 家长里短　3. 村庄发展　4. 国家大事

E12　对于以下说法，有的人同意，有的人是不同意的，您是怎么看待的，请根据自身实际情况，在相应的答案下打"√"

您的感受与体会	不同意	同意	您的感受与体会	不同意	同意
养儿子比养女儿强			勤劳能致富		
我同意"小富即安"			过日子"节流"比"开源"更重要		
我比较满足自己现在的生活状态			我愿意争当贫困户		
饿死也要一家人在一起			我喜欢简单的生活		

E13 对于以下说法，有的人同意，有的人是不同意的，您是怎么看待的，请根据自身实际情况，在相应的答案下打"√"

您的感受与体会	不同意	同意	您的感受与体会	不同意	同意
面临困难时，我会想办法解决			面临困难时，我会寻求别人的帮助		
我认为"生死有命，富贵在天"			我对自己的生活充满信心		
我的生活比较有计划并按计划去做			我会向比我能干的人学习		
我喜欢与家人或朋友一起讨论问题			我常常告诫自己要学会容忍		
我喜欢与别人合作做事			我会努力改变现在的生活		
我经常能妥善地解决生活中的矛盾			与别人发生矛盾，责任不在我		
我常常能看到坏事中好的一面			我愿意与上进的人待在一起		

E14 您对家庭近5年发展有什么想法，请写在下面：

_____

第六部分　文化融入

F1 您家的文化人口：大学及以上_____人，高中文化_____人，初中文化_____人，小学文化_____人，没文化_____人

F2 您平时参与学校家长会吗：1. 没有　2. 有（_____次/年）

F3　您是否适应现在的生活：1. 不适应　2. 适应

F4　您所在村有哪些传统文化：1. 没有（选择此项跳过F5）　2. 绘画、刺绣、蜡染等手工制作　3. 唱歌、跳舞等文艺活动　4. 重大传统节日活动

F5　您认为本地传统文化是否应该保留：1. 不应该　2. 应该

F6　整体而言，您对自己的生活状态是否满意：1. 不满意　2. 满意

F7　整体而言，您感觉生活是否幸福：1. 不幸福　2. 幸福

F8　整体而言，您认为社会是否公平：1. 不公平　2. 公平

F9　如有可能，您是否愿意搬迁到更好的地方：1. 不愿意　2. 愿意

F10　您所在村有村规民约吗：1. 没有　2. 不知道是否有　3. 有

F11　您认可该村的村规民约吗：1. 不认可　2. 认可

F12　您是否有宗教信仰：1. 否（跳过F13）　2. 是（信仰_____教）

F13　您为何会信仰宗教：1. 精神寄托　2. 物质帮助　3. 心灵慰藉　4. 清洁卫生

F14　现在您买东西会更喜欢什么样的付款方式：1. 微信　2. 支付宝　3. 银行卡　4. 现金

F15　整体而言，您对以下主体的信任程度如何，请在相关答案下划"√"

	完全不信任	不太相信	一般相信	比较信任	完全信任
村干部					
乡镇干部					
省市干部					
中央干部					
亲戚					
朋友					
邻居					
陌生人					

F16　您对易地扶贫搬迁还有哪些建议，或对自己的生活还有哪些补充，请告诉我们：

附件2 访谈提纲

第一部分 个人背景

［个人情况］请介绍一下您个人的基本情况？比如，您叫什么名字？您今年多大岁数？您的这个姓氏在您们社区大约有多少户？多少人口？您属于哪个镇（乡）哪个村？哪个小组？您是什么族别？（如果是少数民族：您是什么族？）

［婚姻状况］请介绍一下您的婚姻情况？比如，您是否已婚？（如果已婚：您的配偶是不是本地人？您的配偶是不是和您一个族别？您对您的婚姻满意吗？您们因经济问题争吵过吗？）（如果离婚：您们离婚的原因是什么？离婚后您后悔吗？（如果丧偶：丧偶的原因是什么？您感到孤独吗？）您对现在的高离婚率是怎么看待的？

［宗教信仰］您如何看待宗教信仰？您信仰宗教吗？您对信仰宗教有什么看法？（如信仰宗教：您们信仰哪一种宗教？您信仰的宗教需要做礼拜吗？平均一个月去做几次礼拜？您们一般在哪儿做礼拜？）您们有哪些节日信仰活动？节日信仰的形式和过程能描述吗？

［文化程度］您的文化程度和使用现代信息技术的情况如何？您当初没有继续读书的主要原因是什么？您离开学校后接受过哪些知识技术培训没有？您现在想学习知识文化吗？您现在希望学习哪些知识技能？如果有培训机构免费让您去学习，您愿去吗？

［住民类型］您家是否搬迁过？您是外地搬迁到这里的，还是这里的土著居民？您知道您们原来的祖籍是哪里的吗？您们在这里居住和邻

居的关系怎么样？（如果是外来移民：您们大概是什么时间搬到这里来定居的？具体原因是什么？您受过当地人歧视没有？受歧视的主要原因是什么？）

［家庭人口］介绍一下家庭人口与结构？例如，您家共有多少人口？您是不是户主？您父母是否还健在？（如健在，母亲多少岁？父亲多少岁？）您家18岁以下的有多少人？您家65岁以上的有多少人？您家现有在学校读书的孩子没有？（如有在校生：您家共有几个孩子在学校读书？他们都读几年级？学习成绩怎么样？）您家共有几代人居住在一起？年龄最大的是多少岁？最小的是多少岁？

［家庭收入］您家的收入情况如何？您家主要经济收入来源是什么？您家每年的农作物收入折成人民币大概是多少？您家养殖年收入大概是多少？您家打工年收入大概是多少？您家一年政府补贴大概是多少？政府除了用资金，还用了什么作为扶贫？除了政府以外，还有哪些组织为您家做过扶贫？您家其他年收入（如捐赠、村集体分红等）大概是多少？

第二部分　行为融入

［健康状况］您全家人的健康情况如何？家里有没有残疾人？（如果有，是什么情况的残疾？如语言、肢体、智力等）您家如果有人生病的时候一般去哪儿看病？您家离看病的地方有多远？您们社区有没有诊所？是公办的还是民办的？它们看病的能力怎么样？您觉得现在看病难不难？您觉得现在社区（或乡镇里）的医药费贵不贵？您家一年缴纳多少农村合作医疗保险费？您家共交了几个人的农村合作医疗保险费？

［文化状况］您家里人的文化程度如何？比如，有大专以上文化程度多少人？高中文化程度多少人？初中文化程度有多少人？小学文化程度多少人？没文化的有多少人？您觉得文化能不能改变家庭贫困状况？如果还有机会，您还想读书吗？

［休闲状况］您是如何安排自己一天的时间的？比如，您一天干活多少时间？您平常主要干什么样的活最多？您喜欢打麻将吗？您喜欢音

乐或舞蹈吗？您喜欢书法绘画吗？您喜欢聊天吗？您喜欢搞体育锻炼吗？您们社区有体育运动和娱乐场所吗？您喜欢看什么样的电视节目？您们一般是如何锻炼身体的？如果有人到您们社区搞文化娱乐培训，您愿意参加吗？

［生活习惯］您的生活习惯有哪些？您喜欢下象棋和围棋吗？您喜欢阅读书刊吗？您平时喜欢喝酒吗？（如喝酒：您喜欢喝什么样的酒？正常情况下您可以喝多少酒？）您觉得喝酒有什么好处？什么坏处？您喜欢抽烟吗？（如抽烟：您一般抽多少钱一包的香烟？平均几天抽一包烟？您觉得抽烟喝酒有什么好处？）您觉得抽烟有什么好处？什么坏处？您喜欢喝茶吗？（如喜欢：您喜欢喝什么样的茶？）您觉得喝茶有什么好处？

［邻里关系］您和邻居相处得如何？您们社区遇到喜事或丧事时大家是怎么帮忙的？您们社区一般办红白喜事要收礼吗？是收礼物还是礼金？一般情况收礼金多少？您觉得社区办酒席频繁吗？（如频繁：您觉得频繁办酒席好吗？）您喜欢到邻居家里串门聊天吗？您们聊天时主要关心哪些话题？您和邻居的关系相处得好吗？邻居对您有哪些重要的帮助？您最近主动帮助邻居解决过困难问题吗？哪些问题？

［参与活动］您在社区的公共参与如何？您们社区有没有组织过集体活动？您喜不喜欢参不参与社区组织的活动？您是不是每次社区召开的群众会议都参加？您参加过社区组织的集体学习吗？社区组织开会一般是讨论哪些问题？您觉得社区讨论问题时民主吗？

第三部分　心理融入

［满意程度］您觉得现阶段的生活还满意吗？社区的扶贫政策对您生活有哪些影响？自开展扶贫工作以来，您的收入有提高吗？收入变动的原因是什么？社区经济条件比较好的村户是怎么致富的呢？您羡慕那些经济条件好的村户吗？您是怎么看贫困户这个称呼的？

［自信心理］社区整体经济条件好转，您是怎么想的？有没有觉得干劲更强了？您对脱贫有信心吗？信心主要源自哪里？社区有没有向您介绍一些工作？主要是什么工作？工作地点离家里远不远？您愿意去

吗？想要找一份什么样的工作呢？

［心理交流］您觉得社区环境怎么样？您平时和乡亲邻里打交道多吗？您平时没事儿的时候都干些什么？您喜欢跟谁多交流？为什么？您觉得家里手头不宽裕吗？原因是什么？

［信任程度］您觉得社区的帮扶干部怎么样？帮扶干部常来您家吗？他们主要为您家做了什么工作？您觉得他们给社区办实事了吗？社区要是有什么集体活动，社区老百姓都会主动过去帮忙吗？

第四部分　语言融入

［语言沟通］您们社区平时交流时，主要使用什么语言？社区有没有不会说方言的人？有没有口音不一样的人？您会说普通话吗？帮扶干部下来时，跟您聊天用方言还是普通话？社区有没有外来居住人口？他们的语言你们能听懂吗？您觉得会说普通话重要吗？平时说方言时，有没有觉得有不方便的地方？你们的孩子在学校里是说方言还是说普通话？

［媒体关注］您平时看电视、上网多吗？平时您看中央台看得多还是地方台看得多？您会使用电脑吗？您现在使用的是不是智能手机？平时手机用得多吗？您用手机主要看啥内容？您有微信号吗？您会使用微信转账、发红包或付款吗？

［新媒体使用］您会使用哪些新媒体？会使用互联网络吗？您平时使用 QQ 交流吗？会用微信跟别人聊天吗？主要跟谁聊？您会经常刷朋友圈吗？您知道朋友圈里有关扶贫的事吗？您在网络媒体上知道扶贫的哪些事？您觉得微信群和 QQ 群里面的信息可靠吗？

第五部分　思维融入

［传统思维］您认为脱贫致富有哪些渠道？（例如：种田（土）、种果树、现代农业、政府给帮助等）。在扶贫过程中，您更希望得到什么类型的帮助？（如：物质、精神、心理、就业、知识技能等），您觉得靠自己的努力可以脱贫致富吗？

[认知思维]您如何认识金钱在生活中的作用？您家的农副产品主要是自己使用还是用于出售？您是如何出售您家的农副产品的？（例如：集市、亲戚朋友、线上销售、其他方式等，请说明理由）。您觉得怎么才会致富？假如您有钱了，最想做的事情是什么？（例如：买房、装修房子、买车、买吃的、搞投资、存款、旅游、其他，请说明理由）

[教育思维]谈谈您对孩子教育的看法？如果村委会资助您家的孩子去读大学或研究生，您同意孩子去读吗？（不同意、同意，为什么？）您觉得教育能使人脱贫致富吗？您觉得孩子读书能改变命运吗？

[发展思维]您愿意外出打工吗？您们社区常年在外打工的人多吗？大概占总人口的百分之几？他们一般是多大年龄段的人？您平时去哪些地方打工？您愿意远离家乡打工吗？您们社区有出去打工后回乡创业的人吗？如果有在您们社区创业致富的机会，您愿意尝试吗？您觉得创业最大的困难是什么？您对家庭近5年发展有什么想法？您对我们的调查有好的建议和意见吗？

第六部分 文化融入

[习俗文化]您们社区有哪些文化习俗？您们有哪些节日习俗？您认为您们本地的文化习俗目前发展得怎么样？您认为您们的传统文化有没有消失？您认为本地传统文化应不应该被保留？您认为您们本地的文化习俗对经济社会发展有哪些作用？您能列举应该被保留的优秀传统文化有哪些？

[地域文化]您如何评价您居住的村庄？您觉得近几年您们居住的环境有哪些变化？您认为您们居住的地理条件好吗？生态环境怎么样？气候条件怎么样？气候环境对当地的农作物的影响大不大？如果有条件，您是否愿意搬迁到经济、环境条件更好的社区？

[网络文化]介绍一下您使用网络的情况？家里使用的是不是网络电视？您们经常收看哪些电视节目？您是不是经常使用手机购买东西？现在您购买东西会更喜欢用什么样的付款方式？（如：微信、信用卡、现金等）

[信任文化]您觉得人与人之间的关系怎样？您知道我们现在的中

央最高国家领导人和国务院总理是谁吗？您对新一届国家领导班子的信不信任？您对基层领导干部信不信任？您知道党的十九大会议是哪一年召开的吗？

参考文献

一 著作及译作文献

[印度]阿马蒂亚·森:《以自由看待发展》,任赜,于真译,中国人民大学出版社2002年版。

[美]阿瑟·S.雷伯:《心理学词典》,李伯黍等译,上海译文出版社1996年版。

[英]安东尼·吉登斯:《现代性与自我认同》,赵旭东,方文译,生活·读书·新知三联书店1998年版。

[英]安东尼·吉登斯:《超越左与右:激进政治的未来》,李惠斌,杨雪冬译,社会科学文献出版社2009年版。

[英]安东尼·吉登斯:《亲密关系的变革:现代社会中的性、爱和爱欲》,陈永国,汪民安等译,社会科学文献出版社2001年版。

[美]道格拉斯·C.诺思:《制度、制度变迁与经济绩效》,杭行译,格致出版社2008年版。

[美]O.威廉·法利:《社会工作概论》(第九版),隋玉杰等译,中国人民大学出版社2010年版。

[英]赫伯特·斯宾塞:《社会学研究》,张宏阵,胡江波译,华夏出版社2001年版。

[法]亨利·勒菲弗:《空间与政治》,李春译,上海人民出版社2008年版。

[英]马克斯·H.布瓦索:《信息空间:认识组织、制度和文化的

一种框架》，王寅通译，上海译文出版社 2000 年版。

［美］乔尔·米格代尔：《农民、政治与革命——第三世界政治与社会变革的压力》，李玉琪，袁宁译，中央编译出版社 1996 年版。

世界银行：《2015 年世界发展报告：思维、社会与行为》，清华大学出版社 2015 年版。

［美］英格尔斯：《人的现代化》，殷陆君译，四川人民出版社 1985 年版。

蔡曙山主编：《人类的心智与认知当代认知科学重大理论与应用研究》，人民出版社 2016 年版。

卜长莉：《社会资本与社会和谐》，社会科学文献出版社 2005 年版。

费孝通：《乡土中国》，北京出版社 2005 年版。

费孝通：《乡土中国》，人民出版社 2008 年版。

黄承伟：《中国农村扶贫自愿移民搬迁的理论与实践》，中国财政经济出版社 2004 年版。

金盛华：《社会心理学》，高等教育出版社 2005 年版。

［德］柯武刚，［德］史漫飞：《制度经济学——社会秩序与公共政策》，韩朝华译，商务印书馆 2000 年版。

［美］林南：《社会资本：关于社会结构与行动的理论》，张磊译，上海人民出版社 2005 年版。

刘梦溪：《中国现代学术经典·冯友兰卷（下）》，河北教育出版社 1996 年版。

王晓毅：《生态移民与精准扶贫：宁夏的实践与经验》，社会科学文献出版社 2017 年版。

谢治菊：《差等正义及其批判研究》，中国社会科学出版社 2018 年版。

许丽萍：《吉登斯生活政治范式研究》，人民出版社 2008 年版。

郑杭生：《社会学概论新修》，中国人民大学出版社 2003 年版。

中共中央宣传部：《习近平总书记系列重要讲话读本》，学习出版社 2014 年版。

周雪光：《中国国家治理的制度逻辑》，生活·读书·新知三联书店 2017 年版。

[法] 列斐伏尔：《空间：社会产物与使用价值》，刘怀玉译，参见包亚明主编《现代性与空间的生产》，上海教育出版社 2003 年版。

[美] 迈克尔·武考克：《社会资本与经济发展：一种理论综合与政策构架》，载李惠斌、杨雪冬主编《社会资本与社会发展》，社会科学文献出版社 2000 年版。

二　期刊文献

白永秀，宁启：《易地扶贫搬迁机制体系研究》，《西北大学学报》（哲学社会科学版）2018 年第 4 期。

边燕杰：《城市居民社会资本的来源及作用：网络观点与调查发现》，《中国社会科学》2004 年第 3 期。

蔡曙山：《论人类认知的五个层级》，《学术界》2015 年第 12 期。

蔡曙山：《认知科学与技术条件下的心身问题新解》，《人民论坛·学术前沿》2020 年第 9 期。

陈成文，孙嘉悦：《社会融入：一个概念的社会学意义》，《湖南师范大学社会科学学报》2012 年第 6 期。

陈成文，姚晓，廖欢：《社会工作：实施精准扶贫的推进器》，《社会工作》2016 年第 3 期。

陈成文：《论可持续发展视野中的农村社会支持》，《中国人口·资源与环境》2000 年第 4 期。

陈锋，陈涛：《社会工作的"社会性"探讨》，《社会工作》2017 年第 3 期。

陈冠宇，张劲松：《弥合数据、精准、扶贫之间的链接缝隙——精准扶贫第三方评估大数据运用及发展》，《上海行政学院学报》2018 年第 6 期。

陈建文，王滔：《关于社会适应的心理机制、结构与功能》，《湖南师范大学教育科学学报》2003 年第 4 期。

陈建文：《论社会适应》，《西南大学学报》（社会科学版）2010 年第 1 期。

陈潭，邓伟：《大数据驱动"互联网+政务服务"模式创新》，《中国行政管理》2016年第7期。

陈潭：《大数据驱动社会治理的创新转向》，《行政论坛》2016年第6期。

陈伟东，张继军：《社区治理社会化：多元要素协同、共生》，《社会科学家》2016年第8期。

程玲，向德平：《能力视角下贫困人口内生动力的激发——基于农村反贫困社会工作的实践》，《中国社会工作研究》2018年第2期。

程萍：《社会工作介入农村精准扶贫：阿马蒂亚·森的赋权增能视角》，《社会工作》2016年第5期。

戴开成：《精准扶贫背景下贫困人口不良心态探析—基于湖南省邵阳市贫困人口的调查》，《湖北经济学院学报》（人文社会科学版）2017年第12期。

单菁菁：《农民工的社会网络变迁》，《城市问题》2007年第4期。

邓锁：《城镇困难家庭的资产贫困与政策支持探析—基于2013年全国城镇困难家庭调查数据》，《社会科学》2016年第7期。

丁波：《新主体陌生人社区：民族地区易地扶贫搬迁社区的空间重构》，《广西民族研究》2020年第1期。

董丽晶，刘贺，朱二孟：《驻村第一书记扶贫实践多重角色冲突及调适—基于角色理论的分析》，《理论导刊》2020年第8期。

董亮，邓文：《生态移民的社会适应困境与社会排斥——基于青海格尔木市昆仑民族文化村的调查》，《北方民族大学学报》（哲学社会科学版）2017年第3期。

董运来，王艳华：《西部民族地区易地扶贫搬迁的主要问题及对策研究——基于甘肃省临夏州、甘南州的调查》，《中国西部》2018年第6期。

段塔丽等：《农户家庭经济发展能力综合评价指标构建——基于陕西省安康地区农户调查》，《陕西师范大学学报》（哲学社会科学版）2014年第3期。

段忠贤，黄月又，黄其松：《中国易地扶贫搬迁政策议程设置过程——基于多源流理论分析》，《西南民族大学学报》（人文社科版）

2019年第10期。

范兴华等：《流动儿童歧视知觉与社会文化适应：社会支持和社会认同的作用》，《心理学报》2012年第5期。

方静文：《时空穿行——易地扶贫搬迁中的文化适应》，《贵州民族研究》2019年第10期。

方珂，蒋卓余：《消除绝对贫困与反贫困社会政策的转向》，《云南社会科学》2018年第3期。

付少平，赵晓峰：《精准扶贫视角下的移民生计空间再塑造研究》，《南京农业大学学报》（社会科学版）2015年第6期。

傅安国，吴娜，黄希庭：《面向乡村振兴的心理精准扶贫：内生动力的视角》，《苏州大学学报》（教育科学版）2019年第4期。

高聪颖，吴文琦，贺东航：《扶贫搬迁安置区农民可持续生计问题研究》，《中共福建省委党校学报》2016年第9期。

高飞，向德平：《专业社会工作参与精准扶贫的可能性与可及性》，《社会工作》2016年第3期。

高小平：《借助大数据科技力量寻求国家治理变革创新》，《中国行政管理》2015年第10期。

顾东辉：《精准扶贫内涵与实务：社会工作视角的初步解读》，《社会工作》2016年第5期。

郭忠华：《现代性·解放政治·生活政治——吉登斯的思想地形图》，《中山大学学报》（社会科学版）2005年第6期。

韩克庆：《中国社会救助制度的改革与发展》，《教学与研究》2015年第2期。

郝春艳等：《入托与散居儿童社会适应能力调查分析》，《中国心理卫生杂志》1995年第5期。

何绍辉：《从"运动式治理"到"制度性治理"——中国农村反贫困战略的范式转换》，《湖南科技学院学报》2012年第7期。

贺寨平，曹丽莉，张凯：《城市贫困人口的社会支持网研究》，中国社会出版社2011年版。

侯利文：《社会工作与精准扶贫：理念牵引、技术靶向与现实进路》，《学术论坛》2016年第11期。

胡小君：《从分散治理到协同治理：社区治理多元主体及其关系构建》，《江汉论坛》2016年第4期。

胡颖峰：《论吉登斯的生活政治观》，《社会科学辑刊》2009年第4期。

黄宁莺：《社会资本视域中的女性贫困问题》，《福建师范大学学报》（哲学社会科学版）2008年第6期。

姜向群，郑研辉：《城市老年人的养老需求及其社会支持研究——基于辽宁省营口市的抽样调查》，《社会科学战线》2014年第5期。

姜振华：《社区协同治理视野中的"三社联动"：生成路径与互构性关系——基于北京市将台地区的探索》，《首都师范大学学报》（社会科学版）2019年第2期。

蒋晨光，褚松燕：《多元协同治贫与"志智双扶"机制创新研究——以河南省封丘县扶志扶智工作为例》，《河南大学学报》（社会科学版）2019年第3期。

金梅，申云：《易地扶贫搬迁模式与农户生计资本变动——基于准实验的政策评估》，《广东财经大学学报》2017年第5期。

李博，左停：《遭遇搬迁：精准扶贫视角下扶贫移民搬迁政策执行逻辑的探讨——以陕南王村为例》，《中国农业大学学报》（社会科学版）2016年第2期。

李聪，高博发，李树茁：《易地扶贫搬迁对农户贫困脆弱性影响的性别差异分析——来自陕南地区的证据》，《统计与信息论坛》2019年第12期。

李航：《社会工作如何助力精准扶贫》，《人民论坛》2018年第36期。

李俊清，祁志伟：《自媒体赋能语境下个体参与贫困治理的动因、方式与成效》，《公共管理学报》2020年第3期。

李磊：《精准扶贫中农村贫困户的"个人困扰"与社会觉察——基于社会工作需求分析视角的探讨》，《安徽农业大学学报》（社会科学版）2017年第4期。

李利文：《模糊性公共行政责任的清晰化运作——基于河长制、湖长制、街长制和院长制的分析》，《华中科技大学学报》（社会科学版）

2019年第1期。

李敏，张利明：《当前农村不良社会风气的态势、成因及对策——基于全国200多个村4000多家农户连续3年的调查》，《西北农林科技大学学报》（社会科学版）2018年第2期。

李婷婷：《协作治理：国内研究和域外进展综论》，《社会主义研究》2018年第3期。

李文胜：《扶贫开发推进区域协调发展——浙江扶贫开发工作综述》，《今日浙江》2007年第9期。

李文祥，郑树柏：《社会工作介入与农村扶贫模式创新——基于中国村寨扶贫实践的研究》，《社会科学战线》2013年第4期。

李晓青：《社会排斥理论视野下的城市贫困——基于对四川省南充市的调查》，《思想战线》2012年第6期。

李晓园，钟伟：《大数据驱动中国农村精准脱贫的现实困境与路径选择》，《求实》2019年第5期。

李迎生，徐向文：《社会工作助力精准扶贫：功能定位与实践探索》，《学海》2016年第4期。

李增元：《乡村社会整合模式变迁：动因与演进逻辑——基于社会整合理论的分析框架》，《理论与改革》2009年第6期。

林顺利，孟亚男：《嵌入与脱嵌：社会工作参与精准扶贫的理论与实践》，《甘肃社会科学》2018年第3期。

刘慧君：《移民搬迁中的社会支持机制与农村老年人的心理健康》，《人口与社会》2016年第3期。

刘小鹏等：《空间贫困研究及其对我国贫困地理研究的启示》，《干旱区地理》2014年第1期。

刘欣：《功能整合与发展转型：精准扶贫视阈下的农村社会救助研究——以贵州省社会救助兜底扶贫实践为例》，《贵州社会科学》2016年第10期。

刘学军：《精准扶贫中农村贫困人口心理状况的问卷调查研究》，《辽宁行政学院学报》2016年第11期。

刘永谋，兰立山：《泛在社会信息化技术治理的若干问题》，《哲学分析》2017年第5期。

刘永谋:《技术治理的哲学反思》,《江海学刊》2018年第4期。

刘箴,刘倪:《社会整合理论视角下城市基层治理运行逻辑研究——以北京市"街乡吹哨,部门报到"实践为例》,《四川行政学院学报》2020年第5期。

柳立清:《政策多变与应对失矩——基层易地扶贫搬迁政策执行困境的个案解读》,《中国农村观察》2019年第6期。

龙彦亦,刘小珉:《易地扶贫搬迁政策的"生计空间"视角解读》,《求索》2019年第1期。

卢学晖:《中国城市社区自治:政府主导的基层社会整合模式——基于国家自主性理论的视角》,《社会主义研究》2015年第3期。

陆远权,蔡文波:《产业扶贫的多方协同治理研究——以重庆市X县为例》,《重庆社会科学》2020年第1期。

吕建兴,曾小溪,汪三贵:《扶持政策、社会融入与易地扶贫搬迁户的返迁意愿——基于5省10县530户易地扶贫搬迁的证据》,《南京农业大学学报》(社会科学版)2019年第3期。

罗凌云,风笑天:《三峡农村移民经济生产的适应性》,《调研世界》2001年第4期。

罗庆,李小建:《国外农村贫困地理研究进展》,《经济地理》2014年第6期。

骆正林:《空间理论与大数据时代网络空间的建构》,《现代传播》(中国传媒大学学报)2019年第1期。

马流辉,莫艳清:《扶贫移民的城镇化安置及其后续发展路径选择——基于城乡联动的分析视角》,《福建论坛》(人文社会科学版)2019年第3期。

马威,罗婷:《行动中的文化:乡—城移民子女文化适应的社会工作介入》,《青年研究》2014年第3期。

马振邦等:《人穷还是地穷?空间贫困陷阱的地统计学检验》,《地理研究》2018年第10期。

孟天广,张小劲:《大数据驱动与政府治理能力提升——理论框架与模式创新》,《北京航空航天大学学报》(社会科学版)2018年第1期。

倪星，原超：《地方政府的运动式治理是如何走向"常规化"的？——基于S市市监局"清无"专项行动的分析》，《公共行政评论》2014年第2期。

聂飞：《家庭发展的困境与政策调适——基于可行能力的视角》，《求实》2015年第6期。

宁静等：《易地扶贫搬迁减少了贫困脆弱性吗？——基于8省16县易地扶贫搬迁准实验研究的PSM—DID分析》，《中国人口·资源与环境》2018年第11期。

欧阳静：《论基层运动型治理——兼与周雪光等商榷》，《开放时代》2014年第6期。

潘华，马伟华：《移民的文化适应：宁夏吊庄移民的生育观念调适》，《南方人口》2008年第2期。

潘泽泉，任杰：《从运动式治理到常态治理：基层社会治理转型的中国实践》，《湖南大学学报》（社会科学版）2020年第3期。

庞洪伟，巩艳红：《如何逃脱贫困？——基于贫困心理文献的视角》，《湖北社会科学》2018年第5期。

彭亚平：《技术治理的悖论：一项民意调查的政治过程及其结果》，《社会》2018年第3期。

祁占勇，杜越：《家庭教育立法的现实诉求及其立法精神与技术》，《湖南师范大学教育科学学报》2020年第1期。

邱建生，方伟：《乡村主体性视角下的精准扶贫问题研究》，《天府新论》2016年第4期。

渠鲲飞，左停：《协同治理下的空间再造》，《中国农村观察》2019年第2期。

任格，崔遵康，刘平青：《心理赋能视角下新生代员工工作投入行为研究——一个跨层中介模型》，《科技与经济》2020年第3期。

任善英，朱广印，王艳：《牧区生态移民社会适应研究述评》，《生态经济》2014年第9期。

任远，施闻：《农村外出劳动力回流迁移的影响因素和回流效应》，《人口研究》2017年第2期。

沈费伟：《大数据时代"智慧国土空间规划"的治理框架、案例检视与提升策略》,《改革与战略》2019 年第 10 期。

沈荣华,王扩建:《制度变迁中地方核心行动者的行动空间拓展与行为异化》,《南京师范大学学报》(社会科学版)2011 年第 1 期。

施国庆,周君璧:《西部山区农民易地扶贫搬迁意愿的影响因素》,《河海大学学报》(哲学社会科学版)2018 年第 2 期。

石火学,潘晨:《大数据驱动的政府治理变革》,《电子政务》2018 年第 12 期。

时立荣:《转型与整合:社会企业的性质、构成与发展》,《人文杂志》2007 年第 4 期。

史梦薇:《易地扶贫搬迁农户感知融合研究——基于云南移民点的调查》,《中南民族大学学报》(人文社会科学版)2018 年第 3 期。

苏剑:《语言扶贫的理论逻辑、经验支持与实现路径》,《学术月刊》2020 年第 9 期。

苏志豪,徐卫周:《塑造农民主体性:2020 后走出扶贫"内卷化"困境的路径选择》,《现代经济探讨》2020 年第 8 期。

孙峰,魏淑艳:《国家治理现代化视域下运动式治理模式转型研究——以深圳"禁摩限电"为例》,《甘肃行政学院学报》2017 年第 2 期。

孙晗霖,刘新智,刘娜:《易地扶贫搬迁脱贫户生计满意度及其影响因素研究——以重庆市酉阳土家族苗族自治县为例》,《西南大学学报》(社会科学版)2018 年第 6 期。

孙秀林:《城市移民的政治参与:一个社会网络的分析视角》,《社会》2010 年第 1 期。

孙艺格,曲建武:《我国家庭教育政策的演变、特征及展望》,《教育科学》2020 年第 3 期。

孙兆霞:《脱嵌的产业扶贫——以贵州为案例》,《中共福建省委党校学报》2015 年第 3 期。

檀学文:《中国移民扶贫 70 年变迁研究》,《中国农村经济》2019 年第 8 期。

唐皇凤:《常态社会与运动式治理——中国社会治安治理中的"严打"政策研究》,《开放时代》2007 年第 3 期。

唐钧：《社会政策的基本目标：从克服贫困到消除社会排斥》，《江苏社会科学》2002 年第 3 期。

唐淑平，范燕宁：《低保对象福利依赖心理及反福利依赖的社会工作介入路径研究——基于对北京市海淀区的实地调查》，《社会政策研究》2018 年第 3 期。

陶贝儿，蒋灵德：《大数据背景下社区邻里空间重构研究——以苏州华通社区为例》，《城市住宅》2019 年第 3 期。

腾芸，向德平：《发展性社会工作参与扶贫扶志的空间与路径》，《社会工作》2019 年第 6 期。

滕祥河，卿赟，文传浩：《非自愿搬迁对移民职业代际流动性的影响研究——基于三峡库区调查数据的实证分析》，《中国农村经济》2020 年第 3 期。

田鹏，陈绍军：《"无主体半熟人社会"：新型城镇化进程中农民集中居住行为研究——以江苏省镇江市平昌新城为例》，《人口与经济》2016 年第 4 期。

汪建华，孟泉：《新生代农民工的集体抗争模式——从生产政治到生活政治》，《开放时代》2013 年第 1 期。

汪磊，汪霞：《易地扶贫搬迁前后农户生计资本演化及其对增收的贡献度分析——基于贵州省的调查研究》，《探索》2016 年第 6 期。

汪磊，许鹿，汪霞：《大数据驱动下精准扶贫运行机制的耦合性分析及其机制创新——基于贵州、甘肃的案例》，《公共管理学报》2017 年第 3 期。

汪三贵，郭子豪：《论中国的精准扶贫》，《贵州社会科学》2015 年第 5 期。

汪三贵，曾小溪：《后 2020 贫困问题初探》，《河海大学学报》（哲学社会科学版）2018 年第 2 期。

王朝明，郭红娟：《社会资本视阈下城市贫困家庭的社会支持网络分析——来自四川省城市社区的经验证据》，《天府新论》2010 年第 1 期。

王春光：《政策执行与农村精准扶贫的实践逻辑》，《江苏行政学院学报》2018 年第 1 期。

王春辉：《后脱贫攻坚时期的中国语言扶贫》，《语言文字应用》2020年第3期。

王东，王木森：《多元协同与多维吸纳：社区治理动力生成及其机制构建》，《青海社会科学》2019年第3期。

王贵楼：《当代空间政治理论的主导逻辑与"一带一路"倡议的内在契合》，《教学与研究》2018年第6期。

王红彦等：《易地扶贫移民搬迁的国际经验借鉴》，《世界农业》2014年第8期。

王宏新，付甜，张文杰：《中国易地扶贫搬迁政策的演进特征——基于政策文本量化分析》，《国家行政学院学报》2017年第3期。

王金涛，陈琪：《动员力度、心理聚合与搬迁绩效——以陇中某地易地搬迁为例》，《中国行政管理》2016年第9期。

王静：《深度贫困地区易地扶贫搬迁及政府精准扶贫策略分析—以山西省吕梁市兴县精准扶贫成效第三方评估分析为例》，《沈阳农业大学学报》（社会科学版）2018年第1期。

王珏，何佳，包存宽：《社区参与环境治理：高效、平等、合作》，《环境经济》2018年第Z1期。

王连伟，刘太刚：《中国运动式治理缘何发生？何以持续？——基于相关文献的述评》，《上海行政学院学报》2015年第3期。

王蒙：《后搬迁时代易地扶贫搬迁如何实现长效减贫？——基于社区营造视角》，《西北农林科技大学学报》（社会科学版）2019年第6期。

王守颂：《社会工作与精准扶贫的耦合性研究》，《前沿》2016年第12期。

王曙光：《易地扶贫搬迁与反贫困：广西模式研究》，《西部论坛》2019年第4期。

王思斌：《精准扶贫的社会工作参与——兼论实践型精准扶贫》，《社会工作》2016年第3期。

王思斌：《中国社会工作的嵌入性发展》，《社会科学战线》2011年第2期。

王晓春：《论网络技术对个人社会化的影响》，《东北大学学报》

（社会科学版）1999年第3期。

王永平等：《欠发达地区易地搬迁扶贫面临的问题与对策探讨——从贵州扶贫主题调研引发的思考》，《特区经济》2008年第1期。

魏程琳，赵晓峰：《常规治理、运动式治理与中国扶贫实践》，《中国农业大学学报》（社会科学版）2018年第5期。

魏人山：《"三变改革"的内涵研究》，《全国商情》2016年第23期。

魏毅，彭珏：《"授人以渔"：赋能式扶贫开发效果分析——基于重庆市"雨露计划"培训学员的回访》，《农村经济》2012年第2期。

吴本健，罗玲，王蕾：《深度贫困民族地区的教育扶贫：机理与路径》，《西北民族研究》2019年第3期。

吴帆，李建民：《家庭发展能力建设的政策路径分析》，《人口研究》2012年第4期。

吴丰华，于重阳：《易地移民搬迁的历史演进与理论逻辑》，《西北大学学报》（哲学社会版）2018年第5期。

吴晓林：《社会整合理论的起源与发展：国外研究的考察》，《国外理论动态》2013年第2期。

吴新叶，牛晨光：《易地扶贫搬迁安置社区的紧张与化解》，《华南农业大学学报》（社会科学版）2018年第2期。

武汉大学国发院脱贫攻坚研究课题组：《促进健康可持续脱贫的战略思考》，《云南民族大学学报》（哲学社会科学版）2019年第6期。

席晓丽：《社会工作助力精准扶贫的"嵌入"和"浸润"路径》，《贵州社会科学》2018年第5期。

向德平，程玲：《发展性社会工作的脉络、特点及其在反贫困中的运用》，《西北师范大学报》（社会科学版）2019年第2期。

向德平，华汛子，金旖：《视角转换与方式创新：减贫社会工作的本土实践》，《社会工作与管理》2017年第6期。

向德平，罗珍珍：《反贫困社会工作的发展：专业取向、价值意蕴与实践进路》，《社会工作》2020年第6期。

向德平：《社会工作助力开启易地扶贫搬迁群众的新生活》，《中国社会工作》2019年第22期。

谢治菊：《大数据与重大公共决策风险治理》，《河海大学学报》（哲学社会科学版）2019年第5期。

谢治菊：《论贫困治理中人的发展——基于人类认知五层级的分析》，《中国行政管理》2018年第10期。

辛秋水：《走文化扶贫之路——论文化贫困与贫困文化》，《福建论坛》（人文社会科学版）2001年第3期。

邢成举，葛志军：《集中连片扶贫开发：宏观状况、理论基础与现实选择—基于中国农村贫困监测及相关成果的分析与思考》，《贵州社会科学》2013年第5期。

邢成举：《压力型体制下的"扶贫军令状"与贫困治理中的政府失灵》，《南京农业大学学报》（社会科学版）2016年第5期。

徐光兴，肖三蓉：《文化适应的心理学研究》，《江西社会科学》2009年第4期。

徐建宇：《城市社区治理中社区组织化的连接、选择与策略研究》，《中国行政管理》2019年第9期。

许汉泽，徐明强：《再造新集体经济：从"产业扶贫"到"产业兴旺"的路径探索——对H县"三个一"产业扶贫模式的考察》，《南京农业大学学报》（社会科学版）2020年第4期。

杨荣：《论我国城市贫困治理中的社会工作》，《新视野》2008年第3期。

杨雪冬：《压力型体制：一个概念的简明史》，《社会科学》2012年第11期。

杨志军：《运动式治理悖论：常态治理的非常规化—基于网络"扫黄打非"运动分析》，《公共行政评论》2015年第2期。

姚炳华：《开发建设库区 就近安置移民——浅谈三峡水库的移民问题》，《人民长江》1986年第3期。

叶嘉国，雷洪：《三峡移民对经济发展的适应性——对三峡库区移民的调查》，《中国人口科学》2000年第6期。

叶敬忠，张明皓，豆书龙：《乡村振兴：谁在谈，谈什么？》，《中国农业大学学报》（社会科学版）2018年第3期。

叶良海：《城市社区公共资源的整合与共享》，《重庆社会科学》

2016 年第 12 期。

叶青，苏海：《政策实践与资本重置：贵州易地扶贫搬迁的经验表达》，《中国农业大学学报》（社会科学版）2016 年第 5 期。

尹广文：《项目制运作：社会组织参与城市基层社区治理的路径选择》，《云南行政学院学报》2017 年第 3 期。

虞崇胜，余扬：《提升可行能力：精准扶贫的政治哲学基础分析》，《行政论坛》2016 年第 1 期。

曾润喜，朱利平，夏梓怡：《社区支持感对城市社区感知融入的影响——基于户籍身份的调节效应检验》，《中国行政管理》2016 年第 12 期。

翟文康，徐国冲：《运动式治理缘何失败：一个多重逻辑的解释框架——以周口平坟为例》，《复旦公共行政评论》2018 年第 1 期。

张东燕，高书国：《现代家庭教育的功能演进与价值提升——兼论家庭教育现代化》，《中国教育学刊》2020 年第 1 期。

张海波：《大数据驱动社会治理》，《经济社会体制比较》2017 年第 3 期。

张建：《运动型治理视野下易地扶贫搬迁问题研究——基于西部地区 X 市的调研》，《中国农业大学学报》（社会科学版）2018 年第 5 期。

张娟：《对三江源区藏族生态移民适应困境的思考——以果洛州扎陵湖乡生态移民为例》，《西北民族大学学报》（哲学社会科学版）2007 年第 3 期。

张茂林：《我国贫困人口的资源生态空间特征与开发性扶贫移民》，《人口与经济》1996 年第 4 期。

张世勇：《规划性社会变迁、执行压力与扶贫风险——易地扶贫搬迁政策评析》，《云南行政学院学报》2017 年第 3 期。

张思锋，汤永刚，胡晗：《中国反贫困 70 年：制度保障、经济支持与社会政策》，《西安交通大学学报》（社会科学版）2019 年第 5 期。

张网成，常青：《社会工作在精准扶贫中的作用》，《社会治理》2017 年第 1 期。

张文博：《易地扶贫搬迁政策地方改写及其实践逻辑限度——以 Z 省 A 地州某石漠化地区整体搬迁为例》，《兰州大学学报》（社会科学版）2018 年第 5 期。

张文宏：《中国社会网络与社会资本研究 30 年（上）》，《江海学刊》2011 年第 2 期。

张旭，蔡曙山，石仕婵：《人类认知五层级与民族地区精准扶贫探究》，《吉首大学学报》（社会科学版）2018 年第 3 期。

章文光：《"五个一批"助力脱贫攻坚》，《人民论坛》2019 年第 20 期。

赵颖：《员工下岗、家庭资源与子女教育》，《经济研究》2016 年第 5 期。

郑功成：《中国社会救助制度的合理定位与改革取向》，《国家行政学院学报》2015 年第 4 期。

郑娜娜，许佳君：《易地搬迁移民社区的空间再造与社会融入——基于陕西省西乡县的田野考察》，《南京农业大学学报》（社会科学版）2019 年第 1 期。

郑瑞强，王英，张春美：《扶贫移民适应期生计风险、扶持资源承接与政策优化》，《华中农业大学学报》（社会科学版）2015 年第 4 期。

仲德涛：《精准扶贫中的社会扶贫析论》，《理论导刊》2018 年第 4 期。

周常春，刘剑锋，石振杰：《贫困县农村治理"内卷化"与参与式扶贫关系研究——来自云南扶贫调查的实证》，《公共管理学报》2016 年第 1 期。

周恩宇，卯丹：《易地扶贫搬迁的实践及其后果——一项社会文化转型视角的分析》，《中国农业大学学报》（社会科学版）2017 年第 2 期。

周红云：《社会资本及其在中国的研究与应用》，《经济社会体制比较》2004 年第 2 期。

周钦江等：《自我知识组织与心理适应》，《西南大学学报》（社会科学版）2007 年第 6 期。

《习近平论扶贫工作——十八大以来重要论述摘编》，《党建》2015 年第 12 期。

三 报纸文献

程焕:《贵州省完成"十三五"易地扶贫搬迁》,《人民日报》(海外版)2019年12月24日第7版。

高考,年旻:《融入贫困人群心理特征的精准扶贫研究》,《光明日报》2016年4月6日第15版。

中华人民共和国国务院新闻办公室:《人类减贫的中国实践(2021年4月)》,《人民日报》2021年4月7日第9版。

四 外文文献

Clark, Andrew E., Conchita D'Ambrosio, and Simone Ghislandi, *Poverty Profiles and Well-being: Panel Evidence from Germany*, German: German Institute for Economic Research, 2015.

Beiser M., Hou F., et al. "Poverty, Family Process, and the Mental Health of Immigrant Children in Canada." *American Journal of Public Health*, Vol. 92, No. 2, 2002.

Berry, John W., "Immigration, Acculturation and Adaptation." *Applied Psychology: An International Review*, Vol. 46, No. 1, 1997.

Burke, William J., & Thomas S. Jayne. "Spatial Disadvantages or Spatial Poverty Traps: Household Evidence from Rural Kenya." *Research in Agricultural and Applied Economics*, No. 93, 2008.

Chambers R., Conway G., Brighton Institute of Development Studies, *Sustainable Rural Livelihoods: Practical Concepts for the 21st Century*, Brighton: Institute of development studies, 1992.

Crawford C., *Towards a Common Approach to Thinking about and Measuring Social Inclusion*, Roeher Institute, 2003.

Löffler J., Cañal-Bruland R., Raab M, "Embodied cognition." *Sportpsychologie: Grundlagen und Anwendung*, 2020.

Gilbert E., Karahalios K., Sandvig C., "The Network in the Garden:

Designing Social Media for Rural Life." *American Behavioral Scientist*, Vol. 53, No. 9, 2010.

Easterly W., *The Tyranny of Experts: Economists, Dictators, and the Forgotten Rights of the Poor*, New York: Basic Books, 2014.

Greenspan S., Granfield James M., "Reconsidering the Construct of Mental Retardation: Implications of a Model of Social Competence." *American Journal of Mental Retardation: AJMR*, Vol. 96, No. 4, 1992.

Small, M. L., Harding, D. J., & Lamont, M., "Reconsidering Culture and Poverty." *The annals of the American academy of political and social science*, Vol. 629, No. 1, 2010.

Pécoud A., "What do we know about the International Organization for Migration?" *Journal of Ethnic and Migration Studies*, Vol. 44, No. 10, 2018.

Hurtado A., Gurin P., Peng T., "Social Identities—A Framework for Studying the Adaptations of Immigrants and Ethnics: The Adaptations of Mexicans in the United States." *Social Problems*, Vol. 41, No. 1, 1994.

Jalan, Jyotsna, and Martin Ravallion, *Spatial poverty traps*? USA: World Bank, Development Research Group, 1997.

Berry, John W. "Immigration, acculturation, and adaptation." *Applied psychology*, Vol. 46, No. 1, 1997.

LaRocco, James M., James S. House, and John RP French Jr. "Social Support, Occupational Stress, and Health." *Journal of health and Social Behavior*, 1980.

Granovetter, M. S., "The Strength of Weak Ties." *American journal of sociology*, Vol. 78, No. 6, 1973.

Mutton, D., & Haque, C. E., "Human Vulnerability, Dislocation and Resettlement: Adaptation Processes of River - Bank Erosion - Induced Displacees in Bangladesh." *Disasters*, Vol. 28, No. 1, 2004.

Neto F., "Social Adaptation Difficulties of Adolescents with Immigrant Backgrounds." *Social Behavior and Personality: an international journal*, Vol. 30, No. 4, 2002.

Bourdieu, P., & Richardson, J. G., "Handbook of Theory and Research for the Sociology of Education." *The forms of capital*, 1986.

Wade, Peter, *Cultural identity: Solution or problem?* London, UK: Institute for Cultural Research, 1999.

Sen, Amartya, *Poverty and famines: an Essay on Entitlement and Deprivation*, New York: Oxford university press, 1982.

Small, R., Lumley, J., & Yelland, J., "Cross-cultural Experiences of Maternal Depression: Associations and Contributing Factors for Vietnamese, Turkish and Filipino Immigrant Women in Victoria, Australia." *Ethnicity & health*, Vol. 8, No. 3, 2003.

Tilt, Bryan, Yvonne Braun, and Daming He. "Social Impacts of Large Dam Projects: A Comparison of International Case Studies and Implications for Best Practice." *Journal of environmental management*, Vol. 90, 2009.

Xun, L., & Bao, Z., "Government, Market and Households In the Ecological Relocation Process: a Sociological Analysis of Ecological Relocation In S Banner." *Social Sciences in China*, Vol. 29, No. 1, 2008.

Wilmsen B. & Van Hulten A., "Following Resettled People Over Time: The Value of Longitudinal Data Collection for Understanding the Livelihood Impacts of the Three Gorges Dam, China." *Impact Assessment and Project Appraisal*, Vol. 35, No. 1, 2017.

后　　记

　　易地扶贫搬迁是脱贫攻坚中的一块"硬骨头",是重中之重、难中之难,但我国政府仅用5年的时间对约1000万贫困人口实施易地扶贫搬迁。实施如此规模、如此艰巨的伟大工程,在中国扶贫史上是空前未有的,在世界历史上也是空前未有的,这是群众摆脱贫困、走向富裕的真实写照,是中华民族为人类文明作出的重大贡献,为其他国家类似地区的减贫和移民事业提供了重要借鉴。

　　其实,首次关注到此话题,是2018年1月,当时我带学生到贵州某易地扶贫搬迁村去调研了三天,了解到当时搬迁移民的真实生活。后来得知,"十三五"期间,全国累计投入各类资金约6000亿元,建成集中安置区约3.5万个,其中城镇安置区5000多个,安置了500多万人;农村安置点约3万个,安置了460万人。为了做好安置工作,全国配套新建或改扩建中小学和幼儿园6100多所、医院和社区卫生服务中心1.2万多所、养老服务设施3400余个、文化活动场所4万余个。我所调研的HP易地扶贫搬迁社区,我认为属于半城半农的安置点,这是最尴尬的安置点,其原因在于:一方面,它不同于农村安置点,只是把人集中起来居住,将宅基地进行置换,其生产生活方式没有发生实质性变化,继续在农村生活并从事农业生产经营活动,农业收入占家庭收入一定比例。当然,采取农村方式安置的,当地政府要组织引导搬迁群众逐步改变旧有生产方式,通过土地流转、引进龙头企业、组建专业合作社、开展资产收益扶贫等方式,因地制宜推动组织化、规模化、专业化农业产业发展,使搬迁群众逐步转变为新型农民,并帮助他们持续增收、稳定脱贫。另一方面,它不同于城市的安置点,生产生活方式均发生了翻天覆地的变化,家庭成员(无劳动能力除外)主要在二、三产业就业,工资性收入为家庭收入主要来源。当然,采取城镇方式安置的,当地政府应优先选择经济要素聚功能强、创业就业业会多、人口承载容量大的县城和中心集镇布局建设安置点,使搬迁群众改变原有生产生活方式,以农民转变为城镇居民。HP安置点是一个兼具农村社区和城镇社区功能的安置点,移民既可以回老家去种地,也可以选择在景区就业。也正因为如此,他们的可持续生计相对脆弱,所以在调研时发现,尽管生活条件和生活环境好了很多,但不良的社会风气如聚众赌博、老人诈骗、闪婚闪离等在该社区频繁上演。后来,我们到了贵州单体规模最大的易地扶贫搬迁城镇集中安置点——毕节市七星关区柏杨林社区了解居民的社会融入情况,到贵州黔南州惠水县、龙里县、三都县、独山县等地了解社会工作助力搬迁移民社会融入情况,到云南怒江州、昭通市等地调研搬迁移民的可持续生计情况,到宁夏、青海、甘肃、内蒙古、四川、重庆、湖南、广西、西藏等省调研搬迁移民就地就近就业情况,由此,调研的范围从贵州省扩大到全国10个省。随着调研的深入,我们对易地扶贫搬迁工作越来越了解,对搬迁后移民"稳得住""能致富"的社区治理经验、就业供给政策、生计维持渠道、心理服务体系、产业配套策略有更深入的了解,所以,当2020年7月贵州省社科规划办公室在全国公开招标《"十四五"时期贵州易地扶贫搬迁农户社会融入及社工服务路径优化研究》课题时,我们积极申报并获批立项,从此开始了更加深入而系统的研究。

最开始,我们试图从认知科学的视角来分析搬迁移民的社会适应情况,主要包括身体适应、心理适应、语言适应、思维适应与文化适应,后来发现,社会融入才是根本。所以,课题立项后,我们又利用两年左右的时间,深入到贵州8个地州市做了调研。当然,贵州是我们调研最多的地方。之所以选择贵州为主要的调研点,主要有以下三方面的原因:第一,我从重庆大学本科毕业后在贵州工作17年,在那里结婚、生子和立业。调研时,我正在办理到广州大学工作的调动手续,所以,对作为第二故乡的这块土地,我满怀感恩、眷恋和不舍之情,希望能为此做些实事。第二,贵州有减贫对象922万人,其中192万需要易地扶贫搬迁,脱贫人数和易地扶贫搬迁人数都位居全国前列。没想到的是,贵州硬是利用"天道酬勤"的大无畏精神，发挥大数据之都的技术优势，率先在全国实现了"贫困县全摘帽、贫困村全出列、减贫对象全脱贫"的壮举，192万易地扶贫搬迁人口也全部搬迁到位。由此说明，贵州的脱贫攻坚应该有很多值得借鉴的经验，这些经验一方面可为全国其他地区的脱贫攻坚提供借鉴，另一方面也可为贵州的巩固拓展脱贫脱贫攻坚成果提供参考。第三，要完成当时贵州省社科规划办给我们立项的重大招标课题。

当然，调研在发现易地扶贫搬迁工作取得成效的同时也发现一些问题，其中印象我比较深刻的是这些年易地扶贫搬迁农户就地就近就业的标配——公益性岗位和扶贫车间（现在叫"帮扶车间"），虽然对解决就业有一定的作用，但还是存在比较明显的问题，具体表现在：一方面，公益性岗位的"溢出效应"减缓。公益性岗位的帮扶对象主要是西部地区半劳动力或弱劳动力，且无法就业、就业困难、无法离乡的低保户、边缘户、脱贫不稳定户。调研发现，公益性岗位的基数较大、资金投入量过大，具有"输血式"帮扶的典型特征，不利于激发西部地区农村劳动力的内生动力。例如，2020年，Q州共投入劳务协作资金约5000万元，其中4000万元用于开发近9000个公益性岗位，占比80%。绝对的收入补贴，既不体现社会公平原则，也不利于经济效率的提高。此外，公益性岗位除了设置数量不断增多、补贴力度不断加大之外，部分地区的帮扶对象从十几岁的年轻人到八十多岁的老年人不等，使帮扶资金"一分了之"，缺乏可持续性。在当下，公益性岗位是实现社会公平、促进乡村振兴的关键所在。然而，随着时代的发展，公益性岗位也需要进行相应的调整和转型。另一方面，帮扶车间的"造血功能"不强。帮扶车间是通过劳务协作机制开展招商引资、龙头企业（合作社、能人）创建、各类经济组织参与等多种形式而建设的，以拓宽搬迁农户就地就近就业渠道。但是，调研发现，帮扶车间实现"家门口"就业脱贫的效果并不明显，主要原因是个别帮扶车间因缺少订单而长期闲置；部分帮扶车间因结对关系的调整、物流运费等，基本上已经停止和东部企业的合作关系；有的帮扶车间因运营模式单一、产业结构单一、层次低，可持续发展能力不强；有的帮扶车间由于规模小、资金量少，面对市场波动难以维持政策运营；有的帮扶车间仍在运营，但由于收益低，每人每月几十元至百元，脱贫劳动力的务工并不积极等。因此，帮扶车间目前的运营中，可持续性不强，存在较多困境与挑战，需要采取措施进行改革与优化，并努力实现效率与公平的平衡，以期在乡村振兴时期能够更加稳定地运行。

遗憾的是，书稿形成于 2021 年。2021 年完成的书稿 2024 年才出版，可能会因时间滞后带来一些政策话语鸿沟，尤其是，随着巩固拓展脱贫攻坚成果同乡村振兴有效衔接的深入推进，农村工作的重心实现了从"解决'两不愁三保障'转向推动乡村全面振兴，从突出到人到户转向推动区域协调发展，从政府投入为主转向政府引导与发挥市场作用有机结合"的转变。因此，本书的部分内容表述也许与实践探索有一定的差异。例如，2020 年 12 月之后，绝对贫困已经消除，全面乡村振兴战略正式开启，虽然有延续性的帮扶政策，但在政策名称上都将"扶贫"字眼换成了"脱贫""返贫""减贫""振兴"或"发展"，在帮扶对象称谓上，将"贫困县""减贫对象"改为"脱贫户""脱贫县"；地方政府职能部门的名称也发生了变化，"扶贫办"改为"乡村振兴局"，后来乡村振兴局又与农业农村部门合并。为更加接近实践内容，本书尽量用"减贫治理"代替"贫困治理"，将部分"贫困户""贫困人口""贫困人群"或"扶贫对象"改为了"减贫对象"，将扶贫工作改为了"减贫工作"，将扶贫政策改为了"减贫政策"，将扶贫过程改为了"减贫过程"，等等。而且，为了让书稿的内容对衔接阶段甚至后衔接时期有助推，书稿中的内容、数据和案例，都做了些增补，力争同时反映脱贫攻坚时期与全面乡村振兴阶段我国易地扶贫搬迁工作的全貌。尽管如此，作为跨阶段性研究，本文在行文表述上难以做到周全，但我相信研究内容对现阶段巩固拓展脱贫成果同乡村振兴有效衔接还是具有较好的参考价值。仅此，足矣！

需要说明的是，此书是课题团队集体智慧的结晶，其中，第三章、第四章和第九章初稿是我所带的 2018 级行政管理专业硕士研究生许文朔完成的，这是她硕士毕业论文的主体部分；第一章、第二章、第五章、第八章是我独立完成的，其部分内容已经在核心期刊上发表；第六章第二和第三部分的初稿是我所带的 2017 级本科生韩尚臻完成的，也是他的毕业论文；第七章的初稿是我所带的 2020 级社会工作专业硕士研究生王乐童完成的，这也是她毕业论文的一部分，最后由我个人完成所有的统稿修改工作。虽然统稿修改的过程十分艰难，修改率在80%以上，感觉似乎又重新写了一遍，但不可否认，几位学生前期所做的材料收集、文献阅读、资料整理、文字堆砌、数据分析等工作还是卓有成效的，为我节省了大量的时间和精力，所以，本书署名为"谢治菊等著"，而非我个人独著。在此，我要感谢书稿形成中参与调研、参与撰写的各位老师和同学，感谢在写作中给予指导和帮助的专家教授以及让我们引用其观点的学界前辈，更要感谢配合并支持我们调研的基层干部与搬迁农户。

谢治菊

2023年11月

于羊城